Steffan Heuer ∗ Pernille Tranberg
Mich kriegt ihr nicht!

Steffan Heuer
Pernille Tranberg

Mich kriegt ihr nicht!

*Gebrauchsanweisung zur digitalen
Selbstverteidigung*

 MURMANN

MICH5vG4jbasR8

Liebe Leserinnen und Leser,
in den letzten Jahren sind eBooks ein immer größeres Thema in der Medienwelt
geworden. Seit 2008 vertreibt der Murmann Verlag eBooks in den gängigen Formaten
und auf den bekannten Portalen. Fünf Jahre eBooks sind für uns Grund genug, mit
Ihnen zu feiern! Wir bedanken uns mit einem einmalig downloadbaren eBook von
Mich kriegt ihr nicht.
Oben rechts erhalten Sie den individuellen Jubiläums-Downloadcode.
Weitere Informationen finden Sie auf unserer Webseite
www.murmann-verlag.de/ebookinside.
Wir wünschen Ihnen viel Spaß bei der Lektüre von *Mich kriegt ihr nicht*
Ihr
Murmann Verlag

Bibliografische Information der Deutschen Nationalbibliothek
Die Deutsche Nationalbibliothek verzeichnet diese Publikation in der
deutschen Nationalbibliografie; detaillierte bibliografische Daten sind
im Internet über http://dnb.d-nb.de abrufbar.

ISBN 978-3-86774-243-6

Lektorat: Friederike Moldenhauer, Hamburg
Umschlaggestaltung: Groothuis, Lohfert, Consorten, Hamburg | glcons.de
Satz: Greiner & Reichel, Köln
Illustrationen: Jeffrey Pastorek, New Orleans
Gesetzt aus der Minion Pro und der Hand of Sean
Druck und Bindung: Freiburger Graphische Betriebe, Freiburg
Printed in Germany
Dieses Buch wurde klimaneutral produziert:

Für unsere Kinder,
die ihr Leben in einer hoffentlich
nicht komplett maschinenlesbaren
Zukunft verbringen werden

Inhalt

Einführung

Wie würden Sie sich fühlen, wenn Ihr Arbeitgeber von Ihnen verlangte, ihm die Passwörter Ihrer Facebook- und Twitter-Konten zu geben? Oder wenn Sie mit dem Wissen in ein Bewerbungsgespräch gingen, dass der potenzielle Arbeitgeber einen Internetdienst einsetzt, der Ihr Online-Leben Jahr für Jahr durchkämmt? Vielleicht verfolgt Sie Ihre Versicherung heimlich, still und leise im Netz, um zu entscheiden, ob Ihre Prämien erhöht werden sollten? Und vergessen Sie nicht, dass Ihr heißes Date in der Bar das Telefon herausholt, sobald Sie auf die Toilette gehen, um schnell einige Hintergrundinformationen über Sie abzurufen – etwa ob Sie eine Eigentumswohnung besitzen oder bei den Eltern zur Miete wohnen und ein Vorstrafenregister haben.

Das ist keine Science-Fiction. Genau so ergeht es einigen Menschen jetzt gerade.

Wie sieht es mit dem Leben Ihrer Kinder aus, die von Geburt an von Unternehmen datentechnisch verfolgt werden, damit sie Werbung rund um deren digitale Präsenz platzieren können, individuell ausgerichtet auf ihre Interessen und Einkäufe – Lied für Lied, Spiel für Spiel, »Facebook-Stups« für »Facebook-Stups« und »Gefällt mir« für »Gefällt mir«? Wenn Ihr Nachwuchs dann das erste Bankkonto eröffnen will, sind Freunde und Familie dank einer Spiele-App, die dessen Fotosammlung und das Adressbuch hochgeladen hat, schon längst in anonymen Datenbanken kreuz und quer vernetzt. Der Hochschulmitarbeiter, der über den Stipendiumsantrag entscheidet, wird Suchmaschinen konsultieren, um verdächtige Löcher in der Biografie Ihres Sohnes oder Ihrer Tochter aufzuspüren.

Auch das ist keine Science-Fiction, sondern passiert Mitmenschen hier und heute.

Es kann durchaus sein, dass Sie am Flughafen landen und wegen eines albernen Beitrages Ihrer Freunde, den die Einwanderungs- oder Zollbeamten in den falschen Hals bekommen haben, abgewiesen werden. Und wundern Sie sich nicht, wenn die Kassiererin im Supermarkt oder die Rezeptionsdame im Hotel weiß, wo Sie letzte Woche waren. Schließlich zieht die neue Kasse die Daten von ortsbezogenen Diensten und sozialen Netzwerken heran, in denen Sie aktiv sind, und kann sie mit einem biometrischen Gesichtsprofil sowie den neuesten Kreditkarteneinkäufen abgleichen. Sie werden wie üblich Ihre Rechnung bezahlen. Aber je nach persönlichem Suchergebnis werden Sie vielleicht bevorzugt behandelt oder umgekehrt diesmal keinen Rabatt erhalten – alles abhängig von Ihrem jüngsten Online-Verhalten und vielleicht sogar Ihrer geistigen Verfassung, die sich aus Ihren Posts auf sozialen Medien und aus Ihren Suchbegriffen ableiten lässt.

Wenn Sie einem Unternehmen Zugriff auf Ihr im Netz gespeichertes DNA-Profil geben, bietet es Ihnen sogar eine VIP-Behandlung an, weil es Ihr Erbgut aufbereiten, untersuchen und weiterverkaufen kann.

Mit Ausnahme des letzten Beispiels des genetischen Marketings ist keines dieser Szenarien erfunden, sondern beschreibt Algorithmen, die bereits im Internet ihr Unwesen treiben, entweder als Pilotprojekt oder als kommerzielles Produkt. Persönliche Daten sind das schwarze Gold des 21. Jahrhunderts, das die Internetwirtschaft antreibt. »Umsonst« ist der Standard im Netz, aber der Preis, den Sie für vermeintliche Gratisdienste zahlen, sind Ihre personenbezogenen Daten – je präziser, desto besser.

Viele Unternehmen befinden sich in einem digitalen Goldrausch, um detaillierte Identitätsdatenbanken anzulegen, die ihnen im Idealfall automatisch und in Sekundenbruchteilen ein komplettes Bild von jedem einzelnen Menschen liefern. Der gläserne Verbraucher ist erstmals technisch machbar und bezahlbar – und jeder von uns liefert bereitwillig die Puzzlesteine, auf die gewinnorientierte Firmen angewiesen sind, um diese beängstigende Vision Realität werden zu lassen.

Wenig Gedanken macht man sich jedoch über die Frage, welchen Schaden unser Übermaß an Mitteilsamkeit oder Oversharing und fraglos hingenommener Offenheit an unserer Identität anrichtet, an unserer Rolle als Familienmitglieder und Freunde, als Schüler und Lehrer, Arbeitgeber und -nehmer, Verbraucher und Bürger. So viel ist sicher:

Es ist fast unmöglich geworden, seine Vergangenheit im Internet zu bereinigen, geschweige denn als unbeschriebenes Blatt von vorn zu beginnen.

Wie Sie die Kontrolle übernehmen

Dieses Buch ist kein Plädoyer für den Verzicht auf das Internet im Allgemeinen und soziale Medien im Besonderen. Beide machen einfach zu viel Spaß, um sich ihnen kategorisch zu verweigern. Wir müssen am Leben und am Austausch online teilnehmen, um uns nicht sozial auszuschließen oder unsere Karriere zu behindern.

Dieses Buch dreht sich vielmehr um den aufgeklärten und durchaus misstrauischen Umgang mit Beidem und darum, wie Sie die Kontrolle über Ihre eigene Identität bewahren oder zurückerobern.

Sie haben die Wahl: Wollen Sie sich auf eine einzige maschinenlesbare Größe reduzieren lassen, nur weil es große Unternehmen glücklich macht? Eine einzige Identität für die digitale Welt erleichtert es Internetfirmen, mit uns zu rechnen und zu handeln, aber es steht in diametralem Gegensatz zu allem, was uns menschlich macht.

Ebenso wenig behandelt dieses Buch Regierungsspionage. Über dieses Thema ließen sich gewiss viele Bände schreiben, aber wir konzentrieren uns auf die kommerziell motivierte Verfolgung von Bürgern und Verbrauchern und wie Sie als Einzelner sinnvolle digitale Selbstverteidigung betreiben können.

Große Unternehmen sitzen auf immer mehr nützlichen Daten über Personen. Zu diesen Daten haben manchmal nicht einmal die Behörden vollen oder zeitgleichen Zugang. Das hat seine Vor- und Nachteile, denn im Gegensatz zu demokratischen Staaten müssen Unternehmen keineswegs im Interesse der Bürgerinnen und Bürger handeln. Sie sind zuerst einmal ihren Anteilseignern oder Anlegern verpflichtet, und die wollen aus Daten und neuer Technologie möglichst schnell Gewinn schlagen.

Aufsichtsbehörden und Politiker in der Europäischen Union und den Vereinigten Staaten, Indien und selbst China ringen mit der Frage, wie sie Daten und Privatsphäre ihrer Verbraucher und Bürger am besten schützen. Viele der Diskussionen drehen sich um die Grundsatzfrage, ob Datenschutz und Privatsphäre ein Recht oder eine Ware sind.

Gleichzeitig haben die Regierungen selbst ein begründetes Interesse am Zugriff auf diese Informationen, wenn es ihnen die eigene Erfassung und Analyse erspart.

Egal, wie aufrichtig bemüht und erfolgreich Beamte und Aufsichtsbehörden sind, uns zu schützen, die Gesetze werden immer den Entwicklungen der realen Welt hinterherhinken. Deshalb sind wir als Einzelne gefragt und gefordert, uns um uns selbst zu kümmern, bevor uns der technische Fortschritt vor vollendete Tatsachen stellt.

Viele digitale Dienste sind ohne Frage nützlich. Sie helfen uns, in Kontakt mit Freunden und Verwandten zu bleiben, Zeit und Geld zu sparen, oder ermöglichen es dem Einzelnen, sich selbst zu vermarkten, sei es, um seinen Lebensunterhalt zu verdienen oder der eigenen Eitelkeit zu frönen. Für manche ist der positive Aspekt dieser Dienstleistungen so groß, dass sie darüber einfach den Datenschutz vergessen. Die Privatsphäre ist tot, so das Argument, man solle sich von dieser veralteten Vorstellung frei machen.

Wir sehen das anders. Der in Diskussionen übliche Begriff der »Privatsphäre« ist unserer Meinung nach in vielerlei Hinsicht veraltet und wird zu oft missbraucht, um wirklich nützlich zu sein. Die dahinterstehende Idee muss genauer gefasst werden: Es geht schlicht um meine Einflussnahme zu entscheiden, wer was über mich weiß, wann und in welchem Kontext.

Oft sagen wir unserem besten Freund nicht das, was wir unserem Ehepartner erzählen. Ebenso wenig teilen wir unserem Chef die Dinge mit, die wir unseren Eltern oder Kindern preisgeben. Wir sind unterschiedliche Menschen in unterschiedlichen Situationen. Und manchmal wollen wir einfach in Ruhe gelassen werden und anonym bleiben. Dieses Buch wird sich mit all diesen Facetten befassen, wenn es darum geht, die Kontrolle darüber zu erlangen, was Ihnen wichtig ist – und wer über Einzelheiten Ihres Lebens online Bescheid wissen darf.

Ehrlich rächt sich am längsten

Der Widerstand gegen den Raubbau an personenbezogenen Daten formiert sich langsam, aber sicher. Das Gleiche geschah vor über einem Jahrhundert, als einige Intellektuelle ein Gespräch darüber begannen, wie »fotografische Aufnahmen und Zeitungsunternehmen in den heiligen Bezirk des privaten und häuslichen Lebens eingedrungen sind.« Wie Helen Nissenbaum, Professorin an der University of New York, in ihrem Buch *Privacy in Context* schreibt, war dies der erste Schritt, um ein Recht auf Privatsphäre zu schaffen. Heute bewegt sich alles und wächst so viel schneller, dass sich moderne Kritiker um die langfristigen Folgen dieser riesigen Datenbank in der Cloud sorgen, die alle auf Lebenszeit verfolgen und nie vergessen wird. Das europäische Vorhaben, das »Recht, vergessen zu werden« gesetzlich zu verankern, ist ein klarer Hinweis darauf, in welche Richtung die Debatte geht.

Das ist genau der Punkt, an dem dieses Buch ansetzt. Gehen Sie online und spielen, vernetzen Sie sich und kaufen Sie im Netz ein. Aber denken Sie daran, dass Ihnen Dutzende von Dienstleistern und anderen Firmen auf Schritt und Klick folgen werden. Firmen, von denen Sie noch nie gehört haben, die sich nicht zu erkennen geben und die Ihre Bewegungen, Absichten und Vorlieben sammeln und katalogisieren. Sie leben davon, die Einzelteile Ihrer Persönlichkeit und Identität – all das, was Sie zu dem macht, was Sie sind – Stück für Stück einzufangen und zu vermarkten. Kurzum: Ihre Souveränität über Ihre Identität steht auf dem Spiel.

Warum freiwillig jedes letzte Detail über sich an Menschen und Software preisgeben, die Sie nicht kennen? Lassen Sie uns etwas Sand in das Getriebe des maschinenlesbaren Lebens streuen und hin und wieder so tun, als ob. *Let's fake it!* Ein reibungslos effizientes Leben ist nur ein Ideal mancher Ökonomen, aber nicht ein Spiegelbild dessen, was uns zu neugierigen Menschen mit abgerundeter Persönlichkeit macht. Sie haben das Recht, zu schweigen oder albern zu sein, das Recht, erfinderisch zu sein, das Recht, Nein zu Algorithmen zu sagen, und vor allem das Recht, in Ruhe gelassen zu werden, um Raum zu haben, darüber nachzudenken, wer Ihnen wichtig ist und was Sie mit der Umwelt nicht an Informationen teilen wollen.

Dieses Buch ist in 13 Kapitel unterteilt. Die ersten beiden Kapitel legen dar, warum der Schutz der Privatheit und die digitale Selbstverteidigung so wichtig sind und wie viel unsere persönlichen Daten auf dem Markt eigentlich wert sind. Im Anschluss zeigen wir, worauf Sie im Alltag im Umgang mit dem Internet und sozialen Medien achten sollten.

Alle Geschichten über Irrungen und Wirrungen des Online-Verhaltens und seine Folgen, die sogenannten Fälle, sind wahre Geschichten. Wir nennen unsere Gesprächspartner nur mit einem fiktiven Vornamen, denn genau wie Sie haben diese das Recht auf Anonymität. Ihre wahren Namen und ihre Kontaktinformationen sind uns bekannt, oder wir haben ihre Geschichten aus glaubwürdigen und validen Quellen erhalten.

Unsere Fallbeispiele stammen von Menschen auf der ganzen Welt. Das Internet ist global, und so ist auch dieses Buch. Gebrauch und Missbrauch von personenbezogenen Daten sind heute definitiv ein größeres Problem in den USA als in Europa, wo die Persönlichkeitsrechte und der Datenschutz besser gesetzlich verankert sind, bzw. mit der geplanten Datenschutz-Grundverordnung besser gesetzlich verankert werden sollen. Aber fast alle Beispiele in diesem Buch haben sich in Europa zugetragen, und die meisten der betroffenen Unternehmen operieren weltweit.

Beim Lesen dieses Buches werden Ihnen viele Werkzeuge, Tipps und Tricks zur digitalen Selbstverteidigung begegnen, die in Kapitel 13 im Detail erläutert werden. Wir tun dies nicht, um Kriminellen dabei zu helfen, sich im Netz besser zu verstecken oder Verbrechen zu begehen. Aber wie bei allen Instrumenten lassen sie sich für gute wie böse Zwecke einsetzen.

Sollten Sie in Eile sein und nur einen Ratschlag beherzigen wollen, dann ist es dieser: Wenn Sie online auch nur den leisesten Zweifel haben, halten Sie sich zurück! Veröffentlichen Sie nichts, laden Sie nichts hoch und klicken Sie nichts an. Enthalten Sie den Datenhäschern Ihre Informationen vor. Geben Sie die Identität Ihrer Freunde und Familie nicht preis. Verwenden Sie ein Pseudonym oder einen Aliasnamen, wenn Sie sich für einen neuen Dienst anmelden. Und löschen Sie Fotos von sich, wo Sie ihnen online begegnen. Es gibt viele gute Gründe, eine digitale Selbstauslöschung zu Lebzeiten in Betracht zu ziehen.

Versuchen Sie, reinen Tisch im Netz zu machen, solange es noch möglich ist. Es ist schwieriger, als Sie denken. Aber es lohnt sich, denn es gibt keinen wirklich zwingenden Grund, Ihr Privatleben nach dem Geschäftsmodell und den Vorstellungen des einen oder anderen sozialen Netzwerks einzurichten. Sie können Ihre wahre Identität für bestimmte, klar umgrenzte berufliche und persönliche Zwecke nutzen. Aber sobald andere Aspekte Ihres Lebens im Spiel sind, etwa eine

Unterhaltung auf Facebook oder ein virtueller Schaufensterbummel auf Pinterest, oder wenn jemand, den Sie nicht kennen oder dem Sie nicht vertrauen, Ihre Daten verlangt, sollten Sie sich angewöhnen, eine fiktive Identität zu benutzen und Ihr wahres Ich zu verbergen. In der Welt der Datenhäscher gilt: Immer ehrlich sein rächt sich am längsten. Also zögern Sie nicht – tun Sie so, als ob!

Steffan Heuer und Pernille Tranberg
Januar 2013

1. Warum unser digitales Ich bedroht ist

»Niemand darf willkürlichen Eingriffen in sein Privatleben, seine Familie, seine Wohnung und seinen Schriftverkehr oder Beeinträchtigungen seiner Ehre und seines Rufes ausgesetzt werden. Jeder hat Anspruch auf rechtlichen Schutz gegen solche Eingriffe oder Beeinträchtigungen.« [1]

Die Privatsphäre ist ein Menschenrecht gemäß der Allgemeinen Erklärung der Menschenrechte der Vereinten Nationen, die das Individuum vor unangemessenen Einmischungen von Regierungen, Unternehmen und sogar neugierigen Nachbarn schützen soll. Aber wie bei vielen anderen Aspekten des Lebens ist die Privatsphäre oder die Privatheit, wie sie in Anlehnung an den englischen Begriff *privacy* auch genannt wird, ein Gut, das die meisten von uns für so selbstverständlich halten wie die Gewissheit, dass der Lichtschalter funktioniert. Die wenigsten machen sich über ihre Privatheit Gedanken, bis sie ihnen abhandengekommen ist.

Vor allem in Europa glauben wir oft irrtümlich, dass uns das Gesetz vor jeglichen Übergriffen in dieser Hinsicht schützt. Tatsache ist, dass viele von uns die moderne Definition von Privatsphäre gar nicht begreifen – die Souveränität zu beeinflussen, wer etwas über mich weiß, wann und in welchem Kontext.

»Ich bin auf Facebook, aber ich teile nicht alles Private«, hört man von Menschen, die sich ihrer Online-Reputation bewusst und überzeugt sind, die entsprechenden Vorkehrungen getroffen zu haben.

Ihnen entgeht, wie ein Klick auf »Gefällt mir«, ein Status-Update, eine Suchanfrage, ein aus Spaß hochgeladenes Bild oder auch ein Check-in an einem bestimmten Ort von Dritten verwendet werden können. Geschweige denn ist vielen bewusst, welches Zerrbild ihrer Person daraus in zwei oder gar zehn Jahren entsteht, wenn der Wust aus harmlosen Alltagsdaten in falsche Hände gerät.

Wir wollen keine Grundsatzdebatte über den Begriff der Privatheit auslösen. Statt von Privatsphäre oder Privatheit wollen wir lieber von »Identität« sprechen.

Und unsere Identität ist ein Puzzle. Technikunternehmen behaupten, die Privatsphäre sei tot, und bauen riesige Identitätsdatenbanken auf und verlangen dazu von uns, online unsere echten Namen zu verwenden.

Doch der Widerstand formiert sich in Bürgerbewegungen und Interessengruppen. Politiker, Behörden und Juristen in Europa und den USA haben inzwischen zur Kenntnis genommen, dass die bestehende Selbstregulierung der Industrie allein die wachsende Liste der gravierenden Datenschutzprobleme nicht wird lösen können.

Identität = Teile eines Puzzles

Früher basierte die Idee der Privatsphäre auf der Vorstellung, dass nicht alles öffentlich ist. Die lateinische Wurzel des Wortes impliziert, dass ein Teil unseres Lebens getrennt oder *privatus* vom Staat, der offiziellen oder öffentlichen Sphäre ist. Die Definition der Privatsphäre hat radikale Veränderungen und ständige Neudefinitionen seit der Antike erfahren, geformt durch die Entstehung der Demokratien und neuer Technologien. Ein Beispiel ist das Briefgeheimnis: Post in einem verschlossenen Umschlag gilt als unantastbar, doch lässt sich dieses Prinzip automatisch auf elektronische Kommunikation per E-Mail oder Internettelefonie ausdehnen?

In der digitalen Welt ist Identität der treffendere Begriff, um die Herausforderungen der Privatsphäre zu beschreiben und zu begreifen. Die Wörterbuch-Definition von Identität – wiederum ein lateinisches Wort – beschreibt sie als die Summe aller Eigentümlichkeiten, die ein Individuum oder ein Objekt ausmachen. Man könnte auch sagen, Identität setzt sich aus einander ergänzenden oder sich überlappenden

Warum unser digitales Ich bedroht ist

Teilen eines Puzzles zusammen. Dies ist der Ansatzpunkt für die digitale Selbstverteidigung. Wer seine Privatsphäre schützen will, muss die Kontrolle über möglichst viele Bestandteile seiner Identität behaupten.

Wir sind die Summe der Dinge, die uns beschreiben – unsere Eigenschaften, unsere Vorlieben und Abneigungen, unsere Leidenschaften, unsere Gene, Gesichtsprofile, Netzhautscans, Sprachmuster, unser Freundeskreis, unser Surfverhalten im Web und sogar die Art, wie wir gehen und dabei von Kameras erfasst werden. Aber im Gegensatz zu einem Ausweis, den wir sicher in der Tasche tragen und nur einem Staatsdiener vorzeigen, erinnert die vernetzte Welt an einen rechtsfreien Raum, in dem sich jeder findige Unternehmer und jede Software an unserem Identitätspuzzle bedienen, ohne Fragen zu stellen oder sich auszuweisen.

Ihre Identität befindet sich ständig im Belagerungszustand, und Sie werden es nicht einmal bemerken. Genau wie die Chips in neuen Reisepässen von Lesegeräten im Vorbeigehen aufgespürt werden, nehmen immer mehr Komponenten der vernetzten Welt an jedem Passanten Maß, der sich auf ihre Seite bewegt, eine Datei aufruft oder eine App benutzt. Sie müssen nicht einmal auf einer Seite klicken, schon eine Bewegung mit der Maus reicht aus, um Ihre Identität Stück für Stück zu entlarven. Sie werden nicht einmal merken, dass Sie gerade um ein Stück Ihrer Persönlichkeit beraubt wurden, da digitale Daten niemals verloren gehen. Sie werden einfach unrechtmäßig – und oft kriminell – für die weitere Verwendung kopiert.

Natürlich variiert der Wert der Identität, je nachdem, wer Sie sind. Je reicher man ist, je mächtiger und berühmter, umso attraktiver sind die persönlichen Daten. Aber wer weiß, vielleicht geraten Sie eines nicht allzu fernen Tages in die Öffentlichkeit oder verabreden sich mit einem Prominenten. Solche sozialen Ereignisse führen mit Sicherheit zu mehr Interesse an Ihrem früheren und gegenwärtigen Online-Verhalten. Auch ohne Geld und Macht könnten Sie von einer Person ausgespäht werden, die Ihnen schaden will, weil Sie ihr den Job, den Partner, Kunden oder einfach nur den Parkplatz weggeschnappt haben. Der persönlich motivierte Datenraub ist dicht gefolgt von der Neugier der Arbeitgeber, Versicherungen, Banken, von Regierungen oder politischen Parteien, die plötzlich jeden Menschen aus sicherer Distanz genau unter die Lupe nehmen können.

Halten wir vielleicht an überholten Vorstellungen fest, was privat ist und was privat sein sollte, und will uns die Technik wirklich nur den Weg in eine offene und transparente Gesellschaft weisen? Oder sollten wir den Drang bekämpfen, unsere Türen weit zu öffnen, nur weil die Technik es uns ermöglicht und die Gesetze hoffnungslos hinter der Zeit zurückgeblieben sind?

»Leute wie Mark Zuckerberg [Gründer und Geschäftsführer von Facebook] verwechseln Transparenz und Offenheit«, argumentiert der kanadische Unternehmensberater Don Tapscott. »Transparenz ist für Organisationen und Unternehmen, nicht aber für den Einzelnen. Eine Organisation muss rechenschaftspflichtig sein und somit transparent für ihre Aktionäre, Interessengruppen und vor der breiten Öffentlichkeit. Eine Privatperson hat andererseits keine solche Verpflichtung. Ganz im Gegenteil. Wir sollten erwarten, dass unser Recht auf Privatsphäre respektiert wird. Es ist die Grundlage des Vertrauens.« (Tapscott 2011, Interview mit den Autoren)

Es besteht kein Zweifel, dass sich unsere Einstellung als Gesellschaft angesichts des massiven Austausches personenbezogener Daten etwas lockern wird. Wie Mathias Klang, Dozent an der Universität Göteborg, argumentiert, ist es teilweise eine Generationenfrage: »Ich denke, wir werden in zehn bis fünfzehn Jahren toleranter sein und einander besser verstehen. Ich beobachte, dass viele Jugendliche bereits das Richtige tun, etwa wie sie einander antworten, wenn jemand einen boshaften Kommentar einstellt. Sie treten in den Dialog, lachen über Anfeindungen und parieren mit einem Witz. Sie sind einfach besser im Umgang mit dieser neuen Offenheit als meine Generation.« (Klang 2012, Interview mit den Autoren)

Harvard-Dozent David Weinberger, Autor mehrerer wegweisender Bücher über das vernetzte Leben, stimmt seinem schwedischen Kollegen zu: »Meine Vermutung ist, dass wir einfach lernen müssen, mehr zu vergeben. Wenn Sie mit einem Medium umgehen, das nicht vergisst, muss die Kultur versöhnlicher werden, oder sie geht vor die Hunde, weil jeder dumme Kommentar, den man jemals von sich gegeben hat, im Handumdrehen wieder ausgegraben werden kann. In zwanzig Jahren wird ausnahmslos jeder, der für ein öffentliches Amt kandidiert, irgendwo auf einem sozialen Netzwerk peinliche Bilder veröffentlicht haben.« (Weinberger 2012, Interview mit den Autoren)

Es ist eine Illusion zu glauben, dass wir unsere Privatsphäre bewahren können, wie es vor der Internetära möglich war. Es gibt auch keinen Grund anzunehmen, dass urmenschliche Eigenschaften wie Neid oder Gier verschwinden werden.

Ein gewisses Maß an Privatsphäre und Identitätskontrolle ist wichtig, um die geistige Gesundheit als Individuum und als Gesellschaft zu bewahren. Wenn andere Zugang zu unseren Informationen gewinnen – vor allem, wenn wir dem weder zustimmen noch davon wissen –, verlieren wir an Einfluss und Kontrolle über uns selbst. Wissenschaftler gehen sogar noch weiter und argumentieren, dass eine Verletzung der Privatsphäre dauerhaften psychischen Schaden anrichtet, weil sie zu Angst, Unsicherheit und Verlegenheit führt, selbst wenn kein materieller Schaden entsteht. Wir können Stück für Stück unsere Selbstachtung und unser Selbstvertrauen verlieren.

Jay Stanley von der US-Bürgerrechtsorganisation ACLU ist davon überzeugt, dass anhaltende Verletzungen der Privatsphäre uns als Individuen verändern. »Wenn Menschen beobachtet werden, handeln sie anders. Wir werden wegen jeder noch so kleinen Handlung befangen, weil andere sie gegen uns verwenden. Wir sind soziale Wesen. Deshalb sind wir uns sehr wohl bewusst, wie andere uns wahrnehmen.« (Stanley 2012, Interview mit den Autoren)

Es ist kein Wunder, dass einige Jugendliche das Gefühl, auf Facebook zu sein, so beschreiben, als würden sie sich täglich auf der Titelseite einer Boulevardzeitung wiederfinden. Als die Universität Salford in Großbritannien 228 Studenten der Wirtschaftswissenschaften im Sommer 2012 zum Umgang mit sozialen Medien befragte, gab die Hälfte an, die Nutzung von sozialen Netzwerken habe ihr Verhalten negativ beeinflusst.[2] Noch wichtiger sind die langfristigen Folgen der Datenhäscherei für die Gesellschaft als Ganzes, wie der Oxford-Professor Viktor Mayer-Schönberger in seinem Buch *Delete: Die Tugend des Vergessens im digitalen Zeitalter* erklärt: »Wir setzen unsere Fähigkeit aufs Spiel, uns selbst zu definieren«, resümiert der Jurist. »Digitale Erinnerung führt zu einem Verlust von Informationskontrolle, die uns genau die Freiheit nimmt, eine eigene Identität zu formen.« (Mayer-Schönberger 2010, S. 108)

Geiseln der Identitätsdatenbanken

Personenbezogene Daten treiben einen immer größeren Teil der Informationswirtschaft an, und deshalb haben Experten des Weltwirtschaftsforums in Davos sie als etwas extrem Wertvolles deklariert: als neue Anlagekategorie oder »das Öl von heute«. (The World Economic Forum 2011, S. 5)[3] Das ist auch der Grund, warum sich Google, Facebook und viele weniger bekannte, aber rasch wachsende Unternehmen ein Wettrennen liefern, um die größten Datenbanken für Online-Identitäten anzulegen, in denen die Identitäten von Hunderten Millionen Menschen gespeichert sind. Die amerikanische Firma Acxiom Corp. ist ein Beispiel für einen solchen Datenmakler, der Werbekunden Zugang zu seinem Fundus an Personendaten vermietet. Sie hat dem Vernehmen nach rund 500 Millionen aktive Kunden mit rund 1500 Datenpunkten für jede einzelne Person auf ihren Festplatten abgelegt: Alter, Rasse, Geschlecht, Gewicht, Größe, Familienstand, Bildungsniveau, politische Orientierung, Kaufgewohnheiten, Haushalt und Gesundheitszustand, Urlaubsplanung etc.[4] Die Firma Datalogix ist ein weiteres Beispiel: Sie digitalisiert seit Jahren die Daten aus Bonusprogrammen, um das Offlineprofil von fast allen US-Bürgern mit ihrem Onlineverhalten verknüpfen zu können.

Während Acxiom oder Datalogix hinter den Kulissen arbeiten und ihre Dienste an Unternehmenskunden verkaufen, bauen Google und Facebook ganz offen Identitätsdatenbanken auf. Beide Firmen praktizieren eine »Klarnamen«-Politik: Wer bei ihnen mitmachen will, muss sich laut Nutzungsbedingungen mit seinem rechtmäßigen Namen anmelden. Facebook-Gründer Zuckerberg verkündete im Jahr 2009: »Sie besitzen eine Identität ... Die Zeiten, in denen man seinen Freunden bei der Arbeit, seinen Mitarbeitern oder anderen Bekannten jeweils ein anderes Ich präsentierte, sind wahrscheinlich bald vorbei. Zwei Identitäten zu haben ist ein Beleg für einen Mangel an Integrität.« (Kirkpatrick 2010)[5] Damit steht er dem Technologieunternehmer Scott McNealy, Mitgründer von Sun Microsystems, in nichts nach. Der giftete bereits 1999: »Sie haben sowieso null Privatsphäre, finden Sie sich damit ab!«[6] Für viele Experten markiert McNealys oft zitiertes Bonmot eine Zäsur: Das Gerede vom Tod der Privatsphäre wurde zumindest in der Technologieszene salonfähig.

Warum unser digitales Ich bedroht ist

Selbstverständlich wollen Google und Facebook unsere echten Namen. Sie sind leichter für Analyse- und Werbezwecke zu nutzen als falsche oder unvollständige Angaben zur Person. Selbst für andere Nutzer ist es meistens von Vorteil zu wissen, mit wem man es online zu tun hat. Allerdings trifft das nicht immer zu – und schon gar nicht per Dekret, das ein Geschäftsmodell diktiert. Wer seinen vollen Namen und andere persönliche Details enthüllt, tut das im normalen Leben schrittweise und nach Abwägung der Umstände, unter denen man sich begegnet. Die Online-Welt hingegen stellt alle diese Regeln mit Absicht auf den Kopf. Wer sich bei jeder Handlung im Netz komplett outen muss, weil es die Technologie verlangt, handelt im Widerspruch zu all jenen Dingen, die uns zu Menschen aus Fleisch und Blut machen. Wir sind höchst komplexe Wesen, im Kern authentisch und ehrlich. Aber je nach Kontext bewahren wir stets einen gewissen Grad des Geheimnisvollen, wenn wir entscheiden, wem wir wie viel von uns zeigen oder erzählen. Verglichen damit sind unsere digitalen Identitäten, die uns Facebook und andere vorschreiben wollen, flach und gekünstelt, da sie nur Kategorien abhaken, die ihre Datenbanken als wertvoll identifiziert haben.

In den *social media* fehlt qua Design der richtige Umgangston, der zwischen Bekannten, Freunden, Kollegen oder völlig Fremden unterscheidet, denn in der Summe aller Daten von uns und über uns steckt der Wert, den Firmen extrahieren wollen. In der Realität würden Sie eine radikale politische Ansicht mit einem Freund teilen, sich aber scheuen, die gleiche Meinung vor Ihrem Chef oder in der Öffentlichkeit kundzutun. Sie erzählen Freunden in der Kneipe einen Witz, den Sie nicht vor Ihrem Partner wiederholen würden. Kaum jemand würde auf die Idee kommen zu verlangen, alle Unterhaltungen über einen Kamm zu scheren. In der analogen Welt ist es ebenso völlig normal, unterschiedliche soziale Rollen anzunehmen, je nachdem, mit wem wir interagieren. Die gefährliche Konsolidierung aller Puzzleteile unserer realen Identität zu einer einzigen maschinenlesbaren Online-Identität reduziert uns zu einem Zerrbild.

Wir machen uns Sorgen um den Datenschutz

Den meisten Menschen ist an ihrer Privatsphäre durchaus gelegen. Laut einer Eurobarometer-Umfrage von Juni 2011 befürchten 70 Prozent aller Europäer, dass Unternehmen, die ihre personenbezogenen Daten sammeln, sie für einen anderen Zweck als ursprünglich angegeben verwenden. Die Besorgnis schwankt je nach Land: 69 Prozent der Deutschen, 48 Prozent der Dänen und 54 Prozent aller Europäer machen sich Sorgen darüber, dass Suchmaschinen Werbung oder Inhalte auf ihre Hobbys und Interessen zuschneiden. Ungefähr der gleiche Prozentsatz der Befragten lehnt es ab, im Gegenzug für einen kostenlosen Service persönliche Informationen offenzulegen.[7]

Europäer setzen ein hohes Maß an Vertrauen in Institutionen des Gesundheitswesens, Behörden und Banken, wenn es um die Wahrung ihrer persönlichen Daten geht. Das geringste Vertrauen haben sie in Suchmaschinen, E-Mail-Dienste und Social-Media-Plattformen. Schließlich glaubt ein Fünftel bis ein Drittel, dass sie keinerlei Kontrolle über die Informationen haben, die sie online teilen, während 50 Prozent zumindest das Gefühl haben, diese Daten kontrollieren zu können.

Werfen wir einen vergleichenden Blick über den Atlantik. Eine Umfrage des Pew Internet & American Life Project aus dem Frühjahr 2012 misst eine ähnliche – und wachsende – Betroffenheit bei den Amerikanern. Mehr als zwei Drittel der Befragten erklärten, sie seien gegen gezielte Werbung, weil »ich nicht mag, dass mein Online-Verhalten erfasst und analysiert wird.« Drei von vier Amerikanern haben das Gefühl, dass es »eine Verletzung der Privatsphäre« sei, wenn eine Suchmaschine die Suchanfragen einer Person verfolgt und diese Informationen verwendet, um zukünftige Suchergebnisse zu personalisieren.[8] Nach einer anderen Umfrage vom Januar 2012 sorgen sich 90 Prozent der Amerikaner um ihre Online-Privatsphäre.[9]

Das Misstrauen lässt sich zudem an bestimmten Anbietern festmachen. In einer Umfrage, die kurz vor dem Börsengang von Facebook veröffentlicht wurde, gaben 59 Prozent der US-Bürger an, sie vertrauten Facebook »nur ein wenig« oder »überhaupt nicht«.[10] Eine Studie der Verbraucherorganisation Consumer Reports – dem Pendant zur Stiftung Warentest – ergab, dass sich bereits jeder Vierte so große Sorgen um seine privaten Daten macht, dass er seine Profile in sozialen Medien fälscht, um seine Identität zu schützen. Diese Art der digitalen Notlüge hat sich innerhalb von nur zwei Jahren vervierfacht.[11]

Wir sind also misstrauisch und wollen vorsichtig sein, aber handeln wir auch entsprechend? Ja, bis zu einem gewissen Grad. Es scheint, dass immer mehr Menschen Sicherheitsvorkehrungen online treffen. Laut einer Umfrage des Unternehmens TRUSTe, das sich um Datenschutzmanagement kümmert, befürwortet die Hälfte der Erwachsenen in den USA den Ausstieg aus der verhaltensorientierten Werbung, doppelt so viele wie noch 2011.[2] Drei Viertel sagten, sie erlaubten Unternehmen nicht, ihre persönlichen Informationen mit Dritten zu teilen, und neun von zehn benutzen nach eigenen Angaben Browser-Einstellungen, um ihre Privatsphäre zu schützen, einschließlich dem regelmäßigen Löschen von Cookies.[3] Bei genauerem Hinsehen fällt das Ja zur digitalen Selbstverteidigung jedoch nicht so klar aus.

Zahlreiche Menschen mögen Bedenken hinsichtlich der vielen »Gratis«-Produkte aus dem Haus Google haben, etwa Gmail, Picasa oder Google Drive. Aber nur wenige verkneifen sich tatsächlich deren Nutzung. Nicht zuletzt deshalb, weil sie zu den besten und praktischsten Angeboten am Markt gehören. So besitzt Googles Suchmaschine in Deutschland einen Marktanteil von mehr als 95 Prozent, allen Unkenrufen über fragwürdige Datenschutzpraktiken zum Trotz. Und wer sich schon einmal in einer unbekannten Stadt verlaufen hat, weiß den Vorteil von Street View zu schätzen, auch wenn Zigtausende gegen die automatische Ablichtung ihres Hauses protestierten. Marktforscher sehen keinen massiven Rückgang bei der Nutzung von Facebook, obwohl sich ein Drittel seiner Nutzer fragt, warum sie immer noch Mitglieder sind. Das jedenfalls ergab eine Umfrage von Sophos Security, die veröffentlicht wurde, als Facebook Anfang 2012 allen Nutzern die Chronik namens Timeline aufzwang.[4]

Die meisten Menschen ahnen, dass sie einen Preis zahlen, wenn sie beliebten kostenlosen Diensten wie Facebook, Gmail oder Pinterest beitreten, nämlich indem sie ihre persönlichen Informationen preisgeben. Die wenigsten wollen es allerdings genau wissen. Sechs von zehn Europäern sagen zwar, dass sie die Nutzungsvereinbarungen auf Webseiten lesen, aber laut der europäischen Verbraucherorganisation BEUC, die zwei Erhebungen zu diesem Thema durchgeführt hat, machen sich in Wirklichkeit nur 5 bis 7 Prozent die Mühe, das Kleingedruckte tatsächlich zu studieren.[5] Es würde nach einer Expertenhochrechnung allerdings auch 30 volle Arbeitstage dauern, um die Datenschutzerklärungen aller Webseiten zu lesen, die Sie in einem durchschnittlichen Jahr besuchen.[6]

Was nicht heißen soll, dass das Veröffentlichen von Datenschutz-richtlinien keinen Sinn hat. Zumindest zwingt es Unternehmen, schwarz auf weiß offenzulegen, wie sie persönliche Daten verwenden. Andererseits geben sie Verbrauchern den falschen Eindruck, sie seien geschützt, weil sie »Datenschutz« und »Privatsphäre« mit kommerziell motivierten Angaben zur »Datennutzung« verwechseln und obendrein nicht das Kleingedruckte lesen. Informationen, die niemand liest, die-nen wohl kaum der echten Aufklärung des Verbrauchers. Die meisten Datenschutzbestimmungen, die sich Ihnen online oder im Set-up-Pro-zess von Anwendungen in den Weg stellen, sind deswegen lediglich ein rechtliches Feigenblatt, das die Unternehmen veröffentlichen müssen, eine Pflichtübung, um die sich weder der Anbieter noch der Kunde wirklich kümmert.

Es ist ein schlechter Deal: Die Anbieter behaupten, sich um unse-ren Datenschutz zu kümmern, während sie uns auf Schritt und Klick verfolgen wollen, um Aktionen und Vorlieben zu speichern und wei-terzuverkaufen. Wir, die Nutzer, geben vor, alle Angaben gelesen, ver-standen und ihnen zugestimmt zu haben, während wir uns endlich einloggen wollen, damit wir anderen Menschen virtuell folgen können, Klatsch lesen, Spiele spielen, uns unterhalten und ablenken lassen. An die langfristigen Folgen unseres Spieltriebs denken wir so wenig wie an den Kater am nächsten Morgen, wenn jemand die nächste Runde aus-gibt. Dabei befinden sich die über Jahre hinweg gesammelten Online-Aktivitäten auf nur einer dieser Plattformen – eine Fundgrube von Informationen, aus der sich in Windeseile eine Identität nachzeichnen lässt. Der Technologiepublizist John Battelle prägte dafür den Begriff der »Datenbank der Absichten«, als er den Aufstieg von Google in seinem Buch *Die Suche* beschrieb (Battelle 2006).

Europa gegen Facebook

Einige Bürger protestieren gegen diese stetige Erosion der Privatsphäre und die illegitime oder sogar widerrechtliche Aneignung ihrer Identi-tät. Bis zum Frühjahr 2012 hatten bereits mehr als 40 000 Europäer den europäischen Hauptsitz von Facebook in Irland kontaktiert, um eine Zusammenfassung der meisten, aber nicht aller persönlichen Daten zu verlangen, die das US-Unternehmen über sie besitzt.

Warum unser digitales Ich bedroht ist

Sie taten dies, weil ein einziger umtriebiger und ernüchterter Facebook-Nutzer namens Max Schrems die Nase voll hatte. Der Jurastudent an der Universität Wien gründete die Bürgerbewegung »Europa gegen Facebook«. Seiner Meinung nach bricht Facebook geltendes europäisches Recht, wenn es personenbezogene Daten der Nutzer, oft ohne ihre Einwilligung, sammelt und vermarktet. Er hat mit seinem Anliegen Gehör in Brüssel und bei mehreren Datenschutzbehörden in Europa gefunden. So gab der Datenschutzbeauftragte von Schleswig-Holstein, Thilo Weichert, zu Protokoll: »Im Hinblick auf das deutsche und europäische Datenschutzrecht müssen wir das Geschäftsmodell von Facebook als illegal bezeichnen. Das Konzept ist: rechtswidrig personenbezogene Daten zu erheben, diese umfassend auszuwerten und zur Grundlage für den Verkauf von zielgerichteter Werbung zu nutzen, um damit gewaltige Summen Geld zu verdienen.«[7]

Schrems war der Erste, der von Facebook alle Daten verlangte, die das soziale Netzwerk über ihn gesammelt hatte, seit er im Jahr 2008 beigetreten war. Er erhielt eine CD mit 1222 Seiten Informationen, darunter detaillierte Angaben wie seinen geografischen Standort, deren Erhebung er nie zugestimmt hatte.[8] Dabei kam auch heraus, dass Facebook Daten aufbewahrt, die Schrems persönlich schon gelöscht hatte. Die irische Datenschutzkommission griff seinen Fall auf, und Facebook war seitdem gezwungen, einige Änderungen bei seiner Datenhäscherei vorzunehmen, etwa die automatische Gesichtserkennung in Europa auszuschalten und bereits bestehende Gesichtsdaten zu löschen. Auch nachdem die irischen Behörden Facebook im Spätsommer 2012 in einem Abschlussbericht für die konstruktive Zusammenarbeit gelobt haben,[9] bemängelt Schrems weiterhin, dass Datenschützer weder vollen Einblick in Facebooks Rechenzentren noch befriedigende Antworten auf viele ihrer Fragen bekommen haben.

Privatsphäre ist ein dehnbarer Begriff, dessen Bedeutung ständig neu definiert wird, wie es die Erfordernisse von Unternehmen und der Wall Street diktieren. Was Facebook mit den Daten seiner mehr als einer Milliarde Nutzer macht, hat nachhaltige Auswirkungen auf die Online-Welt, da Tausende von großen und kleinen Unternehmen ihre Geschäfte auf der Plattform des sozialen Netzwerkes betreiben, in erster Linie mit Anwendungen oder Spielen, darunter die Marken Zynga oder Wooga. Diese Anbieter nutzen meistens einfach die Datenschutzbestimmungen von Facebook als Richtlinien und können sich so effektiv hinter den Entscheidungen des riesigen Netzwerkes verbergen – auch wenn dies wenig bis gar keine Rücksicht auf die Privatsphäre ihrer Nutzer bedeutet.

Wer blickt da noch durch, wenn es darum geht, die Wege der Datennutzung oder des -missbrauchs zu verfolgen? Wenn ein führender Anbieter von Hard- und Software wie Apple etwa Facebook in sein mobiles Betriebssystem iOS6 integriert, wird es fast zu kompliziert für den Verbraucher, die Gefahren und Risiken für seine Online-Identität abzusehen. Welches Unternehmen verfolgt welche Richtlinien und duldet welche Praktiken beim Erheben von persönlichen Daten und deren anschließendem Data-Mining?

Radikale Transparenz

Einige Menschen haben ihre Privatsphäre völlig aufgegeben und sich der, wie sie es nennen,»radikalen Transparenz« ergeben. Sie teilen jede noch so kleine Einzelheit aus ihrem Alltag und Privatleben in allen nur möglichen Diensten. Sie veröffentlichen Kalendereinträge oder Restaurantbesuche, während sie noch beim Essen sitzen. Sie twittern sogar aus dem Wartezimmer des Arztes. Das können Sie durchaus tun, wenn Sie eine durch und durch selbstbewusste Person sind und obendrein glauben, dass die Gesellschaft wirklich vernünftig und nachsichtig mit grenzenloser Offenheit umgeht – oder wenn Sie den Endpunkt Ihrer Karriere erreicht haben und keine Angst mehr haben müssen, Brücken hinter sich abzubrechen. Oder wenn Sie Hasan Elahi sind.

Suchen Sie nach dem Namen Hasan Elahi und FBI auf der Website ted.com und schauen Sie sich seinen faszinierenden Vortrag über angewandte Eigenüberwachung an.[20] Als sein Name durch einen Fehler auf der *Anti-Terrorismus-Merkliste* der US-Regierung landete, drehte er den Spieß um. Elahi wehrt sich gegen den Angriff auf seine Privatsphäre, indem er sein Leben für alle Welt sichtbar macht.

Elahi hat seit Jahren jeden Moment seiner Existenz dokumentiert – und sie damit gerechtfertigt. Auf seiner Webseite listet er alle seine Flugdaten seit der Geburt auf, alle Mahlzeiten, die er auf den Flügen gegessen hat, die Flughäfen, auf denen er sich aufhielt, alle Läden, in denen er eingekauft hat, und die Wohnungen, in denen er lebte. Es gibt Bilder von all den Parkplätzen, Bahnhöfen und Toiletten, die er besucht hat.

Warum unser digitales Ich bedroht ist

Insgesamt hat er mehr als 46 000 Fotos eingestellt, von einem Imbiss an einer leeren Tankstelle bis zu Tacos in Mexico City. Elahi ist nicht nur überzeugt, dass er jetzt Herr über seine Privatsphäre ist. Er glaubt auch, dass das Überwachungssystem von Regierungsbehörden wie dem FBI komplett neu erfunden werden müsste, sollte sein Beispiel Schule machen. Wenn jedermann eine derart radikale Transparenz praktizierte, wüsste kein Rechner mit der Flut meist nutzloser Daten etwas anzufangen – in letzter Konsequenz gäbe es dann keine Geheimnisse mehr. Und ohne Geheimnisse wäre schließlich auch der Geheimdienst obsolet.

Die Gesetzgeber wachen auf

Wie in Europa ist auch in den USA die Diskussion um besseren Datenschutz und die Waffen zur digitalen Selbstverteidigung in Gang gekommen. Einige Datenschutzexperten vergleichen das allmähliche Aufwachen mit der Entstehung der Umweltbewegung in den 1960er Jahren – ein Aufstand, der sich erst dann formierte, als die Gefahren der anhaltenden Umweltverschmutzung sichtbar und weithin bekannt wurden. Ende Februar 2012 wurde die erste Sammelklage gegen Facebook eingereicht, das Unternehmen, das sein Geschäftsmodell auf radikale Transparenz aufgebaut hat und wie kein zweites die Risiken des Oversharing, des übertriebenen und maßlosen Datenaustauschs, verkörpert.

Zwei Nutzer aus dem US-Bundesstaat Maryland klagten, das soziale Netzwerk verfolge ihre Online-Aktivitäten auch dann noch, als sie sich längst dort abgemeldet hatten. Diese Art von Tracking quer durchs Web funktioniert, weil das Unternehmen mittels kleiner Softwarecodes auf unzähligen individuellen Webseiten fernab seines Netzwerkes ein Auge auf jeden Surfer werfen kann. Das ist vergleichbar mit einem Kaufhaus, das ein Tracking-Gerät in Ihre Tasche gleiten lässt, wenn Sie dort aus der Tür gehen. Technisch betrachtet sind dafür Cookie-Dateien, die Facebook zunächst als unbeabsichtigte Programmfehler bezeichnete, verantwortlich. Später jedoch stellte es einen Patentantrag für ein Verfahren, um »Informationen über die Aktivitäten der Nutzer eines sozialen Netzwerks einzuholen, während sie sich auf einer anderen Domain aufhalten.«[21]

Auch die Wettbewerbshüter der Federal Trade Commission (FTC) haben ihre Aufsicht verstärkt. Im Juli 2012 verhängten sie die mit 22,5 Millionen Dollar bislang höchste Geldstrafe gegen Google, da der Konzern die Privatsphäre von Millionen Nutzern verletzt habe.[22] Die Suchmaschine hatte einen speziellen Code verwendet, um die Datenschutzeinstellungen auf Apples Safari-Browser zu umgehen. So konnte die Suchmaschine Verbraucher auch dann noch überwachen, wenn diese eine solche Verfolgung explizit ausgeschaltet hatten.

Bürgern und Unternehmen in der EU steht ein neues europäisches Datenschutzgesetz ins Haus. Es löst ein entsprechendes Gesetz aus dem Jahr 1995 ab und wird schrittweise bis 2016 in Kraft treten. Die vorgeschlagenen Änderungen sollen EU-Einwohnern in allen 27 Mitgliedsstaaten das Recht geben, Einblick in die über sie erhobenen Daten zu verlangen und sich gegen Datenerfassungspraktiken zu wehren. Es sieht außerdem eine Rechenschaftspflicht für alle Verarbeiter personenbezogener Daten vor und zwingt Unternehmen, auf Anfrage eines Verbrauchers alle personenbezogenen Daten dauerhaft zu löschen.

Ein »neues Menschenrecht« ist im Entstehen – gemeinhin als »das Recht, vergessen zu werden« bezeichnet.[23] Es ist eine Vision, die auf gesundem Menschenverstand beruht und kühn zugleich ist. Denn sie bietet den Datenhäschern die Stirn und postuliert, dass jeder Mensch online die Unternehmen kennen und billigen sollte, die Informationen über ihn sammeln. Daraus leitet sich das Recht ab, diese Informationen zu überprüfen und ihre teilweise oder vollständige Löschung zu fordern.

Warum ist diese Idee längst überfällig? Weil in den kommenden Jahrzehnten Unmengen von Daten und Metadaten über uns im Netz ein Eigenleben entwickeln und zum bestimmenden Teil unserer Identität werden. Das Netz wird über kurz oder lang unsere Kreditwürdigkeit, unsere Reputation und sogar unsere Unbescholtenheit definieren – in weiten Teilen ohne unser Zutun oder unsere Mitsprache und zunehmend ohne menschliches Eingreifen.

Gegensteuern ist deshalb das Gebot der Stunde. Einzelne Einträge zu löschen oder sogar einen kompletten digitalen Neuanfang zu wagen, was einige Experten als »Informationskonkurs« bezeichnen, könnte uns allen zumindest in Ansätzen einen Neustart erlauben, wie wir ihn

Warum unser digitales Ich bedroht ist

aus der analogen Welt kennen. In einer Welt, in der der Begriff der Privatheit von den kommerziellen Ambitionen von Facebook und ähnlichen Unternehmen erst abgewertet, verzerrt und dann zerstört wird, droht der Albtraum von »Big Brother« mit der ebenso erschreckenden Variante des *Little Brother*, dem Roman von Cory Doctorow von 2008, zu verschmelzen.

In einer solchen Welt überwacht jeder jeden rund um die Uhr, unterstützt durch Software-Bots, die uns unermüdlich die Arbeit der Datenerhebung und -auswertung abnehmen. Diese Welt der radikalen Transparenz erstickt jegliche Kreativität und freie Meinungsäußerung. Wer immer im Hinterkopf hat, dass jedes Gespräch und jede Transaktion gespeichert und plötzlich offengelegt werden könnte, denkt zweimal nach, bevor er irgendetwas tut. Wenn eine Software der Archivar und Richter ist, gewinnen triviale und irrelevante Datenhäppchen wie etwa Tweets mehr Bedeutung als ihnen nach menschlichem Ermessen gebühren würde.

Gleichgültig, welches Sicherheitsniveau die kommenden EU-Datenschutzgesetze bieten werden – die Gesetzgeber hinken immer ein paar Schritte hinter den technologischen und gesellschaftlichen Gegebenheiten her, da die Technik in Monaten denkt, nicht in Jahren. Daher müssen Sie als Verbraucher und Bürger Ihre eigenen Schutzvorkehrungen treffen.

Der erste Schritt, um sich zu schützen, besteht darin zu wissen, was auf dem Spiel steht. Was genau ist der Wert Ihrer privaten Daten und im weiteren Sinn Ihrer Identität? Darum geht es im nächsten Kapitel.

2. Sie sind das Produkt

Jeden Tag entscheiden sich Millionen von Menschen für einen neuen Service, der ihnen etwas »kostenlos« anbietet – Spiele, Webmail, das Speichern, Bearbeiten und Teilen von Fotos, Musik streamen, Nachrichten mit Freunden und Kollegen austauschen, den Zugang zu heißem Klatsch oder den neuesten Nachrichten. Fast immer werden diese Dienste als »umsonst« angepriesen, weil kein Geld den Eigentümer wechselt. »Unentgeltlich« – dieses Wort stellt eine der unwiderstehlichsten psychologischen Versuchungen dar.

Ökonomen wissen schon lange, dass es nichts, aber auch gar nichts umsonst gibt. Unternehmen wie Facebook, Google, Zynga, Twitter, Yahoo und Tausende von kleineren Start-ups wie Path oder Pinterest müssen Software schreiben und die Infrastruktur an Rechenzentren betreiben, die Ihnen Ihr Online-Erlebnis ermöglichen. Die meisten Unternehmen verlassen sich nicht darauf, ihren Nutzern ein Abonnement oder zusätzliche Funktionen zu verkaufen. Sie machen ihr Geld, indem sie Ihre Zeit und Aufmerksamkeit, Ihr Verhalten und am Ende Ihre Identität an Werbetreibende und viele andere Dritte verkaufen, von denen Sie im Zweifelsfall noch nie etwas gehört haben.

Ähnlich wie die Deutsche Post über ein Tochterunternehmen namens Deutsche Post Direkt ihre Einkünfte aufbessert, indem sie die Adressen von 37 Millionen Haushalten vorhält und jede Anschriftenprüfung oder Umzugsmeldung an Werbefirmen verkauft. Für die Investoren von Onlinefirmen ist jeder neue Nutzer und sein Verhalten im Netz ein Pünktchen in der Statistik, das sie aufmerksam verfolgen. Die Zahl der Nutzer und ihr sogenanntes Engagement bestimmen die Bewertung eines Unternehmens und dessen Potenzial, zu einem lukrativen Übernahmekandidaten zu werden oder an die Börse zu gehen.

Was die Frage aufwirft, wie viel Geld wir alle auf dem Tisch liegen lassen, wenn wir ein Angebot »gratis« hier und ein anderes Angebot »kostenlos« da akzeptieren. Experten und Technikunternehmer kennen keine auf den Cent genaue Antwort, denn es ist schwer, aber nicht vollkommen unmöglich, die Kopfprämie für uns alle zu berechnen.

Unternehmen, ihre Investoren und Geschäftspartner haben sicherlich eine Vorstellung, wie viel ein neues Konto, ein Status-Update, ein neues Bild oder ein Blick auf eine Anzeige online wert sind. Verbraucher tappen andererseits weitgehend im Dunkeln, wenn es um den Wert aller Bestandteile ihres digitalen Lebens geht, den sogenannten Lifestream, den sie jahraus, jahrein im Netz generieren, wenn sie beliebte Dienste benutzen.

Allerdings beginnt sich langsam ein Konsens darüber zu bilden, dass wir, die Verbraucher, nicht leer ausgehen sollten, während Firmen Millionen oder Milliarden auf unserem Rücken umsetzen. Schließlich helfen wir alle dabei mit, diese Plattformen und Dienstleistungen mit Leben zu füllen und groß zu machen, während sie unser Leben analysieren und uns ausverkaufen. Dieses Entgelt kann vielleicht in Form von echtem Geld erfolgen, als Option, für die Nutzung zu bezahlen und ansonsten in Ruhe gelassen zu werden, oder gegebenenfalls als Möglichkeit, an unseren Daten festzuhalten, bis wir bereit sind, sie zu unseren Bedingungen an jemanden, den wir auswählen und dem wir vertrauen, zu verkaufen.

»Wenn Sie für etwas nichts bezahlen, sind Sie nicht der Kunde. Sie sind das Produkt, das verkauft wird.« Das schrieb ein Internetnutzer mit dem Benutzer-Namen blue_beetle (sein angeblich richtiger Name ist Andrew Lewis) in einem Online-Beitrag vom August 2010.[Daraus wurde ein Internet-Meme, das Netzäquivalent eines geflügelten Wortes, das sich unaufhaltsam ausbreitet und ständig neue Interpretationen erfährt. Es entwickelte sich auch zum Schlachtruf für all jene, die nicht mehr an die »Gratis«-Tricks glauben, die uns Web-Unternehmen vorgaukeln. Im Zeitalter ständig wachsender Daten- und Informationsströme wird die Aufmerksamkeit eines jeden Menschen und der detaillierte Einblick in sein Verhalten und seine Präferenzen zur neuen Währung.

Für ein Data-Mining-Unternehmen sind diese Ströme das wertvolle Rohmaterial namens *big data*, also massive Datenmengen, die mit herkömmlichen Speicherungs- und Analysewerkzeugen nicht mehr zu bewältigen sind und in Terabytes oder Petabytes gemessen werden.

Sie sind das Produkt

Der einzelne Benutzer indes sieht nur *small data* – Tropfen, die in den Datenozean rinnen. Die »kleinen Daten« addieren sich auf. Sie werden zum Treibstoff, der die Online-Werbebranche antreibt, die im Jahr 2012 weltweit geschätzte 84 Miliarden Dollar umsetzte.[2] Data-Mining ist auch der dahinterliegende Grund, warum ein Unternehmen wie Facebook kurz vor seinem Börsengang einen kleinen, aber boomenden Dienst zum Austausch von Fotos namens Instagram für eine knappe Milliarde Dollar kaufte. Die Firma war gerade einmal zwei Jahre alt und hatte eine Belegschaft von nur 13 Mitarbeitern, doch sie war auf einen Schlag mehr wert als die renommierte *New York Times*.[3]

Das Geheimnis lautet Spieltrieb: Da (fast) jeder Werbegeschenke liebt, melden sich Menschen bei Diensten wie Instagram an und frönen ihrer Lust am Spielen. Sie laden Schnappschüsse hoch, bearbeiten sie und bauen schnell einen umfangreichen Katalog von Inhalten auf, der ihre Freunde und Familie anlockt. So bringt sich jeder neue Benutzer ein und gibt, ehe er es bemerkt, ein Stück seiner Identität auf.

So viel sind Sie wert

Also, wie viel sind wir alle online wert? Die Schätzungen variieren, je nachdem, welche Quelle man bemüht und welche Berechnungsmethode man verwendet. Eine Schätzung stammt von US-Anwälten, deren Mandanten gegen Smartphone-Apps klagten, die ihre Adressbücher ungefragt geplündert hatten. Sie veranschlagten den Preis für jeden einzelnen Kontakt, der ohne Erlaubnis auf die Server von Diensten wie Path oder Instagram hochgeladen wurde, auf 60 Cent bis 3 US-Dollar. So viel sei es den Anbietern unter dem Strich wert, einen neuen Nutzer anzuwerben, dessen Informationen sie anschließend für Dinge wie gezielte Werbung ausschlachten können.[4] Eine andere Methode besteht darin, den Umsatz eines Unternehmens durch die Anzahl seiner Nutzer zu teilen. Dann sieht die Kopfprämie noch einmal anders aus. Für Google belief sie sich auf 27 Dollar (jeweils pro Person und Jahr), für Facebook und den Social-Game-Anbieter Zynga auf rund 5 Dollar (basierend auf Daten ab Frühjahr 2012).[5]

Hier ist noch eine dritte Möglichkeit, um eine bessere Vorstellung davon zu bekommen, wie viel wir als Schachfiguren im Spiel der kostenlosen Dienste wert sind: Man setzt den Wert jedes einzelnen Nutzers in Relation zur Bewertung eines Unternehmens. Diese Methode ist durchaus aussagekräftig, denn schließlich treibt jeder neue Kunde den Marktwert dieser Unternehmen nach oben. Je schneller sie wachsen, desto mehr Geld können sie bei Investoren einsammeln. Die Foto-Sharing-Seite Path zum Beispiel lag im Frühjahr 2012 bei 12,50 Dollar pro Nutzer; Pinterest, das soziale Netzwerk der konsumierbaren Eitelkeiten, lag bei 28,09 Dollar pro Nutzer, und Instagram kam auf 33 Dollar. Der Mikro-Blogging-Dienst Twitter notierte bei 71,43 Dollar pro Kopf, und Facebook nahm damals den Spitzenplatz mit mehr als 120 Dollar pro Kunde ein.[6]

Schwirrt Ihnen schon der Kopf? Es gibt nämlich noch eine vierte Methode, einen ungefähren Wert unserer Daten zu bestimmen, den der Speicherdienst backupify.com berechnet hat. Dazu teilt man den Umsatz eines Dienstes durch all die Inhalte, mit dem ihre Nutzer ihn füttern. In Facebooks Fall beläuft sich der Datenberg auf eine Billion »Likes« und 91 Milliarden Fotos. Nach dieser Rechenmethode ist jedes auf Facebook geteilte Objekt 2,5 Cent wert. Jeder Tweet entspricht einem Wert von 0,1 Cent, professionelle Recherchen auf LinkedIn von gut 12 Cent und jedes Einchecken im standortbezogenen Dienst Foursquare von 40 Cent.

Niemand würde allen Ernstes verlangen, dass wir für all die Dinge, die wir irgendwo hochladen, mögen oder teilen, finanziell entlohnt werden. Aber es kann nicht schaden, eine grobe Vorstellung vom Wert unserer Meinungsäußerungen online zu bekommen. So rechnet nämlich die Gegenseite, wenn sie entscheidet, was sie uns »umsonst« anbieten möchte. Noch wichtiger ist aber, dass wir von vornherein keine Wahl haben, ob wir entweder bezahlen wollen, um in Ruhe gelassen zu werden, oder lieber ein Gratisangebot akzeptieren und im Gegenzug verkauft werden.

»Die Idee, dass ein Unternehmen von der sozialen Interaktion profitiert, ist nicht so abwegig oder neu«, erklärte Wirtschaftsprofessor Yannis M. Ioannides von der Tufts University gegenüber der *New York Times*. »Eine Menge Cafés und kleine Restaurants lassen die Leute bei sich abhängen, weil sie so andere Menschen anziehen. Ungewöhnlich und neu ist die Tatsache, dass Facebook auf Informationen über diese Leute zugreift, um seinem Geschäft mehr Durchschlagskraft zu ver-

Sie sind das Produkt

leihen. Der Inhaber eines Cafés verwendet keine persönlichen Informationen über mich und meine Freunde, um Geld zu verdienen.«[7] Um beim Vergleich mit der Gastronomie zu bleiben: Wohl kaum ein Cafébesitzer würde zum Multimillionär werden, wenn er lediglich ein paar Tische und Stühle aufstellt, aber niemals etwas serviert, weil jeder seiner Gäste etwas zum Picknick mitbringt und ihm die Arbeit abnimmt. Der Wert der persönlichen Daten von Hunderten Millionen Verbrauchern ist enorm. Nach einer Studie der Boston Consulting Group belief er sich in der EU im Jahr 2011 auf 315 Milliarden Euro und wird bis 2020 auf eine Billion Euro stiegen.

Verbraucher im Dunkeln

Es ist gängige Praxis von Unternehmen, unsere Daten zu durchforsten und zu verkaufen, als wären wir das Inventar, nicht der Kunde. Laut einer Studie der European Network and Information Security Agency (ENISA) betrachtet fast die Hälfte der von ihr befragten Online-Dienste persönliche Daten als Handelsware, und die Hälfte von ihnen teilt diese Informationen mit Dritten (ENISA 2012).[8] Die Forscher gelangen zu dem Schluss, dass wir keine Ahnung haben, was wirklich passiert, wenn wir uns online bewegen und auf jedem Schritt unseres Weges winzige digitale Spuren hinterlassen. »Unser Wissen über den wirtschaftlichen Wert der Daten, also die Kosten-Nutzen-Abwägungen, die Einzelpersonen bei wirtschaftlichen Transaktionen treffen, bei denen ihre persönlichen Informationen im Spiel sind, ist äußerst bruchstückhaft.« (ENISA 2012, S. 7)

Das Thema wird vollends verwirrend, wenn man bedenkt, dass die meisten Webseiten in ihren Datenschutzbestimmungen schreiben, dass sie die Daten von Nutzern nie verkaufen oder an Dritte vermieten werden. Dass sie keine Daten von Dritten kaufen werden, verspricht interessanterweise kaum ein Unternehmen. Diese Beschränkung gilt meist nur für die »persönlichen Daten« in den USA bzw. »personenbezogenen Daten« in der EU – die sensiblen Details wie vollständiger Name, Geburtsdatum oder Adresse. Die Beschränkung, Nutzerdaten nicht zu verkaufen oder zu vermieten, gilt hingegen nicht für die eher kaum definierten anonymen Daten, die Webseiten sammeln und aggregieren. Sie sind vermeintlich anonymisiert und vom einzelnen Nutzer weit entfernt.

Doch mit dem richtigen Algorithmus können diese beiden Teile des Puzzles in kürzester Zeit wieder zusammengefügt und ein Benutzer rückwirkend identifiziert werden. »Wenn es um soziale Netzwerke geht, ist Anonymität nicht ausreichend für den Datenschutz«, lautet die wichtigste Schlussfolgerung einer wegweisenden Studie über die Praxis der Re-Identifizierung von Arvind Narayanan und Vitaly Shmatikov.[9] Mit anderen Worten: Auch wenn Sie denken, die Anonymität der Masse schütze Sie, können Unternehmen herausfinden, wer Sie sind, wenn diese nur genug Teile des Datenpuzzles haben.

Die Datenhäscherei ist sogar von Ihrer Einwilligung abhängig. Wenn Sie eine neue Anwendung, wie etwa ein Spiel, starten, verlangt diese in der Regel Zugriff auf sehr private Informationen wie Geburtstage, besuchte Schulen, die Liste Ihrer Freunde und sogar Artikel im Newsfeed – allesamt wertvolle Hinweise für gezielte Werbung. So lässt sich automatisch verfolgen, wer in welchen Restaurants isst oder welche Filme anschaut.

Wenn ein soziales Netzwerk zwischen 5 und 20 Dollar jährlichen Umsatz pro Kunde generiert, warum bietet es Ihnen nicht Plan B für den gleichen Betrag an, um einen wirklich privaten Dienst zu wählen? Die Kosten würden sicherlich nicht unerschwinglich sein. Facebook, zum Beispiel, gibt nach eigenen Angaben pro Nutzer rund einen Dollar pro Jahr aus, um seine Infrastruktur am Laufen zu halten. Oder wie wäre es mit einem mehrstufigen Modell, in dem die datenschutzorientierten Nutzer wählen können, was sie als Gegenleistung für eine Reihe von Ermäßigungen über sich preisgeben wollen? Kabelfernsehen, iTunes und viele andere Dienstleistungen beweisen, dass die Menschen bereit sind, für den Zugang zu Inhalten zu bezahlen, die ihnen wichtig sind.

Google Apps, die Unternehmensversion der Produktivitätsanwendungen wie Gmail und Google Drive, ist übrigens eine solche Alternative. Im Gegensatz zu der kostenlosen Verbrauchervariante gibt es in der Businessversion keine Anzeigen, die darauf basieren, den Inhalt jeder Nachricht im Posteingang zu scannen. Diese Art der automatisierten Schnüffelei würde kein Geschäftskunde tolerieren.

Der Grund, warum der reguläre Verbraucher zum Opfer wird, ist einfach, sagt der amerikanische Datenschutzexperte Soghoian: »Face-

Sie sind das Produkt

book wurde entwickelt, um Ihre Privatsphäre auf Schritt und Tritt zu verletzen. Es gibt keine Möglichkeit, ein Facebook- oder Google-Abo zu kaufen, das die Privatsphäre bewahrt. Wenn diese Firmen ihr neues Produkt als etwas bewerben würden, das den Datenschutz großschreibt, müssten sie zugeben, dass ihr reguläres Produkt nichts taugt. Diese Dienste sind per Voreinstellung ab Werk dazu da, um uns in die Pfanne zu hauen.« (2012, Shogoian, Interview mit den Autoren)

Verbraucher an die Macht

Nicht jeder in der Technologiebranche teilt diese düstere Einschätzung, aber immer mehr Experten denken darüber nach, wie man für fairere Spielregeln sorgen kann. Der erste Schritt bestünde darin, Verbrauchern reinen Wein einzuschenken und ihnen klipp und klar zu sagen, was sich hinter einem »Gratis«-Dienst verbirgt. Fachleute sprechen hier vom Opt-in-Prinzip, bei dem jeder neue Nutzer seine ausdrückliche Einwilligung gibt, anstatt ahnungslos vereinnahmt zu werden, damit ein Unternehmen seine Daten abgreifen und weiterverkaufen kann, bis er Einspruch erhebt, also ein Opt-out geltend macht.

In einem Experiment ermittelten Forscher der ENISA, ob und wie Menschen den Zugang zu ihren Informationen zu schätzen wissen. Sie ließen mehr als 2300 Teilnehmer Kinokarten bei einer von zwei Webseiten kaufen.[10] Beide baten um Namen, Geburtsdatum und E-Mail-Adresse. Eine der Webseiten wollte zusätzlich die Handynummer wissen und gewährte als Gegenleistung 50 Cent Rabatt auf die Eintrittskarte.

Die Ergebnisse waren überraschend: Stolze 80 Prozent der Käufer entschieden sich für das Unternehmen, das weniger personenbezogene Daten erhob. Einer von drei Käufern war bereit, einen Aufpreis zu zahlen, um seine Handynummer für sich zu behalten. Weitere 10 Prozent entschieden sich für einen höheren Preis, um keine Werbemails zu bekommen. Zwar handelt es sich nur um ein Experiment, aber es ist ein eindeutiges Indiz dafür, dass wir alle einen angeborenen Sinn dafür haben, was die Teile unserer Identität wert sind – wenn wir die Wahl haben. Darüber hinaus beweist es auch, dass Unternehmen einen Wettbewerbsvorteil aufbauen können, wenn sie dem Vertrauen der Verbraucher einen höheren Stellenwert einräumen als der Gewinnmaximierung.

Der Datenschutz-Ökonom Alessandro Acquisti von der Carnegie Mellon University in Pittsburgh entdeckte eine ähnliche Vorliebe bei Verbrauchern, als er im Jahr 2010 eine Studie zum selben Thema durchführte.[11] Das Fazit seines Teams lautete: Einzelpersonen sind bereit, sich den Schutz ihrer Privatsphäre etwas kosten zu lassen. Vorausgesetzt, die Webseite stellt die Informationen zum Datenschutz an prominenter Stelle und leicht verständlich dar. Acquisti ist überzeugt, dass sich Unternehmen von der Konkurrenz abheben können, wenn sie Verbrauchern eine klare Alternative zur Datenhäscherei anbieten.

Technologie hat immer eine Kehrseite. Genauso wie neue Werkzeuge die grenzenlose Verfolgung ermöglichen, können sie ein Teil der Lösung sein, um sich zu verstecken oder effektive digitale Selbstverteidigung zu betreiben. Apple denkt beispielsweise über den Datenschutz mittels elektronischer Köder nach. In einem Patent, das im Jahr 2012 veröffentlicht wurde, beschreibt das Unternehmen, wie ein möglicher Dienst der Zukunft einem Nutzer mehrere falsche digitale Identitäten verpassen kann.[12]

Die elektronischen Doppelgänger erzeugen unablässig falsche Daten – digitalen Schall und Rauch wie fiktive Social-Media-Einträge, falsche Standortdaten und so weiter. Am Ende wären die Data-Mining-Algorithmen nicht mehr in der Lage, aus dieser Flut die authentischen Datenpunkte herauszupicken, die vom echten Nutzer stammen. Mittels dieser Technologie würde ein immer größerer Heuhaufen aufgeschichtet, in dem man seine Nadel verstecken könnte.

Technische Innovation macht es auch möglich, eine neue Art von sozialem Netzwerk oder sogar ein neuartiges Werbenetzwerk aufzubauen, das die Nutzer an den aus ihren Daten generierten Einnahmen beteiligt. Oder eines, das Verbrauchern die Wahl lässt, ihre Angelegenheiten im Privaten und vielleicht sogar verschlüsselt zu erledigen, ohne dass Dutzende von Werbenetzwerken und Tracking-Algorithmen jeden Tastendruck und jede Mausbewegung verfolgen.

Es gibt zahlreiche Neugründungen, die auf das Ziel hinarbeiten, uns die Kontrolle über unser digitales Schicksal zurückzugeben: Privly, Social Fortress und Personal.com sind drei beachtenswerte Neuzugänge. Personal.com will den Verbraucher darin stärken, nicht mehr das Produkt, sondern der Produzent zu sein. Das Unternehmen aus Washington bietet einen mehrfach verschlüsselten Datenspeicher, den jeder Nutzer mit Angaben seiner Wahl füllt und dann entscheidet, wem er

Sie sind das Produkt

dazu Zugang gewährt: Personen, Unternehmen oder Apps. Wenn etwa Firma XY meinen Familienstand, mein Bewegungsprofil in einer Stadt und meine jüngsten Flüge ermitteln will, um mir gezielte Werbung zu servieren, dann wird sie diese Neugier nach Personals Modell etwas kosten. Das kann echtes Geld oder eine neue, virtuelle Währung sein.

Firmengründer Shane Green verfolgt die Vision des mündigen Verbrauchers, der über seine Daten entscheidet, mit Leidenschaft und Eloquenz. Er glaubt auch, dass sogar das Recht, vergessen zu werden, zur Grundlage neuer Dienstleistungen werden kann. Wer sich des steten Tropfens seiner Daten, oder *small data*, bewusst ist, der hat Zugang zu den gleichen Werkzeugen, mit denen die Big-Data-Konzerne operieren, argumentiert Green.

»Unsere Vision geht von der Annahme aus, dass jeder Mensch einen entscheidenden, langfristigen Wettbewerbsvorteil gegenüber Unternehmen und Regierungen besitzt, wenn es um das Ansammeln und Pflegen der besten und vollständigsten Daten über sich selbst und sein Leben geht. Bei solchen strukturierten und maschinenlesbaren Daten besitzt jeder von uns letztlich die beste Sammlung.«[3 Um diese sogenannte »Goldene Kopie« werden sich Firmen reißen, sagt Green. Wer als Verbraucher die richtigen Werkzeuge einsetzt, Schutzvorkehrungen für seine Daten trifft und obendrein wirtschaftliche Anreize schafft, kann den Spieß umdrehen und die letzte Instanz im Datengoldrausch werden.

Aus diesem Grund entwarf Green zusammen mit anderen am Datenschutz interessierten Unternehmern im Frühjahr 2012 einen digitalen Grundrechtekatalog und stellte diesen als Diskussionsgrundlage ins Netz. Er ist nicht das einzige Dokument, das uns zeigt, wohin die Reise geht. Man sollte es jedoch gründlich lesen, da es viele Themen berührt, denen wir im weiteren Verlauf des Buches begegnen werden.

DIGITALER GRUNDRECHTEKATALOG[*]

Präambel
Dieses Digitale Grundgesetz gilt für die Unantastbarkeit des digitalen Ich.

....
[*]http://ourdigitalrights.org

Das digitale Ich sollte vor dem Gesetz und von der Gesellschaft gleichberechtigt mit dem physischen Ich behandelt werden.

Rechte

1. **Recht auf Transparenz:** Ich habe das Recht zu wissen, wer meine Daten sammelt, verwendet, teilt oder vermarktet und wie es geschieht. Ich habe das Recht zu wissen, wie meine Daten geschützt und gesichert werden. Ich habe das Recht, den Wert meiner Daten zu erfahren.
2. **Recht auf Privatsphäre:** Ich habe das Recht auf Schutz meiner Privatsphäre als Voreinstellung.
3. **Recht auf Auswahl und Kontrolle:** Ich habe das Recht, die Erlaubnis zu geben, meine Daten zu sammeln, zu nutzen, zu teilen oder zu vermarkten, und sie wieder zu entziehen. Ich habe das Recht, meine Daten zu sehen, auf sie zuzugreifen, sie zu korrigieren, zu bearbeiten, zu überprüfen, zu exportieren und zu löschen. Ich habe das Recht, sie zu besitzen und/oder die »Goldene Kopie« meiner Daten frei zu nutzen. Ich habe das Recht, das Produkt oder die App zu kaufen und nicht »das Produkt zu sein«.
4. **Recht auf Sicherheit:** Ich habe das Recht zu erwarten, dass meine Daten sicher gelagert und transportiert werden.
5. **Recht auf Identität:** Ich habe das Recht, je nach Kontext verschiedene digitale Persönlichkeiten zu benutzen. Ich habe das Recht auf Anonymität.
6. **Recht auf minimale Verwendung:** Ich habe das Recht zu verlangen, dass meine Daten nur für den angegebenen Zweck und Kontext gesammelt, genutzt, geteilt oder vermarktet werden. Ich habe das Recht, vergessen zu werden, nachdem meine Daten ihren Zweck erfüllt haben.

Die Frage bleibt: Welchen Weg gibt es, nicht online ausgebeutet und verkauft zu werden, ohne unseren gerechten Anteil zu bekommen? Wie schaffen wir es, besser über den Wert unserer Daten informiert zu werden und unser Recht auszuüben, Ja oder Nein zu sagen, wenn es um unsere digitale Identität geht?

Nach der Ansicht von Wirtschaftswissenschaftler Alessandro Acquisti ist unsere Vorstellung von einer einfachen Online-Transaktion

Sie sind das Produkt

veraltet und falsch. »Es ist eine irrige Annahme, dass wir uns einmal entscheiden, einen vermeintlich kostenlosen Service zu nutzen, und im Gegenzug unsere Daten herausrücken. Dieses Bild einer einmaligen Transaktion beschreibt nicht, was eigentlich passiert.« Da unsere Daten von vielen Unternehmen ohne unser Wissen verwendet, verkauft und mehrfach wiederverwendet werden, muss ein Ökonom ein neues Modell entwerfen, bei dem der erste Klick auf »Ich stimme zu« nur der Anfang ist. »Wir haben diese Diskussion noch nicht einmal begonnen. Die Verbraucher besitzen enorme Macht, da ihre Daten die Basis sind, ohne die Online-Geschäfte nicht Abermilliarden an Umsatz generieren könnten«, so Acquisti. »Aber die Verbraucher müssen das kapieren und sich organisieren.« (Acquisti 2012, Interview mit den Autoren)

Wo und womit soll der Verbraucheraufstand also beginnen? Vielleicht damit, einem ungewöhnlich ehrlichen Datenmakler zuzuhören. Higinio Maycotte ist der Unternehmer hinter Umbel, einem Dienstleister für große Marken und Verlage, der es ihnen theoretisch ermöglicht, ihre Kundschaft hin zum einzelnen Käufer oder Abonnenten zu untersuchen und dessen Online-Verhalten auf Social-Media-Plattformen in Echtzeit zu verfolgen. Für diese detaillierte Kundenkunde zahlen Verlage viel Geld.

Maycotte hat eine Zahl parat, die Sie im Auge behalten sollten, wenn wir unseren Crashkurs in digitaler Selbstverteidigung beginnen: »Unser Modell besagt, dass jeder Benutzer rund 30 Dollar pro Monat auf einem einzigen Werbenetzwerk wert ist.« (Maycotte 2012, Interview mit den Autoren) Das sind 360 Dollar pro Jahr für ein einziges Werbenetzwerk wie die Google-Tochter DoubleClick, die potenzielle Kunden im Netz verfolgt! Ein schneller Realitätscheck: Der durchschnittliche Internetnutzer wird bei seinen täglichen Verrichtungen von 75 bis 100 verschiedenen Werbenetzwerken verfolgt. Rechnen Sie nach, was dabei herauskommt. Im Vergleich dazu nehmen sich die fünf Gigabyte »freier« Speicherplatz, um mit »Freunden« viel »Spaß« zu haben, als lausiger Deal aus.

Die erste Station der Reise durch ein digitales Leben ist Ihr Job. Im nächsten Kapitel untersuchen wir, warum Sie digitale Selbstverteidigung am Arbeitsplatz dringend nötig haben.

# 3. Am Arbeitsplatz: Mein Lebenslauf gehört mir

»25 Grad, was zu trinken, Tauchen und Urlaub. Hasta la vista, ihr Trottel.« Hannah (Name geändert) hatte diesen Spruch als Facebook-Update schon oft zuvor benutzt und dazu ein berühmtes Schwarzenegger-Zitat aus dem Film »Terminator« leicht abgewandelt. Mit ihrem frechen Eintrag wollte die 34-Jährige nur ihren Freunden eine Nase drehen: »Haha, ich bin im Urlaub, seid ihr nicht neidisch?!« [

Aber ihr Chef in einem großen Medienunternehmen sah das anders. Obwohl nur fünf von ihren 666 Facebook-Freunden Arbeitskollegen waren, kochte er vor Wut: Es sei respektlos gegenüber anderen Mitarbeitern. Hannah wurde gekündigt, und ihr Online-Verhalten war einer der Entlassungsgründe.

Immer mehr Menschen verlieren ihren Job wegen ihrer Online-Aktivitäten. Dank sozialer Netzwerke haben Arbeitgeber zum ersten Mal rund um die Uhr Zugang zum Privatleben ihrer Mitarbeiter.

Unternehmen legen soziale Profile von potenziellen Kandidaten an und sortieren diejenigen schon vorher aus, die online einen schlechten Ruf haben. Gleichzeitig sind Social Media ein unverzichtbares und notwendiges Instrument für Arbeitsuchende geworden.

Jedoch ist Vorsicht angebracht. Sie müssen Ihren Ruf im Netz beobachten und ständig hinterfragen, was Sie veröffentlichen und welche Informationen Sie besser für sich behalten. Oft wissen Bewerber nicht, warum sie zu einem Vorstellungsgespräch nicht eingeladen werden. Ihr Eintrag auf bestimmten Seiten ist möglicherweise längst aus einem Newsfeed verschwunden, aber deswegen noch lange nicht gelöscht. Er kann jederzeit wieder gekauft werden und erneut auftauchen. Darüber hinaus sind eindeutige Rechtsverstöße vorgekommen, indem

Mitarbeiter oder Bewerber unter Druck gesetzt wurden, ihre privaten Passwörter preiszugeben, damit ihre Vorgesetzten sie überwachen konnten.

Wer postet, steht am Pranger

Hannah ist nicht allein. Die Liste der Leute, die ihren Arbeitsplatz wegen ihrer Online-Aktivitäten verlieren, wächst beständig. Um einige Beispiele zu nennen: Der amerikanische Politiker Anthony Weiner musste zurücktreten, nachdem er ein anzügliches Foto von sich getwittert hatte. Der Komiker Gilbert Gottfried verlor seine Engagements, weil er sich auf Twitter über den verheerenden Tsunami vom März 2011 lustig gemacht hatte: »Japan ist wirklich fortschrittlich. Sie gehen nicht an den Strand. Der Strand kommt zu ihnen.« Ein Universitätsprofessor trat zurück, nachdem er eine Anklage wegen sexueller Nötigung so kommentierte: »Unglaublich, wie viel Aufmerksamkeit sie jetzt bekommen wird.« Und die Angestellte einer Versicherungsgesellschaft wurde gefeuert, nachdem sie eine Nachricht auf der Facebook-Seite eines Freundes hinterlassen hatte. Sie hatte sich an diesem Tag krank gemeldet und behauptet, dass Arbeit am Computer ihre Migräne verschlimmern würde.

Einige Zeitgenossen verhöhnen das Unternehmen, für das sie arbeiten, was einen weiteren Entlassungsgrund darstellt. Oder sie melden sich krank und prahlen dann online über ihr privates Unterhaltungsprogramm, wie diese Frau: »In meinem Beruf hatte ich eine Zeitlang viel Stress. Ich ließ mich zwei Wochen krank schreiben, um mich zu erholen. Die meiste Zeit war ich ein Stubenhocker, aber eines Abends überredete mich eine Freundin, in ein Restaurant zu gehen. Wie üblich checkte ich in dieser Nacht auf Foursquare [eine App, die über den Aufenthaltsort Auskunft gibt] ein. Als ich wieder zur Arbeit kam, beschuldigte mich mein Chef, nicht krank gewesen zu sein. Mit ihm war ich nicht auf Foursquare befreundet, nur mit ein paar Kollegen. Von ihnen muss es mein Chef erfahren haben.«[2]

In einigen Ländern haben die Eltern das Recht, einen Tag freizunehmen, wenn ihr Kind krank wird – allerdings nur ein Elternteil. Da manche Väter und Mütter dazu neigen, jede Kleinigkeit aus ihrem Alltag auf Social-Media-Plattformen zu veröffentlichen, bringen sich

Am Arbeitsplatz: Mein Lebenslauf gehört mir

immer wieder Arbeitnehmer mit der Halblüge vom kranken Kind um ihren Job.

Im Visier der sozialen Profilerstellung

Was wie eine Reihe von unglücklichen Zufällen oder dummen Fehlern klingt, ist in Wirklichkeit das Indiz für ein grundsätzliches Problem im Umgang mit Social Media: Arbeitgeber sind zum ersten Mal Zaungäste beim Privatleben ihrer Mitarbeiter – 24 Stunden, 7 Tage die Woche. Sie können wie noch nie zuvor Einblick in deren tägliches Leben zu Hause nehmen, Handlungen aufdecken und fast live verfolgen, die nichts mit dem Arbeitsplatz zu tun haben. Sie bekommen die hieb- und stichfesten Beweise gleich in den Posteingang geliefert. Ein Eintrag bei Facebook lässt sich zwar löschen, doch kann er bereits vorher von Zahlreichen Nutzern gelesen worden sein.

Es ist nicht bekannt, wie viele Unternehmen ihre Mitarbeiter über soziale Medien überwachen und wie systematisch sie es tun. Immerhin muss es eine Nachfrage nach Überwachungswerkzeugen geben, denn selbst Google bietet Unternehmen ein Produkt namens Map Coordinate an, mit dem ein Arbeitgeber dank der Kombination von Googles Kartentechnologien mit Smartphones verfolgen kann, wo sich jeder Mitarbeiter gerade aufhält. In dieser vorläufigen Grauzone werden Gerichtsverfahren erst in Zukunft Präzedenzfälle schaffen.

Unter Arbeitgebern ist die Praxis wesentlich stärker ausgeprägt, soziale Profilierung proaktiv zu verwenden, wenn sie Bewerbungen sichten. Eine Studie im Auftrag von Microsoft ergab, dass in den USA acht von zehn Arbeitgebern Informationen über die Online-Reputation der Bewerber einholen.[3] Die Zahlen in Europa liegen immer noch deutlich niedriger. Das Stockholm Trade Council berichtet, dass vier von zehn Arbeitgebern in Schweden soziale Profile ihrer Bewerber sichten, und ihre Zahl steigt jedes Jahr.[4] Gut die Hälfte der deutschen Arbeitgeber gibt an, über Bewerber im Internet zu recherchieren.[5] Ganze 70 Prozent der amerikanischen Personalchefs sagen, sie hätten Bewerber basierend auf dem, was sie online über sie in Erfahrung brachten, abgelehnt, während nur ein Drittel der befragten schwedischen Unternehmen Kandidaten aus diesem Grund aussortiert.[6] Deutschland scheint hier noch weit im Rückstand zu sein. Laut Statistischem Bundesamt setzte 2011 nur jeder zehnte Bürger soziale Netze für berufliche Zwecke ein.[7]

Sogenanntes *social profiling* ist ein Puzzlespiel, bei dem viele kleine Informationseinheiten über Ihren Charakter, Ihre Eigenschaften und Fähigkeiten zusammengesetzt werden, um am Ende eine Vermutung darüber anzustellen, ob Sie eine gute Wahl für eine bestimmte Position wären. Laut einer Studie der University of Maryland kann allein die Sprache, die Sie in Ihren Tweets verwenden, einem Personalchef verraten, ob Sie extrovertiert, freundlich, gewissenhaft, neurotisch oder zu gesprächig sind.[8] Die Art und Weise, wie Sie mit Menschen sprechen (andere Menschen mit »Sie« anzusprechen macht Sie zu einem höflichen Zeitgenossen), worüber Sie reden (wer immer »gewinnen« will, sammelt Minuspunkte) und welche Worte Sie wählen (gewissenhafte Leute vermeiden negative Wörter wie »killen«), enthüllt wichtige Teile Ihrer Persönlichkeit. Andere Wissenschaftler haben zudem festgestellt, dass sich ein Facebook-Profil sogar besser als ein herkömmlicher Persönlichkeitstest dazu eignet, Bewerber einzuschätzen und auszusieben.

Ein Unternehmen kann auch einfach regelmäßig öffentlich zugängliche Facebook-Profile scannen und dies dazu nutzen, eine schnelle Entscheidung über die beiden wichtigsten Fragen bei der Einstellung treffen zu können: Ist die Person zuverlässig und emotional stabil? Forscher an der Northern Illinois University etwa ließen in einem Experiment Studenten fiktive Bewerber bewerten, nachdem sie deren Facebook-Profile nur zehn Minuten lang durchgelesen hatten. Sie entdeckten, dass ihre Testkandidaten in der Regel diejenigen Personen heraussuchten, deren Persönlichkeiten ihnen als vielseitig erschienen: Sie reisten viel, hatten vergleichsweise mehr Freunde und interessierten sich für verschiedene Hobbys. Das Veröffentlichen von »Partyfotos« wirkte sich nicht automatisch negativ aus, da sie eine Person als extrovertierter und freundlicher erscheinen ließen.[9]

Dieses Vorgehen klingt etwas weniger deprimierend als die heimliche Informationssammlung im Auftrag einer Personalabteilung. Aber es wirft eine ganz andere, nicht weniger beängstigende Frage auf: Wie viel konstantes Engagement müssen wir alle ständig zeigen, um unser Image und Ansehen online zu pflegen und genau so zurechtzubiegen, dass wir das richtige Maß extrovertierter Lebensfreude gegenüber unserer Umwelt präsentieren?

Für viele Arbeitsuchende sind soziale Medien ein hervorragendes Werkzeug, um eine neue Stelle zu finden. Damit steigt allerdings auch der Druck, gut vernetzt zu sein. Die Frage »Wie viele Freunde oder Verbindungen haben Sie?« wird mehr und mehr an Bedeutung gewinnen, um einen Arbeitsplatz zu ergattern oder überhaupt zu einem Vorstellungsgespräch eingeladen zu werden. Wenn Sie sich nicht mit sozialen Medien auskennen, halten Sie viele Arbeitgeber für schlecht informiert oder zumindest technisch desinteressiert – ungünstige Voraussetzungen für eine Karriere in der Informationsgesellschaft. Man muss beim Social-Media-Zirkus also in die Manege steigen, ob man will oder nicht. Doch kann man Social Media durchaus auch nutzen, um die eigene Professionalität, Intelligenz, Reife und Medienkompetenz für die vernetzte Welt zu präsentieren. Statistiken der Vermittlungsplattform Jobvite zufolge findet bereits jeder sechste Arbeitnehmer in den USA seinen Job dank sozialer Medien, und neun von zehn Unternehmen in Amerika setzen diese Medien zur Rekrutierung ein.[10] An vorderster Stelle sind hier die Dienste LinkedIn und Twitter zu nennen.

Das aus den USA stammende Netzwerk LinkedIn ist mit knapp 200 Millionen Mitgliedern (Stand Januar 2013) das Paradebeispiel, wie man professionelle Vernetzung plus berufliche Imagepflege zum beliebten Zeitvertreib machen kann. Es ist ein großartiges Werkzeug für die Arbeitssuche, doch der Dienst hat einen großen Haken: Er lebt davon, dass Mitglieder neue Mitglieder werben. Viele Menschen melden sich leichtfertig an und erlauben LinkedIn, an alle Kontakte in ihrem Adressbuch vermeintlich persönliche Einladungen zu verschicken, einschließlich ihrem Zahnarzt, der Großmutter und ihrer Exfreunde. BranchOut ist ein weiteres beliebtes Karrierewerkzeug, das als Anwendung innerhalb von Facebook genutzt wird. Die App hat herbe Kritik dafür geerntet, bei den ahnungslosen Mitgliedern alle Kontakte aus dem Handy abzugreifen und sie mit Spam zu bombardieren. Solche Instrumente, die einem vermeintlich eng umgrenzten Zweck dienen, verwischen die Grenze zwischen privaten und beruflichen Bekanntschaften auf gefährliche Weise.

Selbst beim elektronischen Lebenslauf ist Vorsicht geboten. Schreiben Sie nach Möglichkeit nie private Daten wie Geburtsdatum oder Sozialversicherungsnummer in einen Lebenslauf, den Sie auf eine Vermittlungsplattform oder Job-Datenbank hochladen wollen. Einmal im Netz, können solche Dateien ohne Ihr Wissen oder Ihre Zustimmung weiterverbreitet werden oder sogar in Suchmaschinen auftauchen. Es ist kaum zu glauben, dass es viele Menschen trotzdem tun, obwohl sie mit solch leichtsinnigem Verhalten dem Identitätsdiebstahl Tür und Tor öffnen.

So praktisch soziale Medien als Werkzeug für die Arbeitssuche sein können, genauso schlimme Folgen können sie haben, wenn man seine Online-Präsenz nicht ständig im Auge behält. Arbeitgeber sind bestrebt, nicht nur Ihre Schokoladenseiten zu kennen, sondern suchen viel lieber die Leichen im Keller. Dafür greifen sie auf Firmen zurück, die sich auf *social intelligence* spezialisiert haben.

Eines dieser Unternehmen heißt genau so – Social Intelligence. Es gräbt sich durch die vergangenen sieben Jahre Ihres Online-Lebens, um alles, was sich finden lässt, zu einem Dossier für den potenziellen Arbeitgeber zusammenzustellen. Das Unternehmen nutzt dazu die üblichen sozialen Netzwerke sowie längst vergessen geglaubte Einträge auf Internet- oder Diskussionsforen und sogar Kleinanzeigen. Nicht nur positive Dinge und persönliche Leistungen landen in dieser Hintergrunddatei, sondern vor allem die unangenehmen Details.

Hier ist eine Liste von Themen und Stichwörtern, nach denen die automatischen Datenhäscher suchen und die Sie sich deshalb lieber verkneifen sollten:

1 Beschwerden über Kunden, Ihren Chef oder ehemalige Kollegen in einer Firma, für die Sie gearbeitet haben
2 Oversharing (Können Sie wirklich etwas vertraulich behandeln, oder warum müssen Sie alles über sich verraten? Sind Sie vielleicht unsicher?)
3 Rassistische Äußerungen
4 Bezug zu Drogen
5 Sexuell explizite Fotos, Nachrichten oder Videos
6 Darstellung von Waffen oder gewalttätigen Aktivitäten
7 Homophobe oder andere diskriminierende Äußerungen
8 Dubiose Freunde (Wer gibt schon gerne mit schlechtem Einfluss an?)

9 Ständige Nörgelei (Sie sind ein negativ denkender Typ.)
10 Bilder von Betrunkenen (Drei Viertel aller Briten sind auf Bildern, auf denen sie getaggt sind, betrunken.)
11 Bilder, die Sie mit einem Bier in der Hand oder beim Rauchen zeigen, oder Bilder, auf denen Sie ein T-Shirt mit einem Aufdruck tragen, der missverstanden werden könnte
12 Begriffe wie »Ich hasse das« oder »Das ist wirklich doof« (Dies gilt als Indiz, dass Sie zu den Menschen gehören, die sich oft beschweren.)

Weitere in Echtzeit gesammelte Beispiele, wie Menschen unbedarft Dinge mitteilen, die ihnen – nicht nur – am Arbeitsplatz schaden können, finden Sie hier: http://www.weknowwhatyouredoing.com/.

Ihre Vergangenheit ist käuflich

Kinder und Jugendliche, die mit Social Media aufwachsen, werden sich eines Tages um eine Stelle bewerben und dabei eine Spur digitaler Informationen hinterlassen haben, die viel detaillierter ist, als man sich das heute vorstellen kann. Selbst Arbeitnehmern, die schon älter sind und bereits mit beiden Beinen im Berufsleben stehen, bereiten die unendlichen Speicher- und Suchoptionen im Web zunehmend Sorgen. Was auch immer Sie im Laufe der Jahre veröffentlicht und getwittert haben, lebt in Datenbanken fort, bis irgendwann ein Personalchef oder ein Headhunter beschließt, eine Suche durchzuführen. Beiträge auf Facebook oder Twitter verblassen vielleicht nach ein paar Tagen oder Wochen, weil wir sie buchstäblich nicht mehr auf dem Schirm haben. Aber das bedeutet nicht, dass Ihr nächster Arbeitgeber keinen Zugang zu ihnen haben wird. Ihre Mitteilungen, Witze und Frotzeleien lagern irgendwo auf einer Festplatte und warten nur darauf, durch die richtige Software ausgegraben zu werden.

Es ist alles eine Frage des richtigen Werkzeugs und des richtigen Preises. Firmen wie Datasift aus Großbritannien weisen den Weg: Datasift war eine der ersten Firmen, die im Frühjahr 2012 Zugriff auf das gesamte Archiv aller Kurznachrichten bei Twitter gekauft haben, zunächst nur bis 2010 zurückreichend.[11] Inzwischen hat der Microblogging-Dienst aus San Francisco den Zugang zu seinem Archiv schon an ein Dutzend

Firmen vermietet und weitere tausend stehen auf der Warteliste.[12] Der durchschnittliche Benutzer konnte bislang nur die Tweets einer Woche sehen, aber zahlende Kunden dürfen den Redeschwall von derzeit 250 Millionen aktiven Nutzern unters Mikroskop legen. So lassen sich die belastenden Bits aus einer täglichen Flut von mehr als 500 Millionen Kurznachrichten herausfischen. Datasift ist nur der Anfang des Geschäfts mit der häppchenweisen Vergangenheitsanalyse.

Stellen Sie sich vor, Sie gehen zu einem Vorstellungsgespräch und Ihr Gegenüber zieht zwei besonders delikate Tweets aus dem Ärmel: »Sie wollen in unsere Stadt ziehen, nannten sie aber 2010 ein langweiliges Kaff. Wirklich? Und Sie haben Ihren alten Vorgesetzten bei der Firma XY schlechtgemacht. Warum sollten wir so jemanden einstellen?« Die verheerende Wirkung solcher Recherchen liegt in ungeahnten Kombinationen: Alle Veröffentlichungen, die an einen bestimmten Benutzernamen gebunden sind, lassen sich ebenso aufrufen wie eine Visualisierung Ihres Netzwerks von Freunden und Ihrer Mobilitätsmuster.

Check-ins und Auszeichnungen bei Social Games, selbst die Veröffentlichung von Bildern eigener kleiner Kinder im Netz erzählen eine Geschichte über die Fähigkeiten eines Menschen. Ist er unstet und bringt nichts zu Ende? Ist sie bereit, abends auch einmal länger zu arbeiten, oder ist sie immer auf dem Sprung nach Hause zur Familie? Ein Gesprächspartner mag diese Details einordnen und gewichten können, aber eine Software kann das meist nicht. Daten im automatisierten Puzzle entwickeln schnell ein Eigenleben und entfalten ihre eigene Erklärungsmacht. Den Algorithmen von morgen, deren schnelle Auftragsarbeit darin besteht, Ihre Vergangenheit zu durchforsten und zusammenzustellen, ist der Kontext vollkommen gleichgültig.

Unkontrolliertes Data-Mining ist nur ein Problem. Mindestens ebenso bedenklich sind Arbeitgeber, die ihre Macht missbrauchen, um Zugriff auf private Daten zu gewinnen. Im US-Bundesstaat Maryland etwa mussten sich Arbeitsuchende, die sich für eine Stelle im Strafvollzug bewarben, während des Vorstellungsgesprächs in ihre Facebook-Konten einloggen, damit ihnen ein Beamter über die Schulter schauen konnte, während sie sich durch ihre Einträge, Freunde und Fotos klickten. Diese dreiste Überwachung sollte verhindern, dass Freunde von Bandenmitgliedern als Gefängnispersonal eingestellt wurden.

Nach ersten Medienberichten reagierten die Gesetzgeber. Die Praxis wurde nicht nur in Maryland, sondern gleich in mehreren US-Bundesstaaten verboten. So dürfen Arbeitgeber und Bildungseinrichtungen in Kalifornien ab sofort per Gesetz keine Social-Media-Passwörter mehr verlangen.

Ähnliche Angriffe auf unser angeblich »privates« Leben in den sozialen Medien fahren Schulen und Hochschulen, die ihre Schüler zwingen, sich mit einem Trainer oder Lehrer »anzufreunden«, damit diese ihr Online-Verhalten überwachen können.

Widerstand formiert sich

Der zunehmende Trend hin zu elektronischen Lauschangriffen auf Mitarbeiter und Bewerber hat die Gewerkschaften dazu veranlasst, sich zu Wort zu melden. Einige haben damit gedroht, Unternehmen wegen Diskriminierung zu verklagen, wenn sie Mitarbeiter über soziale Medien ausspionieren.

Ihr Argument lautet wie folgt: Ein Geschäftsführer würde einem Mitarbeiter nicht in die Bar an der Ecke folgen, um zu überprüfen, was er oder sie Freunden über ihren Tag bei der Arbeit erzählen. Nur weil sie dies jetzt online tun können, bedeutet das noch lange nicht, dass sie es auch sollten. Gewerkschaften warnen Unternehmen außerdem davor, dass das Ausspionieren von Mitarbeitern im Netz schlechte Presse generiere und damit dem Firmenimage und der Rekrutierung von Arbeitnehmern schade.

Laut Pam Dixon, der Geschäftsführerin des World Privacy Forum, setzt das Nachspionieren von Bewerbern und Angestellten einen Teufelskreis in Gang, der nicht nur einem Unternehmen, sondern der Gesellschaft insgesamt schadet. »Das ist ungefähr so unangebracht, wie einen Menschen zu fragen, ob man sein Tagebuch lesen könne. Es schreckt von der freien Meinungsäußerung ab. Wenn jeder denkt, er müsse ein blitzsauberes Social-Networking-Profil haben, um einen Job zu bekommen, wird niemand mehr den Mund aufmachen.«[3] Damit legt die Datenschützerin aus San Diego den Finger in die Wunde: Wer Kandidaten mit Hilfe von Software aussiebt und seine Mitarbeiter qua Algorithmen rund um die Uhr und quer durchs Land verfolgt, wird dem Menschen am Arbeitsplatz nicht mehr gerecht. Wer als Bewerber von einer Software beurteilt wird, wird zu oft pauschal beurteilt und ist nicht in der Lage, die Entscheidung anzufechten oder Fehler zu korrigieren, die auf längst vergessenen Social-Media-Einträgen beruhen.

Früher oder später werden Gerichte eingeschaltet oder es ist der Gesetzgeber gefragt, um neue Grenzen zu ziehen. Je nach Land sind bestimmte Praktiken entweder bereits verboten oder werden in Zukunft für rechtswidrig erklärt werden. Politiker und Arbeitsrechtler in Deutschland etwa denken seit Jahren darüber nach, Arbeitgebern zu verbieten, Social-Media-Netzwerke zu durchforsten, wenn es um Personalentscheidungen geht. Eine entsprechende Neuregelung des Arbeitnehmerdatenschutzes lässt allerdings bis heute auf sich warten. Selbst wenn es doch noch zu einer Gesetzesreform kommen sollte: Es ist schwer zu beweisen, dass ein Manager die Linie zwischen einem professionellen Netzwerk, einer Suchmaschine und dem sozialen Netzwerk überschritten hat. Darüber hinaus öffnet es die Tür zu einem konstanten Katz-und-Maus-Spiel zwischen dem, was erlaubt und was möglich ist.

Der Personalchef, der gesetzlich verpflichtet ist, Bewerber nicht zu googeln oder kein Social-Media-Dossier über sie auf dem Firmenrechner zu erstellen, geht möglicherweise nur in die Mittagspause, um Nachforschungen auf seinem eigenen Tablet anzustellen. Oder er spioniert während seiner Freizeit zu Hause. Viel Glück, wenn Sie beweisen müssen, dass diese Art der digitalen Diskriminierung nie stattgefunden hat. Viele berufstätige Frauen machen sich bereits Sorgen, dass die Veröffentlichung alberner oder niedlicher Baby-Bilder auf Facebook ihrem Image und ihrer Wahrnehmung in einem Unternehmen schadet – und dadurch auch ihrem beruflichen Aufstieg. Auch wenn sie nicht direkt mit einem Vorgesetzten verbunden sind, irgendjemand im Betrieb ist es bestimmt, und Nachrichten oder Klatsch ziehen ihre Kreise.

Sind Sie auf der Suche nach einer neuen beruflichen Herausforderung, oder überprüfen Sie Bewerber auf Ihrem Smartphone? Vielleicht benutzen Sie die App eines professionellen Networks, um die Suchergebnisse schneller eingrenzen zu können? Da mobile Geräte zunehmend die Funktionen von Desktop-Rechnern übernehmen und mit ihnen an vielen Punkten bereits verschmolzen sind, winken jede Menge neue intelligente Dienstleistungen für unterwegs. Insbesondere auf Smartphones werden wir ständig verfolgt.– mit ungeahnten Konsequenzen, die das nächste Kapitel aufdeckt.

Tipps und Tricks (siehe Kapitel 13)

- Verwenden Sie Google-Datenschutz-Werkzeuge und vermeiden Sie es, zu häufig Google zu nutzen (I-2)
- Diese Informationen gehören nicht in soziale Netzwerke (I-3)
- Verwenden Sie mehrere Browser (I-4)
- Verwenden Sie Pseudonyme für Ihr privates Ich (I-5)
- Grundlegende Sicherheit bei Facebook (I-6)
- Verwenden und merken Sie sich sichere Passwörter (I-9)
- Sicherheit bei Facebook für Fortgeschrittene (II-15)
- Säubern Sie Ihre Reputation (II-18)
- Gönnen Sie sich eine Pause von der digitalen Welt (IV-39)

4. Unterwegs: Mein Handy gehört mir

Sie laufen in einer unbekannten Stadt eine Straße entlang. Ihr Telefon vibriert, und auf dem Schirm erscheint das Foto eines Mannes, den Sie vor einiger Zeit getroffen haben. Sie erinnern sich nicht an seinen Namen, aber das Bild ist mit seinem Profil verbunden. Oh, es ist Paul, ein Typ, den Sie auf dieser Technologiekonferenz in Paris vergangenes Jahr kennengelernt haben. Paul ist ganz in der Nähe, und er kann wahrscheinlich Ihr Profil auch sehen. Möchten Sie mit ihm chatten? Vielleicht kennt er die Stadt besser als Sie und kann ein Restaurant zum Mittagessen empfehlen. Sie überprüfen seine Kontakte auf Ihrem Handy. Vielleicht könnte einer von ihnen hilfreich für Ihr bevorstehendes Geschäftstreffen sein?

Oder Sie gehen in Ihrer Heimatstadt spazieren. Ihr Telefon vibriert, Sie sehen nach. Ein tolles Angebot für genau das Hemd, das Sie gesucht haben, erscheint auf Ihrem Handy. Sogar die Farbe stimmt, und der Laden gleich links hat es im Sortiment. Wenn Sie es jetzt kaufen, bekommen Sie 30 Prozent Rabatt, lockt die Annonce.

Handys sind streng genommen keine Telefone mehr, sondern tragbare Hochleistungsrechner, vollgepackt mit immer intelligenteren Dienstleistungen. Standortbezogene Anwendungen geben uns Einblicke und Informationen, die wir oft genau dort brauchen, wo wir gerade sind, aber sie bringen uns auch in große Gefahr, da wir damit rund um die Uhr für ein unbekanntes Publikum sichtbar sind. Die schlimmsten Folgen können Einbrüche oder Überfälle sein.

Dank der Smartphones sind wir zu gläsernen Bürgern und Verbrauchern geworden, denn Unternehmen kopieren und laden unsere höchst privaten Daten wie Adressbücher und Fotoalben hoch, ohne uns zu fragen. Da es nahezu unmöglich ist, diese Daten zu entfernen, wenn sie erst einmal auf einem Server irgendwo auf der Welt gelandet sind, sollte man vor dem Herunterladen einer App über Datenschutzeinstellungen und das eigene Online-Verhalten nachdenken. Unterwegs gibt es keinen Grund, die digitale Selbstverteidigung schleifen zu lassen, ganz im Gegenteil.

Ich bin gerade bei ...

Die Apps, die Sie erst zu Paul geführt und dann das herabgesetzte Hemd beworben haben, basieren auf GPS- und WiFi-Technologie. Das heißt, Sie müssen die Standortfunktion Ihres Telefons aktiviert haben, damit solche Programme funktionieren können. Eine der ersten standortbezogenen Apps war Foursquare, ein Dienst, bei dem Sie manuell »einchecken« können und so Ihre Freunde auf Facebook oder Twitter darüber informieren, wo Sie gerade sind: in Café X, Flughafen Y oder bei dem Bekannten Z zu Hause. Warum machen Millionen Menschen bei dieser Schnitzeljagd mit? Weil sie dadurch wie bei einem endlosen Spiel gleich dreifach belohnt werden: Sie können den Alltag in ein virtuelles Spiel verwandeln, bei dem sie Orte oder Koordinaten sammeln wie ein passionierter Wanderer früher Stocknägel. Sie können sich Ruhm und Ehre als ein verdammt mobiler Zeitgenosse erwerben, denn für häufiges Einchecken gibt es von Foursquare begehrte Fantasietitel wie Mayor, also »Bürgermeister« einer bestimmten Adresse. Wer ständig seinen Standort in die Welt hinausposaunt, liefert sich so ein Wettrennen mit anderen Mitspielern. Schließlich kann man live mitverfolgen, ob ein Bekannter gerade in der Nähe ist und einem Tipps geben kann.

Viele bestehende Social-Media-Dienste haben die Idee von Foursquare rasch kopiert, da die regelmäßige Nutzung einer solchen Anwendung geradezu süchtig macht. Das ermöglicht es dem Anbieter, wertvolle Daten über das Bewegungsprofil und die Vorlieben seiner Nutzer zu sammeln. Nehmen Sie Facebook, wo Sie Orte aktivieren und Ihren Standort automatisch senden können, wenn Sie etwas veröffentlichen. Auch die Mobilfunk-App Google Latitude vermerkt, wo Sie zuletzt »gesehen« wurden. Die oben genannte App, die Ihnen half, Paul zu treffen, geht noch einen Schritt weiter und wird als »soziale

Unterwegs: Mein Handy gehört mir

Entdeckungs-App« kategorisiert. Hier passiert alles automatisch, einchecken ist nicht mehr nötig. Die App läuft im Hintergrund, überwacht passiv Ihren Standort und sendet nur dann Benachrichtigungen, wenn ein Bekannter in der Nähe ist.

Bei neueren Varianten solcher Anwendungen wie Highlight ist es nicht einmal erforderlich, dass Sie Freunde definieren. Jeder, der die App auch installiert hat, taucht auf Ihrem persönlichen Taschenradar auf. Kein Wunder, dass das Unternehmen behauptet, es verleihe Ihnen »einen sechsten Sinn für Ihre Umwelt und zeigt Ihnen verborgene Zusammenhänge auf, so dass Ihr Alltag mehr Spaß macht.«[Doch nicht jeder glaubt daran. Viele Menschen sehen keinen Sinn darin, ihren Standort wie das Licht eines Leuchtturms auszusenden. Dennoch halten vor allem jüngere Smartphone-Nutzer diese Apps für bequem und höchst unterhaltsam. Man bleibt wie durch Zauberhand mit Freunden in Kontakt, und die Liste spannender neuer Anwendungen wächst unaufhörlich. Gleiches gilt allerdings auch für die kurz- wie langfristigen Risiken in Bezug auf die persönlichen Daten und die Identität.

Bitte rauben Sie mich aus

Diebe, Entführer und jede Menge anderer Krimineller lesen selbstverständlich bei sozialen Medien mit, um zu sehen, wo Menschen einchecken oder in anderer Weise ihren Aufenthaltsort bekannt geben. Viele Leute laden Bilder von ihrem Skiurlaub, vom Strand oder von ihrem Kind am ersten Tag im Ferienlager hoch, so dass jeder weiß, wo sich ihr Kind in der kommenden Woche aufhalten wird. Sie müssen Ihren Freunden gar nicht detailliert beschreiben, wo Sie unterwegs oder in Urlaub sind, ein paar Schnappschüsse genügen. Das Foto, eine Bildunterschrift sowie die mit der Datei verbundenen Metadaten beschreiben meist schon recht präzise, wann und wo es aufgenommen wurde.

Kurz nachdem ortsbezogene Dienste bei technikaffinen Anwendern beliebt wurden, entstand die Website pleaserobme.com (Bitte rauben Sie mich aus) als sarkastischer Kommentar zum modernen Mobilitätsexhibitionismus. Sie zeigt einen Live-Feed aller Menschen, die gerade irgendwo einchecken und dabei Stichwörter wie »unterwegs« oder »zu Hause« erwähnen. Die Seite ist in gewisser Weise eine Provokation, aber viele Menschen reagierten mit einem Schulterzucken.

Wer Angst vor dem mobilen Einchecken mit seinem Smartphone hat, lebt einfach in der Vergangenheit, so das Argument. Früher hat man sich über die ersten Anrufbeantworter aufgeregt – was soll's?

Die meisten Versicherungen sehen das anders. Auch sie verfolgen unser Verhalten über soziale Medien und interessieren sich brennend dafür, ob wir während unseres groß angekündigten Urlaubs ausgeraubt werden oder mit gefährlichen Sportarten prahlen. Es ist eine ziemlich böse Überraschung, nach Hause zu kommen und eine ausgeräumte Wohnung vorzufinden. Aber das ist gar nichts im Vergleich dazu, wenn sich die Versicherung weigern sollte, für den Schaden aufzukommen. Es gibt erste Fälle, in denen Unternehmen in diesem Sinne verfahren sind. Wer seinen Urlaub quasi bewirbt, handelt ihrer Ansicht nach genauso fahrlässig wie jemand, der ein Plakat mit der Aufschrift »Hey, wir sind nicht zu Hause« an seiner Haustür aufhängt.

Auch wenn Sie nicht selbst einchecken, ist Vorsicht geboten, denn Ihre Freunde verraten mehr, als Sie denken. Forscher an der Rochester University im Staat New York haben ein System entwickelt, mit dem man den Standort eines Twitter-Nutzers vorhersagen kann, indem man einfach schaut, wo sich seine Freunde aufhalten. Das Programm kann einen User mit bis zu 85-prozentiger Genauigkeit innerhalb eines 100-Meter-Radius orten. Auch jemand, der noch nie seinen Standort auf diese Weise preisgegeben hat, kann mit 47-prozentiger Genauigkeit geortet werden, wenn nur die Standortangaben von zwei Online-Freunden zur Verfügung stehen.[2] Die meisten mobilen Werkzeuge, die uns ständig beobachten, erfüllen einen doppelten Verwendungszweck. Doch was Ihnen heute hilft, kann Ihnen später schaden …

Die nächste Generation mobiler Anwendungen mit Langzeitgedächtnis ist bereits auf dem Markt. Diese Apps führen Eincheckvorgänge und die Beobachtung unseres Alltags unbemerkt im Hintergrund durch. Die App PlaceMe zum Beispiel protokolliert und erinnert sich an jede noch so kleine Bewegung dank der Kombination von Standortdaten mit allen Sensoren in einem modernen Smartphone: Kompass, Gyroskop, Beschleunigungsmesser, Thermometer. PlaceMe lauscht unentwegt und lernt in wenigen Tagen, wo Sie leben und arbeiten, wo Sie regelmäßig etwas trinken gehen und so weiter. Der Nutzen liegt laut seiner Entwickler in einer ganz privaten Entdeckungsreise, die man nur mit wenigen Freunden teilen sollte und die wertvolle Hinweise wie diesen geben kann: »Sonst tanken Sie immer hier. Wenn

Sie einen halben Kilometer weiter fahren, ist das Benzin heute 2 Cent billiger.«

Google versucht, PlaceMe zu übertrumpfen. Seit Sommer 2012 lässt sich im Android-Betriebssystem ein Dienst namens Google Now aktivieren. Er greift auf eine Fülle privater Daten und Bewegungsmuster zu und verknüpft sie mit aktuellen Ergebnissen aus dem Netz. So weiß das Handy oder Tablet nach ein paar Tagen, wo Sie tagsüber die meiste Zeit verbringen, und schließt daraus, dass Sie dort arbeiten. Wo das Gerät nachts und am Wochenende liegt, muss ihr Zuhause sein. Google Now weiß so bald mehr über Sie oder Ihre Familie als Sie selbst! Es kann Sie daran erinnern, dass Sie zu spät zu einem Treffen kommen werden, weil die Straßen verstopft sind. Es kann Ihnen einen guten Imbiss auf dem Weg nach Hause empfehlen, da Google Ihre Lieblingsspeise kennt. Es kann Ihnen sogar sagen, wann Sie heute nach Hause kommen werden.

Wem gehört mein Adressbuch?

Ob wir wollen oder nicht: Mit unseren Smartphones werden wir ständig verfolgt, und der Trend wird sich noch verstärken. Einerseits müssen sich Mobiltelefone ständig bei umliegenden Funkmasten anmelden, um die Verbindung zu halten. Andererseits wollen immer mehr Apps Zugang zu unserer Gerätenummer, möglichst zum Klarnamen und anderen Informationen, die wir aktiv speichern oder passiv generieren.

Das Thema sorgte Anfang 2012 für Schlagzeilen, als bekannt wurde, dass Path – ein beliebtes Programm, das dazu dient, Fotos und Aufenthaltsorte mit einem kleinen Kreis von Freunden zu teilen – die kompletten Adressbücher seiner Nutzer auf seine Server hochgeladen hatte.[3] Path-Anwender hatten keine Ahnung, was los war, da die App sie noch nicht einmal benachrichtigte, ob sie den Zugriff gewähren oder verweigern wollten. Path erwies sich nur als die Spitze des Eisbergs, denn eine ähnliche Sicherheitslücke klaffte in Geräten mit dem Android-Betriebssystem. Die Werkseinstellung von Google ermöglichte es neu installierten Apps, Fotoalben abzuernten. Nutzer der Karriereseite LinkedIn riskierten sogar, dass ihre persönlichen Kalendernotizen, die sie zu Besprechungen eingetragen hatten, auf den Servern des Anbieters landeten.

Die an den Pranger gestellten Unternehmen gelobten Besserung, um heimliche oder illegale Datenraubzüge in Zukunft zu unterlassen. Apple etwa gibt App-Entwicklern inzwischen keinen Zugriff mehr auf die individuelle ID-Nummer eines Handys und listet in den Geräteeinstellungen auf, welche Programme welche privaten Daten einsehen. Aber die Technologie gleicht einem ständigen Wettrüsten, bei dem Softwareentwickler und Werbetreibende stets neue Methoden entwickeln, um jeden mobilen Nutzer auch weiterhin und möglicherweise noch lückenloser zu verfolgen. Laut der Sicherheitsfirma Bitdefender, die im Sommer 2012 eine Kontrollsoftware namens Clueful vorstellte, ist das Problem größer denn je. Von den 65 000 beliebtesten Apps, die Bitdefender unter die Lupe nahm, konnten 41 Prozent die Standorte der Benutzer verfolgen, 18,6 Prozent hatten Zugriff auf alle Kontaktdaten im Adressbuch, und 33 Prozent speicherten Nutzerinformationen ohne Verschlüsselung.[4]

Verbraucher in den USA gingen als Reaktion auf das Datendebakel vor Gericht und forderten per Sammelklage Schadenersatz. Eine Klage wurde in Austin, Texas, mit der Begründung eingereicht, dass 20 App-Hersteller – einschließlich Facebook, Foursquare, Instagram, Yelp und Twitter – Adressbücher von Millionen Nutzern ohne deren Wissen oder Zustimmung gestohlen haben sollen. In anderen Fällen sind Unternehmen wie Facebook, Flickr und YouTube beschuldigt worden, auf Textnachrichten der Benutzer zugegriffen zu haben.[5] Das wird von den Unternehmen jedoch kategorisch dementiert. Einzig Facebook gab zu, es nur während eines Tests des eigenen Nachrichtendienstes getan zu haben.[6]

Die entscheidende Frage lautet: Wem können Sie überhaupt noch vertrauen? Der Telefongesellschaft oder dem Handy-Hersteller, die in den meisten Fällen auch Ihre Daten sammeln und über Monate hinweg speichern, sie analysieren und verkaufen – angeblich als anonymisierte Datenmasse? Wie die Telefónica-Tochter o2, die auch in Deutschland den Zugang zu den Bewegungsdaten ihrer Kunden vermieten wollte, aber das Vorhaben namens »Smart Steps« nach einem öffentlichen Aufschrei schnell wieder zurückzog. Oder den Tausenden von App-Entwicklern, die an ihrer Software verdienen wollen? Vertrauen ist von größter Bedeutung, deshalb ist es angebracht, ein paar simple Vorsichtsmaßnahmen zu befolgen, bevor Sie eine neue App herunterladen und benutzen:

Unterwegs: Mein Handy gehört mir

→ Wenn Sie die Datenschutzrichtlinien des Unternehmens auf dessen Webseite oder dem Startbildschirm einer App nicht finden können, wenn Sie etwas darin nicht verstehen oder Aussagen zum Umgang mit Ihren Daten zweifelhaft erscheinen, fragen Sie nach.

→ Verlangen Sie Auskunft darüber, wie der Anbieter Ihre Daten behandelt.

→ Bitten Sie um Auskunft, wer im Unternehmen und darüber hinaus Zugriff auf Ihre Daten hat, ob die Firma den Zugriff auf Ihre Daten an Dritte weiterverkauft oder vermietet.

→ Stellen Sie sicher, dass Ihnen die Möglichkeit geboten wird, ein Konto nicht nur zu deaktivieren, sondern Ihre Benutzerdaten auch permanent zu löschen, und dass Ihnen das schriftlich oder per E-Mail bestätigt wird.

Die User der vernetzten Welt sitzen in einer Zwickmühle: Sie müssen einer wachsenden Anzahl von Firmen vertrauen, wenn sie erreichbar und mobil informiert bleiben wollen. Die Mehrheit will das eindeutig. Je mobiler wir allerdings sind, desto größere und zahlreichere Sicherheitslücken tun sich auf. Es ist immer eine gute Idee, die Zugriffsrechte zu lesen, die eine neue App fordert. Sind sie sinnvoll und notwendig für den Zweck, den das Programm erfüllen soll? Muss eine Wecker-App wirklich die Erlaubnis besitzen, auf das Handymikrofon zuzugreifen, oder den aktuellen Standort kennen? Was hat ein elektronisches Kochbuch mit Gratisrezepten in Ihrem Adressbuch zu suchen? Sagen Sie im Zweifelsfall einfach Nein. Das tun übrigens dankenswerterweise immer mehr Verbraucher, weil sie mobilen Apps misstrauen. Das gemeinnützige Pew Research Center ermittelte im Sommer 2012, dass fast zwei Drittel aller befragten US-Verbraucher Handy-Apps löschen oder gar nicht erst installieren, weil diese allzu neugierig auf ihre persönlichen Daten sind.[7]

Soziales Reisen und kostenloses WLAN

Wenn Sie auf Reisen sind, sollten Sie besonders auf Ihre Daten aufpassen. Fluggesellschaften wie KLM und neuartige Reisedienste wie Dopplr, TripIt oder Triptrotting haben damit begonnen, das Reisen zur sozialen Angelegenheit zu machen. Wenn Sie diesen Anbietern Zugriff auf Ihre Informationen auf Facebook oder LinkedIn gewähren, werden diese Daten mit Ihren künftigen Reiseplänen kombiniert und verwendet, um Sie beispielsweise mit einem vermeintlich idealen Sitznachbarn zusammenzubringen. Sie würden sich dann aussuchen können, ob Sie beim nächsten Langstreckenflug lieber neben dem Nachhaltigkeitsbeauftragten einer großen Bank mit einer Leidenschaft für Soulmusik sitzen oder neben einem ruhigen Buchhalter, der am liebsten Krimis liest.

British Airways hat übrigens als erste Fluggesellschaft zugegeben, dass sie offen erhältliche Informationen über ihre Passagiere aus Online-Quellen wie Twitter oder Facebook sammelt, angeblich, um den Kundendienst zu verbessern. Wir können nur hoffen, dass BA Ihnen nicht ein Upgrade verweigert oder Sie sogar aus dem Flugzeug wirft, weil die automatische Social-Media-Recherche ergeben hat, dass Sie öfter einen über den Durst trinken oder gerne bei wilden Partys auftauchen.

Immer mehr Airlines und Flughäfen bieten eine kostenlose WLAN-Verbindung an, ebenso Cafés und Hotels. Es ist ohne Frage höchste Zeit, überall gratis online gehen zu können, noch dazu, wenn man horrende Zimmerpreise und Flughafengebühren bezahlt. Es bedarf allerdings nur minimalen Fachwissens oder der richtigen Schnüffelsoftware, um seine Mitmenschen in offenen drahtlosen Netzwerken auszuspionieren und ihre Passwörter und andere persönliche Daten einzusammeln. Sofern Sie keinen VPN-Dienst verwenden, der eine sichere Verbindung für Ihren Rechner, Ihr Tablet oder Smartphone schafft, können Sie sich darauf verlassen, dass Dritte mithören und mitlesen. Ohne diese Schutzvorkehrung sollten Sie im Café oder am Gate lieber nicht Ihren Kontostand überprüfen und keine Überweisungen vornehmen.

Wo ist mein Handy?

Es passiert auch den Aufmerksamsten unter uns: Plötzlich ist das Handy weg. Im Zug vergessen, aus der Tasche gerutscht oder vom Tresen gestohlen. Das Gerät mag oft verschwunden bleiben, aber es gibt eine ganze Reihe von Werkzeugen, um es ausfindig zu machen oder zumindest die Daten zu retten und ihre unerlaubte Verwendung zu verhindern. Der erste Schritt sollte darin bestehen, einen mindestens vierstelligen Eingangscode am Handy oder Tablet einzurichten und dafür zu sorgen, dass es sich nach ein paar Minuten automatisch verriegelt. Um ein verschollenes Gerät zu suchen, bieten sich Dienste wie Apples Mein iPhone suchen an.

Fallbeispiel
Nach einem langen Abend umarmte Lena ihre Freunde zum Abschied. Plötzlich sah sie, dass ihre Tasche weit offen stand, keine Spur vom Handy. Sie eilte nach Hause, öffnete ihren Laptop und lud die Ortungswebseite. Das Mobiltelefon war offline und tauchte daher nicht auf der Stadtkarte auf. Aber Lena aktivierte die Funktion »Telefon sperren« und schrieb eine Nachricht an den neuen »Besitzer«, die auf dem Bildschirm des Mobiltelefons angezeigt werden würde, sobald es jemand das nächste Mal einschaltete. In der Nachricht bot sie sogar eine Belohnung an. Außerdem ließ sie ihre SIM-Karte beim Betreiber sperren.

Eine Woche später bekam Lena eine E-Mail von der Telefongesellschaft, ihre Handynummer sei gesperrt worden, nachdem ein Unbekannter ihr Telefon eingeschaltet hatte und benutzen wollte. Zehn Tage später erhielt sie ein neues Handy und installierte ihre alten Dateien und Apps, die sie über Apples iCloud-Dienst regelmäßig gesichert hatte.

Dann kam die Überraschung: »Alles läuft wie geplant, bis ich meinen Fotostream überprüfe. Da tauchen plötzlich 15 Bilder auf, die ich nie gemacht habe«, erzählt Lena. »Mir ging ein Licht auf. Ich hatte vergessen, das Kennwort für meine Apple ID zu ändern, die mit meinem iCloud-Konto verknüpft ist. Die Diebe haben Fotos mit meinem Handy gemacht, die postwendend über iCloud synchronisiert wurden – die besten belastenden Beweise, die man sich wünschen kann. Fast musste ich lachen.«

Die Polizei hat die Täter übrigens nie ausfindig gemacht, aber Folgendes kann jeder Handynutzer daraus lernen: Wer sein Smartphone verliert, sollte es sofort zu orten versuchen, sperren und seine darauf befindlichen Daten aus der Ferne löschen. Sie sollten ebenso umgehend die meisten, besser noch alle Passwörter ändern, um zu verhindern, dass Unbekannte auf Ihre Apps zugreifen. Sorgen Sie dafür, dass die Synchronisierung mit Ihren verschiedenen Cloud-Diensten gestoppt wird, sonst könnten Sie am nächsten Morgen eine böse Überraschung erleben, wenn Sie Ihre Aktivitäten auf Ihren Social-Media-Kanälen ansehen.

Wer fliegt, landet in Datenbanken

Eine Binsenweisheit des Netzzeitalters besagt: Erst denken, dann posten. Es gibt Software, die nicht nur im Verborgenen Ihre Bewegungsmuster, Adressbücher und Handyfotos sammelt und auswirkt, sondern die auch die erstaunlichsten Schlussfolgerungen über jeden noch so kleinen Online-Kommentar anstellt. Telekomunternehmen und Regierungen in Europa, Amerika und anderswo speichern schon heute Verbindungsdaten über Gespräche, SMS, Standorte und Social-Media-Updates. Die rechtliche Grundlage für diese Vorratsdatenspeicherung ist in Parlamenten und vor Gerichten höchst umstritten, aber der allgemeine Trend ist klar: Was man für Bruchteile eines Cents speichern und im Handumdrehen in eine Data-Mining-Software einspeisen kann, wird auch gespeichert und ausgewertet werden. Das Netz vergisst im Zweifelsfall nichts und eilt seinen Nutzern stets voraus.

Zwei Briten fanden das auf höchst unangenehme Weise heraus, als sie am Flughafen von Los Angeles landeten. Aus Jux und Dollerei hatten sie an ihre Freunde getwittert, dass sie »Marilyn Monroe ausgraben« und »Amerika zerstören wollten«. Gemeint war eine wilde Party, aber die Software verstand Terrorismus. Das Department of Homeland Security schlug Alarm, nahm die beiden fest und verhörte sie fünf Stunden lang. Nach einer Nacht in der Zelle wurden sie postwendend nach England zurückgeschickt.

Das ist kein absurder Einzelfall. Der US-Heimatschutz sammelt seit geraumer Zeit insgesamt 19 verschiedene Daten über jeden Fluggast aus Europa in seinen Rechenzentren, vom Sitzplatz über den Vielflieger-Kontostand bis zum Essenswunsch. Diese Daten werden mindestens 15 Jahre lang gespeichert. Die verschiedenen amerikanischen Regierungsbehörden und Sicherheitsdienste haben darüber hinaus ein privates Unternehmen beauftragt, Social-Media-Dienste nach Hunderten von Begriffen zu durchforsten, die sie als verdächtig erachten. Dazu gehören so absurde Schlüsselwörter wie »Schweinefleisch« oder »beobachten«. Polizeibehörden machen zudem aggressiv von ihrem Recht Gebrauch, die elektronischen Geräte von US-Bürgern und ausländischen Besuchern noch an der Grenze zu beschlagnahmen und den gesamten Inhalt zu kopieren. Das passiert nach Auskunft der amerikanischen Bürgerrechtsorganisation ACLU jeden Tag ein Dutzend Mal.[8]

Die Welt steuert anscheinend unaufhaltsam auf eine Ära des maschinenlesbaren Menschen zu. Es mag unterhaltsam und spannend sein, seine Daten und damit seine gesamte Identität online offenzulegen, ohne über die Folgen nachzudenken. Ebenso mag es herrlich bequem und befreiend sein, alle personenbezogenen Informationen einfach in der Hosentasche mit sich herumzutragen und von fast jedem Ort abrufen zu können. Aber die Reisefreiheit hat Schattenseiten für Ihre Daten: Die Informationen entwickeln ein Eigenleben, das in der Öffentlichkeit ein Zerrbild Ihrer selbst entstehen lassen kann und Ihre Bewegungsfreiheit unter dem Strich einschränkt. Wie man seinen guten Ruf im Netz schützt oder repariert, stellt das nächste Kapitel dar.

Tipps und Tricks (siehe Kapitel 13)

- Diese Informationen gehören nicht in soziale Netzwerke (I-3)
- Grundlegende mobile Sicherheit (I-7)
- Vermeiden Sie es, zu häufig Google zu nutzen (I-2)
- Verwenden und merken Sie sich sichere Passwörter (I-9)
- Sicherheit für mobile Apps (II-16)
- Verbergen Sie Ihre IP-Adresse mit einem VPN (II-17)
- Entfernen Sie Zeit- und Ortsangaben von Ihren Fotos (III-21)
- Mobile Sicherheit für Fortgeschrittene (III-26)
- Kontrollieren Sie all Ihre Daten an einem Ort (III-29)
- Verwenden Sie Fingerabdruckauthentifizierung und Passwörter vom USB-Stick (IV-33)
- Sollte man Passwörter wiederverwenden? (IV-38)

 # 5. Kommunikation:
Mein Name gehört mir

Lisa ist unzufrieden. Wie viele andere tippt sie ab und zu ihren eigenen Namen in eine Suchmaschine ein. Aber seit langem hat sie das Gefühl, dass die Ergebnisse ein verzerrtes Bild von ihr darstellen. Sie hat eine Ahnung, warum: Vor Jahren hatte sie im Auftrag der Behörde, für die sie arbeitete, ein Treffen organisiert. Eine rassistische Organisation, der das nicht passte, verlinkte auf die Veranstaltung, und seitdem taucht Lisas Name regelmäßig in einem Atemzug mit der radikalen Gruppe auf. »Ich habe es bisher immer ignoriert, weil ich nicht wusste, was ich dagegen tun sollte. Aber die Sache ärgert mich unwahrscheinlich. Ich wünschte, ich könnte etwas daran ändern.«

Ein Schönheitschirurg befindet sich in einer ähnlich unangenehmen Situation. Mehr als zwei Jahrzehnte ist es her, seit die spanische Zeitung *El País* einen Artikel über einen Streit zwischen ihm und einer seiner Patientinnen wegen einer Brustoperation veröffentlichte. Die Geschichte prangt immer noch auf der ersten Seite, wenn nach dem Arzt auf Google gesucht wird. Er möchte, dass die Links verschwinden, weil es sich seiner Meinung nach um persönliche Informationen handelt. Darin wird er von der spanischen Datenschutzbehörde unterstützt. Aber Google ist anderer Meinung, und der Fall könnte am Ende vor dem Europäischen Gerichtshof landen. Bis dahin ist voraussichtlich das EU-weite »Recht, vergessen zu werden« in Kraft getreten und kann dem Chirurgen helfen.

Auch die Frau des ehemaligen Bundespräsidenten, Bettina Wulff, kann ein Lied davon singen, was passiert, wenn die Suchergebnisse zum eigenen Namen ein Eigenleben entwickeln. Sie griff sogar zur Klage gegen Google, um der angeblichen Verleumdung qua Suchmaschine einen Riegel vorzuschieben.

Alle diese Beispiele zeigen, dass Ihr Name, Ihre Reputation und Ihre Identität im Netz nicht mehr unbedingt Ihnen gehören. Wir alle sind auf die Gnade des Google-Algorithmus angewiesen und fallen möglicherweise beleidigenden oder falschen Suchergebnissen zum Opfer. Die Suche nach Ihrem eigenen Namen kann schockierende Resultate ans Licht bringen.

Kein Wunder, dass Online-Reputationsmanagement zu einer neuen und boomenden Branche wird. Es verspricht Einzelpersonen oder Organisationen, ihre Erwähnung online permanent zu überwachen und sie bei Problemen zu warnen. Man kann noch einen Schritt weiter gehen und die entsprechenden Dienste beauftragen, nicht genehme oder falsche Suchergebnisse zu entfernen und sie durch gute Resultate zu ersetzen, um die eigene Online-Reputation zu verbessern.

Identitätsdiebstahl ist dagegen eine weitaus kompliziertere Angelegenheit. Er kann nicht nur finanziellen Schaden anrichten, sondern auch Ihren Ruf lädieren oder auf Dauer zerstören. Die herkömmliche E-Mail ist immer noch einer der wichtigsten Wege für Gauner, um Menschen dazu zu bewegen, ihnen entscheidende Informationen preiszugeben, mit Hilfe derer ein Identitätsdiebstahl erst möglich ist.

Reputationsmanagement

»Wenn Ihnen jemand online schaden will, ist das sehr, sehr einfach«, sagt Mathias Klang, der sich an der Universität Göteborg auf Datenschutz und Rechtsinformatik spezialisiert hat. (Klang 2011, Interview mit den Autoren) Seiner Meinung nach kann der Einzelne nicht viel dagegen tun und sollte deswegen das Risiko akzeptieren, dass Informationen über uns im Netz verzerrt und aus dem Zusammenhang gerissen werden. Mit der richtigen Vorgehensweise, sagt er, könne man solche Fehlinformationen zumindest neutralisieren oder in andere Bahnen lenken.

Diese Art der Schadensbegrenzung wird ironischerweise umso einfacher, je prominenter man ist. »Wenn Sie ein bestimmtes Niveau an Berühmtheit erreicht haben, können Sie die schlechten Dinge ignorieren oder sogar zu Ihrem Vorteil nutzen«, argumentiert Klang. »Für alle anderen ist es schwer, denn man muss jedes Mal zu einer großen Erklärung ausholen, wenn man neue Leute kennenlernt.« (Klang 2011)

Der Riesenkonzern Google, von dem die überwiegende Mehrheit der industrialisierten Welt ihre Suchergebnisse bekommt, ist da wenig hilfreich. Die Rechercheergebnisse des Unternehmens basieren auf proprietären, sorgfältig gehüteten Algorithmen. Ein Suchalgorithmus ist nichts anderes als eine mathematische Formel, mit der sich ein Objekt in einer gewaltigen Sammlung finden lässt. Googles sogenannte Page-Rank-Formel basiert vor allem auf der Idee, dass eine Webseite umso wichtiger sein muss, je mehr Links von anderen Seiten auf sie verweisen, unabhängig vom eigentlichen Inhalt oder Kontext. Aber das ist nur die Grundlage, denn sonst ließen sich Suchergebnisse allzu leicht manipulieren.

Die tatsächliche Formel ist ein Geschäftsgeheimnis und beinhaltet viele andere Kriterien. Experten zufolge verändert Google seinen Suchalgorithmus im Durchschnitt alle 17,5 Stunden, seit er im Jahr 1998 entwickelt wurde. Damals waren die Suchergebnisse mehr oder weniger benutzerneutral, während sie heute zunehmend von unserem bisherigen Verhalten abhängen und somit hochgradig personalisiert worden sind. Tatsächlich wird die Google-Suche der Zukunft noch stärker personalisiert werden, etwa wenn Anfragen parallel im Internet ablaufen und während unsere persönlichen E-Mails und Dokumente auf dem eigenen Rechner durchsucht werden und als eine Ergebnisseite im Browser oder möglicherweise schon bald in einer Brille auftauchen. Denn die als Prototyp vorgestellten Google Glasses haben Internetanschluss. Das ruft neue und noch beunruhigendere Bedenken des Datenschutzes hervor.

Googles Homepage erklärt schlicht und einfach: »Wir entfernen nicht einfach eine Seite aus unseren Suchergebnissen, weil ihr Inhalt unbeliebt ist oder weil wir Beschwerden über sie erhalten. Wir werden jedoch Seiten von unseren Ergebnissen entfernen, wenn wir glauben, dass die Seite gegen unsere Richtlinien für Webmaster verstößt, wenn wir glauben, per Gesetz dazu verpflichtet zu sein, oder auf Antrag des Webmasters, der verantwortlich für die Seite ist.«[Google argumentiert, dass die Firma nicht das Sagen über das Internet habe und deshalb auch nicht einfach beliebige Inhalte aus seinen Suchergebnissen entfernen und damit für viele Nutzer praktisch unsichtbar machen kann. Wenn Suchmaschinen wie Google oder Bing in der Tat für den von ihnen indexierten Inhalt verantwortlich wären, würde dies noch viel größere Probleme aufwerfen, etwa den Vorwurf der Manipulation oder Zensur.

Aber wie können sich Menschen im Netz wehren, die sich als Opfer von Verleumdungen oder falschen Darstellungen sehen? Wenn Sie Informationen aus dem Netz entfernen wollen, bieten sich zwei Wege an: Kontaktieren Sie den Webmaster der Seite direkt und bitten Sie ihn, die monierten Inhalte zu löschen. Sobald das passiert, werden Sie früher oder später aus den Google-Suchergebnissen verschwinden, wenn das Unternehmen seinen Index turnusmäßig aktualisiert. Wenn Sie damit keinen Erfolg haben, ist die zweite Methode gefragt: Verdrängen Sie die schlechten Suchergebnisse mit positiven. Auf dieses Vorgehen, das »Reputationsmanagement«, haben sich Dienstleister spezialisiert. An sie sollten Sie sich wenden, da sie sich außerdem mit Suchmaschinenoptimierung (*search engine optimization, SEO*) auskennen. Der spanische Schönheitschirurg etwa hätte die unangenehmen Links »übertönen« können, anstatt sich auf einen langen Streit mit Google einzulassen.

SEO-Experten sorgen dafür, dass schlechte oder unerwünschte Suchergebnisse auf der Liste nach unten wandern und die besten Plätze durch positive Ergebnisse aufgefüllt werden – zumindest für den Moment. Denn Suchmaschinen und SEO-Firmen liegen in einem ständigen Tauziehen, wer wen wie lange überlisten kann. Oft werden diese positiven Inhalte erst produziert, wenn der gute Ruf der Kunden schon ramponiert ist. Um ihr Image aufzupolieren, können das neue Webseiten oder Blogs sein, Lebensläufe auf LinkedIn, und die obendrein in mehreren Sprachen, oder Artikel auf Ihrer eigenen Webseite, Einträge in verschiedenen Personenverzeichnissen oder in den Gelben Seiten sowie allerlei nutzergenerierte Inhalte. Hinter der Fleißarbeit steckt Methode, denn jedes Informationshäppchen sollte suchmaschinenoptimiert sein, so dass es die unerwünschten Ergebnisse mit der Zeit tatsächlich ablöst und verdrängt.

Der Däne Paw Hellegaard ist einer dieser SEO-Zauberkünstler, die oft zu Unrecht als zwielichtige Manipulatoren abgetan werden. Er gibt zu, dass sein Handwerk bis zu einem gewissen Grad hilft, negative Einträge zu eliminieren. Allerdings kann niemand unerwünschte Informationen vollständig unter den Teppich kehren. »Viele Unternehmen sammeln Daten über uns und können über diese frei verfügen. Aber man kann sehr wohl kontrollieren, was gewöhnliche Menschen über uns im Internet sehen.« (Hellegaard 2012, Interview mit den Autoren)

Er hat unter anderem Baufirmen, Ärzten und besorgten Eltern geholfen, unerwünschte Suchergebnisse loszuwerden. »Man kann die schlechten Suchergebnisse in einer Flut von guten Nachrichten und Details ertränken, so dass Sie die schlechten Dinge nicht auf der ersten Seite der Suchanfrage finden. Denn die meisten Menschen kommen sowieso nicht über die ersten zehn Links hinaus.« (Hellegaard 2012)

Reputationsmanagement ist ein Geschäft mit der Angst, bei dem viele Kunden mit dem Argument angeworben werden, sich gegen alle Eventualitäten zu versichern. Man weiß nie, ob Google einem helfen wird, den Ruf zu schützen, oder ob es umgekehrt Mitmenschen gibt, die ihre eigene niederträchtige SEO betreiben, um sicherzustellen, dass sich die schlechten Einträge über jemanden ganz oben auf der Liste halten. Einen Versuch ist es immer wert, noch dazu, da viele dieser Monitoring-Dienste eine kostenlose Probezeit anbieten, in der man einen besseren Überblick über das bekommt, was zum eigenen Namen oder dem des Unternehmens im Netz kursiert.

Identitätsdiebstahl

Es ist schlimm genug, wenn Ihr Name im Internet angeschwärzt wird und Sie um Richtigstellung oder gar Löschung von Einträgen kämpfen müssen. Es kann jedoch noch schlimmer kommen, wenn ein Unbekannter Ihre Identität einfach übernimmt.

Karen[*], eine prominente Geschäftsfrau, verblüffte eines Tages alle Kontakte in ihrem Hotmail-Adressbuch mit einer seltsamen E-Mail. Sie beschrieb darin, wie schrecklich sie sich fühlte und wie sehr sie viele Dinge, die sie in ihrem bisherigen Leben getan hatte, bedauerte. Die Botschaft war in einer ungewöhnlichen Art verfasst, die ihrem Schreibstil gar nicht ähnlich war. Viele der Empfänger dachten trotzdem, die Nachricht sei echt. Schließlich war Karen ja die Absenderin. Am nächsten Tag bemerkte sie, dass jemand ihr E-Mail-Konto gekapert hatte,

[*] Karens wahrer Name ist den Autoren bekannt.

und schickte eine zweite Nachricht an alle ihre Hotmail-Kontakte. Diesmal war es eine echte Nachricht der wahren Karen, in der sie vom Identitätsdiebstahl berichtete und sich entschuldigte.

»Es war eine schreckliche Erfahrung«, erinnert sich die Managerin. »Was das Ganze noch schlimmer gemacht hat, war die Tatsache, dass niemand bei Hotmail auf meine Hilferufe reagierte und mein Konto sperrte.« Die Polizei hat nie herausgefunden, was genau passierte. Nur so viel steht fest: Karens E-Mail wurde über einen Server und über das Konto einer älteren Frau aus einem osteuropäischen Land gehackt.

Wie das nächste Beispiel zeigt, ist Karen noch glimpflich davongekommen.

Die Sozialversicherungsnummer wird in vielen Ländern Europas und in den USA bei der Geburt zugewiesen und dient im täglichen Leben als Ersatz für den Personalausweis. Dienstleister wie Banken, Telefongesellschaften, Versicherungen oder selbst Wohnungsverwaltungsgesellschaften verwenden diese Nummer als die wichtigste Angabe, um die Identität und Bonität einer Person zu überprüfen, etwa bevor sie sie ein Konto eröffnen lassen oder einen Vertrag mit ihr abschließen. Erhält ein Unbefugter Zugang zu dieser Nummer, sind Betrug und Diebstahl Tür und Tor geöffnet.

Online-Diebe stahlen Sylvias[*] Sozialversicherungsnummer. In diesem Fall verwendete jemand ihre Nummer, um acht Mobilfunkkonten einzurichten. Außerdem hatte sich der Dieb Kundenkarten bei Tankstellen und Videotheken in ihrem Namen besorgt. Die Frau wurde unwissentlich Mitglied einer politischen Partei und erhielt aus heiterem Himmel eine Zahlungserinnerung nach der anderen für überfällige Gebühren, die sie nie verursacht oder autorisiert hatte. Sylvia war nahe dran, auf der schwarzen Liste eines Schuldnerregisters zu landen, was ihre Kreditwürdigkeit auf Dauer beschädigt hätte.

Die Diebe gingen allerdings zu weit, als sie Sylvias Anschrift änderten. Das Opfer wurde stutzig, als es einen Brief von seiner Versicherung bekam, dass seine Prämie steigen würde, nachdem es in ein Viertel mit einer höheren Einbruchsrate gezogen sei. »Leider machen sich viele

[*] Sylvias wahrer Name ist den Autoren bekannt.

Menschen Vorwürfe, wenn ihnen jemand die Identität stiehlt. Sie glauben, sie hätten etwas falsch gemacht«, sagt Sylvia rückblickend. »Man merkt erst, wenn man mittendrin steckt, dass man langsam paranoid wird. Man beginnt seine Beziehungen zu allen Bekannten und Freunden zu hinterfragen. Vielleicht will einer von ihnen mir schaden?«

Vom materiellen Schaden einmal abgesehen, ist Identitätsdiebstahl eine heimtückische Angelegenheit. Man muss hilflos mit ansehen, wie sich Unbekannte mit den eigenen Daten davonmachen. Die Behörden haben im obigen Fall nie einen Verdächtigen gefasst. Der Spuk fand nach mehreren Jahren ein Ende, aber das Opfer sorgt sich heute noch, dass die Diebe zurückkehren könnten, denn die haben nach wie vor seine Sozialversicherungsnummer, die sich nicht ändern lässt.

Millionen Menschen auf der ganzen Welt wird jedes Jahr die Identität gestohlen – nicht immer, aber immer häufiger, online. Allein in den USA wurden im Jahr 2011 fast zwölf Millionen Erwachsene Opfer eines Identitätsdiebstahls, und die Zahl steigt jedes Jahr. Massive Sicherheitspannen oder Hackerangriffe legen zuweilen Millionen von Kundendaten auf einen Schlag offen, die dann ihren Weg auf den Schwarzmarkt finden. Bestes Beispiel sind die Einbrüche bei Sonys Online-Entertainment-Netzwerk oder in die Rechenzentren von Kreditkartenunternehmen. Manchmal haben es Gauner auf Einzelpersonen abgesehen. Identitätsdiebstahl ist ein so gravierendes Problem, dass es in Kanada ein nationales Hilfszentrum für die Opfer von Identitätsdiebstahl gibt.

Einem Identitätsdieb zum Opfer zu fallen ist eine schockierende Erfahrung. Als ob Fremde die eigene Wohnung auf den Kopf gestellt und statt Wertgegenständen alle persönlichen Dinge mitgenommen hätten. Wie bei einem Einbruch in der analogen Welt müssen Sie als Erstes eine Bestandsaufnahme vornehmen und versuchen herauszufinden, was fehlt. Das ist bei digitalen Werten gar nicht einfach, denn ein Datensatz lässt sich unbemerkt und beliebig oft kopieren. Bis Sie ahnen, welche Details Ihres Privatlebens der Dieb entwendet haben könnte, sind Kopien bereits im Internet im Umlauf.

Gestohlene Kreditkarten, Passwörter und andere sensible Informationen können auf Hacker-Netzwerken im Sonderangebot auftauchen. Gekaperte Konten sind wie in Karens Fall ein bisschen einfacher zu erkennen, etwa wenn jemand Ihr Facebook- oder Yahoo-Konto übernimmt und Ihre Freunde mit einem der üblichen Schauermärchen belästigt: »Ich bin in London ausgeraubt worden, habe keine Kreditkarten oder Papiere, bitte überweist mir Geld an folgende Western-Union-Filiale.« Dann heißt es in Aktion treten und die üblichen Maßnahmen ergreifen: Ändern Sie Ihre Passwörter, wechseln Sie ihre EC- und Kreditkarten und halten Sie die Augen offen, ob Sie seltsame E-Mails bekommen oder unerklärliche Abbuchungen vorgenommen werden.

Ich erkenne mich nicht wieder

Soziale Medien basieren auf der – unserer Meinung nach irrigen und gefährlichen – Annahme, dass der einzelne Verbraucher seine persönlichen Daten mit anderen bereitwillig teilt und so dank Oversharing eine bessere Welt entsteht. Von der Kehrseite ist in dieser Utopie selten die Rede.

Nehmen Sie Facebook, das mit Abstand größte und einflussreichste soziale Netzwerk, das allein in Deutschland im Herbst 2012 mehr als 24 Millionen Nutzerkonten besaß. Sofern Sie bei den ständig wechselnden Datenschutzeinstellungen nicht immer auf dem neuesten Stand bleiben, riskieren Sie, sich gegenüber wildfremden Menschen und Unternehmen zu exponieren. Der Einzelne hat es schwer, sich gegen einen »Vermieter« wie Facebook zu wehren, der bei seinem digitalen »Haus« ab Werk bei allen Türen die Schlösser und bei allen Fenstern die Gardinen entfernt. Datenhäscherei wird dort als buntes Spiel getarnt, um mit den eigenen Freunden in Kontakt zu bleiben.

Außerdem ist nicht jeder Freund wirklich Ihr Freund. Betrüger versuchen, Sie mit einem falschen Profil zu überlisten. Bei solchen Fakes handelt es sich übrigens fast immer um eine junge Frau mit ungewöhnlich vielen Freunden. Sind Sie erst einmal mit einem Phantom befreundet, können die Diebe Ihre Beiträge lesen, Ihre Bilder und andere Aktivitäten sehen und dank der Chronologie tief in Ihre Vergangenheit eintauchen. Beliebt ist auch der Trick, Sie auf Twitter zu erwähnen, gepaart mit einem erstaunten »Wie siehst du denn auf diesem Bild aus?«. Wer wird da nicht von der Neugier gepackt und klickt auf den mysteriösen Link, der nur einem Zweck dient: Ihr Twitter-Konto zu kapern und Ihre Kontakte als Nächstes zu attackieren.

Wie so oft, wenn es um Privatsphäre und Identität geht, liegt die wirkliche Gefahr in der Fülle kleiner Informationen über Ihre Person und Ihr Leben, die die Angriffe über Social Media so ergiebig macht. Tausende von Puzzleteilchen einer Identität lassen sich in beliebig vielen Varianten zusammensetzen, ohne dass dabei immer das wahre Spiegelbild Ihrer Persönlichkeit entsteht. Was Ganoven und Schnüffelsoftware über Sie zusammentragen und irgendwo im Netz ablegen, kann jederzeit zu einer mit Fehlern gespickten Collage werden. Diese Gefahr der Online-Spionage mit ungeahnten Konsequenzen ist nach der Einführung der sozialen Suche oder Graph Search auf Facebook noch weiter gestiegen, denn nun lassen sich mit ein paar Klicks alle alleinstehenden Mitarbeiter einer bestimmten Firma in einer Stadt ausfindig machen, die bestimmte Hobbys haben oder einen bestimmten Musiker mögen.

Gar nicht online zu gehen oder an keinem Dienst teilzunehmen macht Sie nicht unbedingt sicherer, denn moderne Analysesoftware greift dann einfach auf Informationen zurück, die aus Ihrem Umfeld stammen, um mehr über Sie indirekt herauszufinden. Forscher an der Universität Heidelberg haben es vorgemacht: Sie konnten anhand von Informationen, die Mitglieder eines sozialen Netzwerks veröffentlichen, mit hoher Wahrscheinlichkeit vorhersagen, wer ihre Offlinefreunde waren.[2] Mit anderen Worten: Was Ihre Bekannten auf Facebook stellen, ist Ihr Sicherheitsleck. Denn diese Einträge erlauben jedem, der Zugang zu diesen Daten hat, Rückschlüsse über Sie zu treffen, selbst wenn Sie sich nie online zeigen.

Die Indizien mehren sich, dass sich immer mehr Menschen Gedanken über die Datenlecks machen, die in ihrem Online-Alltag klaffen. Forscher des Polytechnic Institute der New York University ermittelten, dass die Mehrheit der Facebook-Nutzer inzwischen die Liste ihrer Freunde vor der Öffentlichkeit versteckt.[3] Frauen sind demnach mehr auf ihre Privatsphäre bedacht als Männer, und die Sorge um die eigenen Daten steht in Korrelation zum Einkommen. In einer weiteren Studie der Pew-Stiftung zeigte sich, dass die Nutzer sozialer Netzwerke immer aktiver in der Beschneidung und Verwaltung ihrer Konten werden. Zwischen 2009 und 2011 hatten rund zwei Drittel aller Befragten Personen aus ihrer Freundeliste gelöscht.[4]

Eines der extremsten Beispiele, wie Informationen über Sie ein Eigenleben entwickeln können, ist der Internetdienst Spokeo. Gegründet im Jahr 2006, vermarktet sich das amerikanische Unternehmen als Personen-Suchmaschine, die »nichts mit Omas Telefonbuch zu tun hat«.[5] Spokeo kriecht durchs Netz und sammelt Informationen von mehr als 76 sozialen Netzwerken und Diensten zusammen, um daraus automatisch digitale Identitäten zu erzeugen, vom Alter, aktuellen und früheren Adressen, gelisteten und nicht gelisteten Telefonnummern, Familienstand und Stammbaum, Vermögensverhältnissen, Hobbys, religiösen und politischen Ansichten bis hin zum Musikgeschmack, Fotos und etwaigen Vorstrafen der Personen.

Der Basisdienst mit eingeschränkten Funktionen ist kostenlos, aber für nur 3,95 Dollar pro Monat kann jeder den digitalen Spuren, die wir alle hinterlassen, nachspionieren. Von den Fotos, die wir auf Flickr veröffentlicht haben, bis hin zu den Produkten auf unserer Amazon-Wunschliste und Petitionen, die wir online unterschrieben haben. So hatten wir uns das sicher nicht gedacht, als wir auf diversen Seiten und Diensten aktiv waren. Noch schlimmer ist, dass Ihre digitale Identität, die Spokeos Algorithmen zusammenstellen, fehlerhaft sein kann. Sie breitet sich im gesamten Netz aus, da sie ähnlich einem Suchergebnis aus vielen unabhängigen Einzelteilen zusammengestückelt wurde, für deren Aussagekraft der Datensammler keine Gewähr übernimmt.

Der Einzelne hat wenig bis gar kein Widerspruchsrecht und keine Möglichkeit, sich aus dieser Art der Datenerfassung entfernen zu lassen. Spokeo argumentiert, sein Dienst sei »nur zur Unterhaltung gedacht«. Auf der Seite werden Sie vergeblich nach einem Menüpunkt suchen, um Ihr wie von Geisterhand erstelltes Profil zu korrigieren. Sie können zwar ein Formular ausfüllen, das jeden der zusammengetragenen Links einzeln entfernt, aber das betrifft noch lange nicht die Webseiten, auf denen Spokeo die inkriminierten Angaben gefunden hat.

Diese Art der höchst dubiosen Datensammlung hat schließlich die amerikanischen Aufsichtsbehörden auf den Plan gerufen. Die Federal Trade Commission verurteilte das Unternehmen im Sommer 2012 zu einer Geldstrafe von 800 000 Dollar. Die Begründung: Spokeo sei keineswegs ein harmloses Unterhaltungsprogramm, sondern verstoße mit dem Verkauf von Datenprofilen an Arbeitgeber, die damit Bewerber überprüfen, gegen geltende Antidiskriminierungsgesetze.

Wenn es um sensible Daten wie Ihre Kontonummer, Kreditkarten oder Ihre Sozialversicherungsnummer geht, ist nichts im Internet sicher – nicht einmal Ihre E-Mails. Es sei denn, Sie verwenden eine verschlüsselte Verbindung. Diese einzurichten und alle Empfänger zur Nutzung desselben Werkzeugs zu bewegen geht über das technische Verständnis der meisten von uns hinaus. Besonders kostenlose E-Mail-Dienste im Netz scannen oft Ihren Posteingang nach Begriffen, um sie für gezielte Werbung zu verwenden. Google tut das jedenfalls in Gmail, während Microsoft behauptet, private E-Mails in Outlook.com (soll Hotmail auf lange sich einsetzen) nicht zu scannen. Aber zum Glück gibt es Alternativen (siehe Kapitel 13). Es versteht sich von selbst, dass die Kommunikation innerhalb einer Social-Media-Plattform wie LinkedIn, Xing oder Facebook noch weniger sicher ist.

Wenn eine Bank, ein Unternehmen oder eine Regierungsbehörde Sie in einer Mail um persönliche Informationen bitten, seien Sie wachsam. Vertrauenswürdige Unternehmen sollten Sie nie per E-Mail nach solchen Angaben fragen. Deshalb tarnen sich sogenannte »Phishing«-Angriffe als legitime Korrespondenz und enthalten Links zum Anklicken, damit man sich auf vermeintlich echten Webseiten einloggt. Wer seine Maus über diese Links bewegt, wird merken, dass sie in Wirklichkeit auf ganz andere Adressen verweisen. Wenn Sie Zweifel haben, rufen Sie das Unternehmen an, von dem die Nachricht angeblich stammt, oder geben Sie die reguläre Webseite der Firma manuell ein, anstatt auf den gefälschten Link zu klicken.

Mails sind immer noch eine der wichtigsten Möglichkeiten, um uns Informationen über uns und unsere Geräte zu entlocken. Firmen verstecken unsichtbare Tags in den Nachrichten, die einem Server melden, wer von welcher Internetadresse die E-Mail geöffnet hat. E-Mails können auch Cookies auf Ihrem Computer einrichten.

Geheimdienste und Polizei in Ländern von China bis Deutschland sind bekannt dafür, raffinierte Überwachungswerkzeuge per E-Mail auf Rechnern zu platzieren. Sie tun das mittels einer einzigen Nachricht, die angeblich von jemandem stammt, dem der Empfänger vertraut. Deshalb sollten Sie scharf nachdenken, bevor Sie Mail-Anhänge öffnen, die aus heiterem Himmel in Ihrem Posteingang auftauchen – selbst wenn sie von Personen stammen, mit denen Sie befreundet sind.

Sicherheitslücken und Gefahren, wohin man sieht. Was bedeutet das nun für unseren Alltag zwischen Suchmaschinen und Social Media? Es ist unmöglich, bei seinem Online-Domizil alle Türen und Fenster zu schließen. Streng genommen können Sie nicht einmal diesen Ort Ihr Eigen nennen. Daher ist es äußerst ratsam, seine Kommunikation im Netz mit bestimmten Schutzvorkehrungen zu versehen, die wir im letzten Kapitel näher beschreiben.

Geizen Sie mit Ihren persönlichen Informationen, so harmlos die Fragen nach Details aus Ihrem Leben und Ihren Hobbys auch erscheinen mögen. Nehmen Sie sich die Freiheit, Angaben zu fingieren – mit Ausnahme jener Webseiten, auf denen Sie finanzielle und andere wichtige Transaktionen abwickeln. Andere Seiten oder Apps haben in Ihrem Privatleben und Ihrer Brieftasche nichts zu suchen und sollten deswegen mit einem Pseudonym, einem imaginären Alter, Geschlecht, Geburtstag und Adressen abgespeist werden.

Kommunikation ist ein Austausch unter Menschen, nicht die Verpflichtung, das komplette Bild von sich als maschinenlesbare Datei in alle Welt zu versenden. Aber wie wir im nächsten Kapitel sehen werden, machen es uns die Innovationen der Werbewirtschaft und ihrer Dienstleister verdammt schwer, ohne ständige Spionage im Netz einkaufen zu gehen.

Tipps und Tricks (siehe Kapitel 13):

- Verwenden Sie Google-Datenschutz-Werkzeuge und vermeiden Sie es, zu häufig Google zu nutzen (I-2)
- Diese Informationen gehören nicht in soziale Netzwerke (I-3)
- Schützen Sie Ihre E-Mails (I-8)
- Verwenden Sie und merken Sie sich sichere Passwörter (I-9)
- Sperren Sie Social Widgets (II-14)
- Sicherheit bei Facebook für Fortgeschrittene (II-15)
- Verbergen Sie Ihre IP-Adresse mit einem VPN (II-17)
- Säubern Sie Ihre Reputation (II-18)
- Beugen Sie Identitätsdiebstahl vor (II-19)
- Entfernen Sie Zeit- und Ortsangaben von Ihren Fotos (III-21)
- Verschlüsseln Sie Ihre E-Mails und Ihre Korrespondenz bei Facebook (III-22)
- Verwahren Sie Ihre Daten und Back-ups auf einem sicheren Server (III-27)
- Sollte man Passwörter wiederverwenden? (IV-38)
- Gönnen Sie sich eine Pause von der digitalen Welt (IV-39)

6. Konsum: Mein Cookie gehört mir

Peter ist ein Technik-Nerd, der sich mit allen Themen rund um das Internet gründlich auskennt. Man könnte ihn auch als paranoid bezeichnen, weil er sich online extrem vorsichtig verhält. Er würde entgegnen, dass jemand, der paranoid ist, einfach die Gefahren kennt. Deswegen geht er nur über den Tor-Browser ins Web, wenn er ein Flugticket kaufen will. Anonym zu bleiben gibt ihm die Gewissheit, auch wirklich den günstigsten Preis angeboten zu bekommen.

Sie werden sich vielleicht fragen, ob Ihnen nicht alle Reise-Webseiten und Metasuchmaschinen den günstigsten Preis anbieten, wenn Sie die Offerten aller möglichen Fluggesellschaften durchkämmen und obendrein die Angebote diverser Reiseseiten abfragen. Ja, das tun Sie, aber indem Sie Ihren Standort und Ihre Identität als Kunde enthüllen, gehen Sie das Risiko ein, für Produkte und Dienstleistungen mehr als nötig zu bezahlen.

Ein Beispiel: Wir suchen nach einem Flug von New York nach San Francisco, Reiseantritt am Freitag, Rückflug am Sonntag. Mit Tor, einem kostenlosen Programm, das als Open-Source-Projekt entwickelt wurde, können Sie Ihren Standort und Ihre IP-Adresse kaschieren. Das Programm leitet Ihren Datenverkehr durch ein Labyrinth von zufälligen Internetadressen auf der ganzen Welt, um Datenschnüffler abzuschütteln.

Tor ist eines von vielen sogenannten virtuellen privaten Netzwerken (VPN). Sie werden in der Regel Internetnutzern empfohlen, die in autoritären Staaten leben, aber sie erfreuen sich auch unter Verbrauchern in Nordamerika und Europa wachsender Beliebtheit. Wenn wir diese elektronische Tarnkappe tragen, ermitteln wir den Preis von 613 Dollar für ein Ticket mit American Airlines. Gehen wir mit unserem normalen Browser direkt auf die Webseite der Fluggesellschaft und verraten so unsere IP-Adresse, weiß der Server am anderen Ende, dass wir von Kopenhagen aus buchen. Jetzt wird uns für genau die gleiche Reiseroute ein Preis von 868 Dollar angezeigt. Das mag ein Zufall sein, aber in einem Test stellte sich bei weiteren Suchabfragen immer dasselbe Preisgefälle ein. Im besten Fall ergab eine Routenplanung über Tor einen identischen oder einen niedrigeren Preis. Nie umgekehrt. Man kann also mit ziemlicher Sicherheit sagen, dass die anonyme Suche nach Flugtickets zumindest einen Versuch wert ist. Sie sollten sich generell angewöhnen, Ihre Identität beim virtuellen Schaufensterbummel zu verbergen, bevor Sie auf »Kaufen« klicken und Ihre Adresse und Bankverbindung eingeben.

Der variablen und dynamischen Preisgestaltung gehört nach Meinung vieler Experten die Zukunft. Anstelle von festen Preisen bekommen wir alle bald nur noch individuelle Preise vorgesetzt, die sich an unserem Standort und unserem Konsumverhalten in der Vergangenheit orientieren. Dank auf dem Rechner platzierter Cookies und ständiger Erfassung der verwendeten IP-Adresse wird jeder Verbraucher intensiv beobachtet, so dass die Server der Händler und Werbefirmen Sie bald besser kennen als Sie sich selbst. Sie servieren Ihnen Inhalte und Anzeigen für Produkte, die auf Ihre bekannten wie unbewussten Vorlieben und Wünsche zugeschnitten sind.

Das klingt nach einem komfortablen Einkaufserlebnis für gestresste Zeitgenossen, aber wie bei allen Online-Diensten gibt es eine Kehrseite. Es gibt kaum ein Entkommen vor dem permanenten Tracking, auch wenn die Branche über Maßnahmen wie eine Einstellung *do not track* im Browser debattiert. Die freiwillige Selbstkontrolle der Web- und Werbewirtschaft reicht bei weitem nicht aus, um Verbraucher zu schützen, da die ständige Verfolgung gleich mehreren gefährlichen Trends Vorschub leistet: Preisdiskriminierung, sozialer Diskriminierung, mangelnder Transparenz und der Manipulation von Suchergebnissen.

Große Unternehmen nutzen ausgefeilte Verfolgungstechnologien, um insbesondere die für ihre Offerten anfälligsten Verbraucher ins Visier zu nehmen, etwa Schwangere, depressive Menschen oder einfach Verbraucher, die gerade kurz vor einer Kaufentscheidung stehen. Und das ist erst der Anfang. Werbung auf der Grundlage Ihrer Erb-

Konsum: Mein Cookie gehört mir

anlagen zeichnet sich bereits am Horizont ab, wenn Angaben zu Ihrem Erbgut mit anderen Teilen Ihrer Identität und Webprotokollen verknüpft werden können. Ebenso verdient die Art und Weise, wie wir Kreditkarten und andere Zahlungsmittel online verwenden, besondere Aufmerksamkeit.

Sam Altman, Informatiker an der Stanford University und Gründer von Loopt, einer mobilen App für soziale Netzwerke, sagt kurz und bündig: »Ein fester Preis ist immer ein falscher Preis.« (Altman 2012, Interview mit den Autoren) Er glaubt, dass ein Preis für alle bald der Vergangenheit angehören wird. Stattdessen wird jeder von uns einen Preis genannt bekommen, der sich am Individuum und seinem Konsumprofil ausrichtet. Im Laden der Zukunft werden vielleicht noch die vertrauten Preisschilder prangen, aber sobald Sie das Etikett mit dem Handy scannen, weiß ein Rechner, dass Sie Interesse haben, und spuckt Ihren ganz persönlichen Preis aus.

Laut Verbraucherorganisationen und Einzelhandelsexperten ist die Antwort auf die Frage, wer wie viel im Internet bezahlt, schon heute geheimnisumwoben. Es gibt regionale Preisunterschiede, und es gibt verschiedene Preismodelle, die sich etwa danach richten, ob man etwas online oder offline kauft. Genau blickt da niemand durch. Was die Branche braucht, argumentiert Sam Altman, ist mehr Transparenz. Solange ein Unternehmen offen mit seiner Preispolitik umgeht, kann es sie auch anwenden, weil Verbraucher in der Lage sind, sie zu überprüfen. Sie wissen, warum sie zahlen, was sie zahlen.

Transparenz und vollständige Informationen für alle Marktteilnehmer, das ist die Theorie. Versuchen wir aber Werbung auf diese Formel zu bringen, so wird es kompliziert. Die meisten Webseiten finanzieren sich ausschließlich oder überwiegend durch Werbung. Je relevanter die Anzeige für den jeweiligen Besucher ist, desto mehr kann die Webseite für ihre Platzierung verlangen. Daher muss der Anbieter so viel wie möglich über Sie in Erfahrung bringen – und verkauft diese Informationen für ein hübsches Sümmchen weiter, damit die nächste Runde Annoncen noch besser gesteuert werden kann.

Das Sammeln von Informationen auf Webseiten geschieht durch die Verwendung von Cookies – kleine Dateien, die auf Ihrer Festplatte platziert werden und Ihr Surfverhalten im Internet dokumentieren.

Cookies wurden bereits Mitte der 1990er Jahre entwickelt, als der erste Browser namens Netscape herauskam. Diese Dateien werden auf einem Computer angelegt, wenn Sie zum ersten Mal eine Webseite besuchen. Ein Cookie weist Ihrem Computer eine eindeutige ID-Nummer und ein (meist irrelevantes) Ablaufdatum zu, das oft weit in der Zukunft liegt. Später, wenn Sie wieder auf diese Webseite gehen oder eine andere Seite besuchen, die mit dem gleichen Tracking-Dienst verbunden ist, kann der Server erkennen, wann sie das letzte Mal zu Gast waren und wo Sie vorher gesurft haben, und diese Informationen mit Ihren früheren Besuchen und Einkäufen verknüpfen. Auf diese Weise kann ein Unternehmen im Laufe der Zeit ein stabiles Profil von Ihnen erstellen. Betrachten Sie Cookies als eine dauerhafte Spur aus digitalen Brotkrumen.

Genau genommen gibt es zwei Arten von Cookies: Sogenannte First-Party-Cookies werden von der Seite angelegt, die Sie gerade besuchen. Man könnte sie auch als »gute« Cookies bezeichnen, da sie Ihnen oft praktische Einkaufshilfen bieten oder die Navigation zu bestimmten Voreinstellungen für den einzelnen Nutzer vereinfachen. Darüber hinaus gibt es Cookies von Drittanbietern, die meist von einem Werbenetzwerk eingerichtet werden, etwa der Google-Tochter DoubleClick. Sie dienen dazu, Sie als Ware Mensch zu identifizieren und quer durchs Netz zu verfolgen. Diese Dateien haben nichts mit Komfort zu tun, sondern mit automatischer Spionage zu Werbe- und Marketingzwecken. Im Verlauf dieses Kapitels erfahren Sie, wie man Drittanbieter-Cookies vermeidet.

Verhaltenstargeting

Während eigene Suchanfragen eine große Datenbank der Absichten bilden, geht die Verfolgung der tatsächlichen Webseiten-Besuche einer Person von A bis Z weit darüber hinaus. Mit der Zeit entsteht ein detailliertes Logbuch, als hätte Ihnen jemand einen GPS-Chip unter der Haut eingepflanzt. Die Verfolgung geschieht nämlich in einem passiven Modus: still, heimlich und permanent. Dank dieser Technologien können immer mehr Firmen sogenanntes *behavioral targeting* praktizieren, also Werbefeldzüge, die sich am Verhalten jedes Einzelnen ausrichten.

Früher wurden Verbraucher nur grob sortiert nach Geschlecht, Al-

Konsum: Mein Cookie gehört mir

ter und Postleitzahl. Die moderne Segmentierung will jeden einzelnen Menschen in seine oder ihre eigene Schublade stecken, um dem Ideal der Werbeindustrie näher zu kommen – eine eindeutige Zuweisung zu einer von zwei Zielgruppen. Zum einen diejenigen, die es wert sind, beobachtet und beworben zu werden. Zum anderen der »Abfall«, also Verbraucher, die es sich nicht leisten können oder wollen, etwas zu kaufen. Wer sie umwirbt, verschwendet Zeit und Geld.

Werbeexperten argumentieren, es gebe für jeden Verbraucher zu jedem Zeitpunkt in seinem Leben einen Ansatzpunkt, ihn zu bewerben. Man muss nur wissen, womit man ihn wo erwischen kann. Die Technik ist fast so weit, diese beunruhigende Vision in die Wirklichkeit umzusetzen.

Die meisten Verbraucher haben keine Ahnung, wer in ihrem digitalen Leben herumstöbert und sie manipuliert. In einer Umfrage von Forschern der University of California in Berkeley zum Thema »Mobile Payment: Vorteile für Verbraucher und neue Datenschutzbedenken« sagten 96 Prozent der Befragten, sie würden »definitiv nicht« oder »wahrscheinlich nicht« einem Online-Geschäft erlauben, Informationen über sie mit Dritten zu teilen.[Doch genau auf dieser Praxis fußen Teile der Internetwirtschaft.

Freilich sind nicht alle Cookies schlecht. Es ist ganz hilfreich, einige dieser Dateien auf seinem Rechner zu haben, mit deren Hilfe Ihnen Webseiten personalisierte Inhalte bieten oder helfen, ein Geschäft daran zu erinnern, dass Sie ein alter Kunde sind. Viele Menschen betrachten dies als nützliche Dienstleistung. Nehmen Sie Amazon, einen Pionier des Behavioral Targeting innerhalb seines eigenen Supermarktes. Seine Software weiß, was Sie suchen, welche Elemente auf einer Seite Sie angeklickt und welche Sie in den Einkaufswagen gelegt und dort vergessen haben. Suchen Sie einmal nach einem Produkt oder heben es für später auf. Siehe da, ein paar Tage später trudeln die freundlichen Erinnerungen per E-Mail oder auf der Homepage ein, dass Amazon tolle Angebote für Sie parat hält.

Diese Art der gezielten Werbung innerhalb einer E-Commerce-Seite wie Amazon ist noch gar nichts im Vergleich zum Tracking quer durch das gesamte Web. Ein Paradebeispiel ist der relativ neue Dienst Facebook Exchange. Er ermöglicht es Werbekunden, Facebook-Anzeigen zu kaufen, die das Surfverhalten von Mitgliedern jenseits des sozialen Netzwerks berücksichtigen. Das geht nur, weil Facebook Sie mit einem eigenen Tracking-Code von Webadresse zu Webadresse verfolgt, lange nachdem Sie das Netzwerk verlassen haben und zu anderen Seiten weitergesurft sind. Bis Exchange eingeführt wurde, hingen die Annoncen, die Sie auf Facebook sahen, in der Regel davon ab, ob jemand auf »Gefällt mir« geklickt hatte sowie von den Interessen und dem Wohnort, die man in seinem Profil preisgegeben hatte.

In der Vergangenheit konnte man sich vor solchen Cookies und Anzeigen schützen, indem man seinem Browser untersagte, Cookies zu akzeptieren, und die schon angelegten regelmäßig löschte. Wenn Sie das ausprobieren, werden Sie Hunderte solcher Spionagedateien auf Ihrer Festplatte entdecken und sie entfernen. Aber sobald Sie erneut surfen, sprießen die Cookies wieder – wie Unkraut, das nicht vergeht. Deswegen empfiehlt sich inzwischen eine ganze Reihe weiterer sinnvoller Maßnahmen zur digitalen Selbstverteidigung: Werbe- und Tracking-Blocker installieren, VPN-Software benutzen und, je nachdem, was Sie online erledigen wollen, zwischen mehreren Browsern hin- und herschalten.

Es kommt noch schlimmer

Die großen Werbenetzwerke oder *ad networks* leben davon, gezielte Werbung auf einer Vielzahl von Webseiten zu platzieren, sobald sie Sie und niemand anderen dort entdecken. Dieser Prozess, der Ihre augenblicklichen Klicks, Ihr Surfverhalten und viele demografische Merkmale berücksichtigt, dauert nur Sekundenbruchteile. Wenn Sie eben noch nach einer neuen Couch gesucht und die Adressen von Möbelhäusern nachgeschlagen haben, erscheinen plötzlich haargenau dazu passende Anzeigen auf der Homepage Ihrer Tageszeitung, bei der Sie schnell noch die Sportmeldungen lesen.

Es gibt Hunderte solcher Netzwerke, einige davon sind Tochterunternehmen von Industriegrößen wie Google oder Microsoft, und die meisten Nutzer würden staunen, wenn sie wüssten, dass ihnen eine Armee automatischer Spione rund um die Uhr über die Schulter schaut. Der ehemalige Google-Ingenieur Brian Kennish hat nachgerechnet: Allein Google hat seinen Tracking-Code auf 97 der 100 beliebtesten

Konsum: Mein Cookie gehört mir

Webseiten installiert, um Besucherdaten zu sammeln. Selbst auf öffentlichen Webseiten wie dem US-Finanzamt oder der Post sieht einem der Suchriese über die Schulter. Kennish wertete die Spionagesoftware für die beliebtesten 1000 Webseiten aus und war über das, was er fand, sehr erstaunt: »Es gibt 350 verschiedene Dienste, die mindestens ein Prozent Ihres persönlichen Surfverhaltens im Netz sammeln.«[2]

Diese Art der Online-Verfolgung hat sich einer Studie des Datenschutzunternehmens Krux Digital[3] zufolge zwischen 2010 und 2011 fast versechsfacht. Der Besuch einer Seite löst durchschnittlich 56 Tracking-Vorgänge aus, so als ob ein Kunde in einen Laden geht und in ein dichtes Netz aus Stolperdrähten gerät. Im Jahr 2010 waren es nur zehn Tracker pro Seite.

Eine Hauptquelle dieser ungebremsten Spähwut ist die Beliebtheit von Online-Auktionen bei Werbetreibenden, bei denen automatisierte Systeme fast in Echtzeit Werbung für Webseiten verkaufen. Versteigert werden Sie, und zwar jedes Mal, wenn Sie eine Seite aufrufen. Diese Auktionen sind für 40 Prozent aller Datenerhebungen verantwortlich. Krux ermittelte übrigens mehr als 300 Unternehmen, die Daten für Werbezwecke sammeln, knapp doppelt so viele wie noch 2010.

Was kann schon passieren, wenn uns Werbenetzwerke verfolgen?, mögen Sie fragen. Banneranzeigen übersieht man einfach. Doch das greift zu kurz. Zeige mir, wo du klickst, und ich sage dir, wer du bist, das ist das Resultat einer Untersuchung mit dem seltsamen Titel »Warum Hänschen nicht in Frieden surfen kann«[4], die das französische IT-Institut INRIA gemeinsam mit Google erstellte. Die Forscher werteten das Surfverhalten von fast 370 000 Internetnutzern aus und stellten dabei fest, dass 70 Prozent von uns eine einzigartige Online-Chronik besitzen, die uns wie unser Fingerabdruck identifiziert. Fast jeder Einzelne kann von automatischer Software identifiziert werden, nachdem er oder sie nur vier Webseiten besucht hat. Wenn Sie online gehen und sich nicht gründlich schützen, können Sie Ihre Anonymität also vergessen.

Tracking im Maßstab 1:1 und in Echtzeit ist der Traum jeder Werbeagentur, auch wenn das nur noch wenig mit den Werbeformen gemein hat, die wir bisher gewohnt sind. Im Gegenteil, die neue Technologie erlaubt es, Tracking aus der Online- mit der Offlinewelt zu verschmelzen. Auch daran sollten Sie denken, wenn Sie sich für ein Bonusprogramm anmelden, an der Kasse Ihre Kundenkarte durchziehen oder ein Sonderangebot mit einem Strichcode einlösen.

Cookies sind inzwischen fast altbackene Formen des Online-Trackings, denn Programmierer ruhen nicht. Zum einen tarnen sie zunehmend Dritt-Cookies als vermeintlich harmlose First-Party-Cookies, um Sperren im Browser zu umgehen. Zum anderen gibt es ständig neue Technologien wie Log Files, Beacons, ETags, Web-Bugs, Flash-Cookies, HTML5-Dateien und Evercookies, die weitaus anspruchsvollere Formen der Verfolgung ermöglichen. Sie alle dienen grundsätzlich demselben Zweck: einen einzelnen Benutzer auf Lebenszeit und über das gesamte Netz zu markieren, ohne dass er seine Verfolger abschütteln kann. Beacons, zum Beispiel, sind unsichtbare Bilddateien, üblicherweise nicht größer als 1 x 1 Pixel, die sich auf einer Seite einbetten lassen und einem Server irgendwo auf der Welt signalisieren, dass ein Benutzer eine Webseite oder E-Mail öffnet.

Besonders perfide sind die neuesten Errungenschaften der Werbewirtschaft namens HTML5-Dateien und Evercookies. Erstere haben im Gegensatz zu traditionellen Cookies kein Verfallsdatum, sondern müssen aktiv gelöscht werden und können außerdem ein Vielfaches an Daten über den Nutzer, seinen Rechner und sein Surfverhalten speichern. Das Evercookie war ursprünglich nur das Experiment eines Datenschutzexperten, aber es zeigt anschaulich, wohin die Reise geht. Dieses Cookie ist streng genommen eine Kombination aus mehreren Technologien, die redundante Identifizierungsmerkmale anlegen. Wenn eines davon gelöscht wird, können die restlichen Teile den Schaden beheben und so das Tracking aufrechterhalten – wie ein Tumor, der auch nach der Operation durch Metastasen zurückkehrt.

Erwähnen sollte man auch das sogenannte Fingerprinting, bei dem eine Software die Einstellungen Ihres Rechners oder Mobilgeräts und des verwendeten Browsers analysiert. Damit lässt sich ein einzelner Mensch online aus einem Heer von Millionen herausfischen. Wer sich davor schützen will, muss gleich eine ganze Reihe von Technologien ausschalten, die inzwischen unverzichtbarer Bestandteil moderner Webseiten geworden sind, etwa JavaScript und Flash-Animation. Eine amerikanische Firma namens Blue Cava hatte so bereits 2010 die »Fingerabdrücke« von rund 200 Millionen Geräten ermittelt und vermietet diese Datenbank zu Werbezwecken.[5]

Konsum: Mein Cookie gehört mir

Doch ganz hilflos sind Sie nicht. Tracking-Technologien sind meist an einen Browser gekoppelt, so dass es sich lohnt, mehrere Browser zu installieren und bestimmte Aufgaben – etwa Facebook – konsequent nur mit einem Programm zu erledigen. Eine Handvoll junger Unternehmen bietet kostenlose Blocker wie Ghostery oder Privacyfix an, die in einem Browser installiert werden und den Tracking-Code von Twitter über Facebook oder Google bis zu den Dutzenden von Werbenetzwerken bei jeder Webseite abschmettern, die Sie aufrufen.

Es ist jedoch ein technisches Wettrüsten, bei dem der Verbraucher oft den Kürzeren zieht, wenn er sich nicht ständig über die neuesten Abwehrwaffen informiert und sie konsequent installiert.

Do Not Track

Auf Druck von Verbraucherverbänden und Politikern haben einige große Unternehmen begonnen zu reagieren. Die große Frage lautet, ob sie es wirklich ernst meinen oder nur Ablenkungsmanöver initiieren.

Nehmen Sie die Debatte über *Do Not Track* in den USA, dem bislang größten Internetmarkt. Mittels einer Browser-Einstellung sollen Verbraucher die Möglichkeit haben, Werbenetzwerken und anderen Datenhäschern zu signalisieren, dass ihre Spur im Netz nicht verfolgt werden soll. Anfang 2012 kündigte der Branchen-Dachverband Digital Advertising Alliance gemeinsam mit dem Suchriesen Google an, diese mit DNT abgekürzte Technologie in ihre Produkte einzubauen, um Verbrauchern mehr Mitspracherecht an ihren Daten einzuräumen. Die Industrie richtete eine spezielle Webseite ein, auf der man sich abmelden kann, und versah viele Webseiten mit einem kleinen Ad-Choice-Symbol, das eine Wahlmöglichkeit suggerieren soll. Umfragen haben jedoch ergeben, dass Verbraucher das Ad-Choice-System vollkommen falsch verstehen und es deswegen nicht einmal wagen, auf diesen Link zu klicken. Werbefirmen in Europa bieten Verbrauchern eine Webseite namens Meine-Cookies.org an, auf der sie ihre Cookie-Einstellungen prüfen und entfernen können.

Die neuesten Versionen von Browsern wie Firefox, Safari und Internet Explorer haben bereits solch eine DNT-Funktion eingebaut. Allein – sie bringen nichts, denn kaum eine Webseite muss die Präferenz, in Ruhe gelassen zu werden, zwingend befolgen. *Do Not Track* ist ungefähr so wirksam, wie einem Spion freundlich zuzuwinken und ihn um Diskretion zu bitten. Insbesondere die Firmen, die Drittanbieter-Cookies platzieren, kümmern sich überhaupt nicht um DNT. Einer Studie vom Juni 2012 zufolge würdigte nur einer von 211 Trackern eine DNT-Einstellung.[6] Obendrein wissen die wenigsten Verbraucher von dieser Option. Laut der Mozilla-Stiftung, die den Firefox-Browser entwickelt, hatte im Sommer 2012 nur jeder zehnte Firefox-Nutzer DNT eingestellt.[7] Ein Yahoo-Manager verriet, dass weniger als ein Prozent seiner Nutzer aus dem Werbe-Tracking ausgestiegen sei, da ihnen nicht einmal bewusst sei, dass sie auf Schritt und Klick verfolgt werden.[8]

Do Not Track ist vor allem ein Ablenkungsmanöver der Industrie, um neue Regelungen oder Gesetze zum Datenschutz hinauszuzögern. Das Internet ist buchstäblich ein Netz, bei dem es keinen einfachen Ein- und Ausschalter gibt. Werbefirmen und Werbenetzwerke haben zudem ihre ganz eigene Auslegung dieser Technologie. Danach verhindert DNT nur die Platzierung von Werbung, die auf Ihr aktuelles Surfverhalten, Ihre Suchanfragen und Einkäufe zugeschnitten ist. Die Datenhäscher werden allerdings weiterhin munter Ihre Informationen einsammeln und speichern, solange sie diese für schwammige Aufgaben wie »Produkterfüllung« oder »Marktforschung und Produktentwicklung« verwenden. Kein Wunder, dass sich die Datenschutz-Arbeitsgruppe der Europäischen Kommission bei der Werbeindustrie beschwerte, *Do Not Track* biete keine echte Möglichkeit auszusteigen und verstoße gegen europäisches Datenschutzrecht.

Die Debatte um zahnlose und irreführende Selbstkontrolle wird also auf beiden Seiten des Atlantiks weitergehen. Dabei werden Datenschützer und Industrie mit unterschiedlichen Definitionen des Begriffs Tracking operieren. Derweil versucht das Weltweite Internet Konsortium (W3C), das Standards für das Netz festlegt, Klarheit zu schaffen. Dazu hat es einen eigenen Expertenausschuss eingerichtet, der eindeutige Do-not-track-Regeln formulieren soll. Immerhin sitzen Werbebranche, Verlage, Datenschützer, große Browser-Hersteller, Behörden, Telekommunikationsunternehmen und andere Branchenvertreter an einem Tisch, allerdings ohne sich bisher einigen zu können.

Das immer effektivere und effizientere Verfolgen und gezielte Bewerben von einzelnen Verbrauchern birgt erhebliche gesellschaftliche Risiken. Joseph Turow, Professor an der Annenberg School for Communication der University of Pennsylvania, nennt es »soziale Diskriminierung« (Turow 2012). Wenn Ad Networks, Datenmakler und Data-Mining-Firmen die persönlichen Angaben von Hunderten von Millionen Menschen nach Belieben aufbereiten und mit anderen Informationsquellen kombinieren, entsteht ein explosives Gemisch. Details Ihres Privatlebens, die Sie auf sozialen Netzwerken wie Facebook oder Twitter kundtun, werden mit Kreditauskünften, Volkszählungsdaten und Einkäufen im Supermarkt um die Ecke kombiniert.

Wie schon ausgeführt, sind diese Daten für sich genommen oft harmlos oder nur von begrenztem Nutzen. Aber die richtige Mischung macht sie zu gefählichen Werkzeugen, um Verbraucher in immer kleinere Grüppchen zu sortieren, die entweder mit Werbung bombardiert oder geschnitten werden – je nachdem, ob sie krank sind, in einem »schlechten« Viertel wohnen oder hin und wieder ihr Girokonto überziehen. Moderne Software kennt die Straße, in der Sie wohnen, das Auto, das Sie fahren, und weiß, wann es abbezahlt ist. In Ländern mit löchrigem Datenschutz wie den USA lässt sich sogar eine Liste Ihrer Nachbarn und Freunde kaufen, die bestimmte verschreibungspflichtige Medikamente einnehmen. Am Ende formt sich daraus eine digitale Identität, anhand derer Algorithmen entscheiden, wie hoch Ihr Kreditzins liegen sollte oder ob Sie einen Rabatt auf Ihr nächstes Handy verdient haben. Wer arm oder suspekt ist, hat das Nachsehen.

Es ist eine Ironie des Schicksals, dass das Internet als der große Gleichmacher gefeiert wurde. Unternehmen setzen es zunehmend für das genaue Gegenteil ein, nämlich um herauszufinden, wen sie lieber aus ihrer Kundenkartei entfernen sollten oder wem sie etwas mehr Geld aus der Tasche locken können. Erste Start-ups experimentieren mit der Idee, die Preise für ein Produkt je nach der Anzahl der auf Facebook veröffentlichten »Gefällt mir«-Einträge zu variieren. Wer etwas besonders mag, zahlt vielleicht etwas mehr dafür. Wieder andere schaffen Bonusprogramme, mit denen man sich für Einkäufe in der analogen Welt ein Guthaben an virtueller Facebook-Währung verdienen kann.

American Express hat sich mit dem Ortsdienst Foursquare und dem Microblogging-Dienst Twitter zusammengetan, um Menschen dazu zu bewegen, ihre Kreditkarte mit ihrem sozialen Profil und ihren Bewegungsmustern zu verbinden. Wer sich so beobachten lässt und brav postet, dem verspricht das Unternehmen Rabatte. Das Online-Reisebüro Orbitz hat damit begonnen, Kunden mit Mac-Rechnern Suchergebnisse für teurere Hotels zu zeigen als solchen mit einem Windows-Computer. Sie haben festgestellt, dass Apple-Fans bis zu 30 Prozent mehr pro Übernachtung ausgeben. Die US-Versicherung Progressive experimentiert mit einer Police unter dem Motto »Bezahlen Sie, wie Sie fahren«. Dazu verfolgt das Unternehmen mittels eines Sensors im Auto die gefahrenen Kilometer, die durchschnittliche Geschwindigkeit und andere Messgrößen.

Tracking und Data-Mining sind eine Schlacht mit ungleichen Waffen. Die Unternehmen gewinnen damit einen beispiellosen Einblick in das Leben und die Gedanken jedes einzelnen Verbrauchers. Für uns hingegen machen die neuen Technologien den Markt weniger transparent, so dass viele Menschen benachteiligt oder unnötig zur Kasse gebeten werden. Nur die technisch sehr Versierten werden hier gewinnen.

Der dänische Sicherheitsexperte Stephan Engberg meint sogar, wir werden von den großen Unternehmen gründlich zum Narren gehalten: »Google manipuliert unser Weltbild, indem es jedem von uns individuelle Suchergebnisse vorsetzt, die auf unserem bisherigen Verhalten basieren. Aber welcher Mensch ist schon so vollkommen, dass er sein eigenes Verhalten wirklich begreifen und nachvollziehen kann. Weil Google so viele Informationen über uns gesammelt hat, weiß es mehr über uns als wir selbst. Das erlaubt es dem Unternehmen, uns genau das anzubieten, von dem es sicher ist, dass wir es mögen werden. Sie werden denken, eine Liste von Suchergebnissen selbst bestimmt zu haben. Dabei entscheidet Google, was wir zu sehen bekommen und was nicht.« (Engberg 2012, Interview mit den Autoren)

Engberg plädiert für das Recht, Bürger und Verbraucher das Internet für ihre alltäglichen Transaktionen wie Einkäufe oder im Umgang mit Behörden anonym nutzen zu lassen. »Sich zu identifizieren ist etwas, das wir uns für den Kontakt zwischen zwei Menschen vorbehalten sollten. Es ist sehr wohl möglich, viele Online-Dienste anonym zu nutzen, ohne irgendwelche Abstriche beim Kundenerlebnis oder der Funktionsfähigkeit zu machen.« (Engberg 2012) Gerichte in Deutschland sehen das übrigens wie Engberg, wenn sie etwa entschieden haben, dass ein kostenloser WLAN-Hotspot keine Klarnamen beim Einloggen verlangen darf. Wenn Kommunikationssysteme auf der vollen Identifizierung eines Nutzers beharren, so Engberg, dann sind sie unglaubwürdig und dienen dazu, die Verbraucher und Bürger ihrer Eigentums- und Mitspracherechte zu berauben.

Im Visier: Schwangere, Depressive und Erbkranke

Stellen Sie sich vor, Sie könnten die gesamte Bandbreite des Verbraucherverhaltens im Netz mit fast allen Gewohnheiten und Handlungen offline kombinieren. Unternehmen, die sich darauf spezialisiert haben, entwickeln Modelle, um unser zukünftiges Verhalten vorherzusagen. Sie meinen zu wissen, wann jemand am ehesten ein neues Auto oder einen Kinderwagen kaufen wird. Sobald eine Marke weiß, dass Sie ein bestimmtes Produkt mögen, kann sie den Preis entsprechend anpassen. Das Unternehmen kann auch die Informationen aus Ihrem Tagesablauf verwenden, um Ihnen genau dann ein Angebot für Junkfood zuzuschicken, wenn Sie der Hunger plagt. Firmen, die sich auf solche *predictive analytics* verlegt haben, bringen zuweilen Dinge über Sie und Ihre Familie in Erfahrung, bevor Sie als Betroffener selbst davon wissen.

Charles Duhigg berichtet über ein solches Geschäftsmodell in seinem Buch *The Power of Habit* (dt.: Die Macht der Gewohnheit). Ein Mann geht in eine Filiale der amerikanischen Supermarktkette Target außerhalb von Minneapolis und verlangt, den Geschäftsführer zu sprechen. Er zeigt ihm wütend Rabattgutscheine, die an seine Tochter adressiert waren. »Meine Tochter bekam die mit der Post. Sie ist noch in der Highschool, und Sie senden ihr Gutscheine für Babykleidung und Babybetten. Wollen Sie das Mädchen etwa dazu verleiten, schwanger zu werden?« (Duhigg 2012)[9]
Der erzürnte Vater wusste nicht, dass seine Tochter tatsächlich ein Kind erwartete, aber der Supermarkt tat es. Warum? Weil Target ein Modell zur Schwangerschaftsvorhersage entwickelt hatte. Dazu wertet der

Konzern umfassend die Daten seiner Kunden aus. Jedes Mal, wenn sie etwas kaufen, eine Umfrage ausfüllen, etwas umtauschen, den Kundendienst anrufen, eine E-Mail öffnen oder seine Webseite besuchen. Diese personenbezogenen Angaben werden mit Daten verknüpft, die Target bei den oben erwähnten Datenmaklern über jeden Verbraucher kauft: Ethnizität, Zeitschriftenabonnements, wann jemand sein Haus gekauft oder neu finanziert hat, Veränderungen im Familienstand, beruflicher Werdegang, Einträge bei sozialen Medien. Mit diesem Modell gelang es Target, alle Frauen, die mit hoher Wahrscheinlichkeit schwanger waren, zu identifizieren und ihnen entsprechende Werbung zu schicken.

Duhigg traf mit dem Titel seines Buches den Nagel auf den Kopf. Laut einer Studie der Duke University in North Carolina prägen Gewohnheiten und nicht die bewusste Entscheidungsfindung fast die Hälfte aller Kaufentscheidungen, die wir jeden Tag treffen.[10] Gewohnheiten entstehen immer dann, wenn uns ein großes, das Leben veränderndes Ereignis ins Haus steht. Dazu gehört die Geburt eines Kindes, eine Hochzeit, der Kauf des ersten Eigenheims oder der Studienbeginn. In solchen Momenten, so Verhaltensforscher, sind wir am ehesten bereit, unsere Einkaufsgewohnheiten zu ändern und diese später beizubehalten. Wer seine Kunden also optimal ausbeuten und an sich binden will, muss solche Wendepunkte möglichst identifizieren und entsprechend bewerben. So unheimlich es klingt, dazu gehört auch, die Aufmerksamkeit seiner Kunden zu wecken, bevor sie überhaupt wissen, dass sie neue Gewohnheiten entwickeln oder die alten ändern werden.

Wal-Mart, der größte Einzelhändler der Welt, hat sich diese Infohäppchen gleich en masse eingekauft. Das Unternehmen aus Arkansas erwarb die beliebte Facebook-App Social Calendar, in der Millionen registrierter Nutzer besondere Ereignisse wie Geburtstage, Jubiläen oder Reisen eintragen und mit Freunden teilen. Wer den Dreißigsten seines besten Freundes oder den Sommerurlaub in Mexiko in Social Calendar einträgt, hat wohl kaum bedacht, dass diese sehr persönlichen Ereignisse in den Händen von Wal-Mart landen würden. Nun werden sie dem Datenbestand des Einzelhändlers einverleibt, um ein noch besseres Profil seiner Kunden zu erzeugen.

Da Verhaltenstargeting schon fast zum Standard gehört, experimentieren Firmen bereits mit noch gewagteren Konzepten: Werbung, die sich an der momentanen Gemütsverfassung eines Verbrauchers orientiert. Wer in Stimmung ist oder eine Aufmunterung braucht, wer schwitzt oder friert, kann von der Werbewirtschaft prompt bedient werden. Google zum Beispiel hat ein Patent angemeldet, um Anzeigen basierend auf aktuellen Umweltbedingungen wie Temperatur, Luftfeuchtigkeit, Geräuschkulisse oder Lichtverhältnissen zu schalten. Das könnte dazu führen, dass wir Anzeigen für Daunenmäntel sehen, sobald wir mit dem Handy vor die Tür treten, oder eine Getränkewerbung direkt nach dem Sport.

Tracking, das unsere Stimmung oder Laune zu analysieren versucht, zieht noch mehr Manipulationsregister. Verhaltensforscher haben festgestellt, dass Menschen mehr online kaufen, wenn sie betrunken sind oder unter Depressionen leiden.[1] Experten nennen diese Art der Beeinflussung *persuasion profiling*. Es wird an Bedeutung gewinnen, sobald Facebook personalisierte Werbung in die meisten Aktivitäten seiner einer Milliarde Nutzer einflicht, denn die Wall Street hat wenig Geduld mit Internetfirmen, die keine Umsatzschübe vorweisen. Microsoft, das ein mit Kameras, Mikrofonen und anderen Sensoren ausgestattetes Steuerungsmodul namens Kinect herstellt, hat ein Patent auf eine Werbetechnologie angemeldet, die den emotionalen Zustand seiner Benutzer anhand von Mimik, Sprache, Körperhaltung und Bewegungsmustern erkennen kann.

Eli Pariser, der Autor von *The Filter Bubble*, macht sich große Sorgen über die neuen Verführungsprogramme: »Man bemerkt kaum, dass man dem Persuasion Profiling unterzogen wird, und ehe man sich's versieht, wird dieses Profil dazu benutzt, das eigene Verhalten zu beeinflussen. Unternehmen, denen wir die dazu notwendigen Daten preisgeben, unterliegen keinen Gesetzen, diese für sich zu behalten. Einmal in den falschen Händen, gibt Persuasion Profiling einem Unternehmen die Möglichkeit, Ihre rationalen Entscheidungen zu umgehen, Ihre Psyche auszuloten und Sie an Ihren Schwachstellen auszunutzen. Ganz nach dem Motto: Wer sich in eine Person wirklich hineindenken kann, kann auf einmal ihr Handeln beeinflussen.« (Pariser 2012, Interview mit den Autoren) Damit verkäme das Internet zur perversen Fernbedienung für alle großen Unternehmen, die sich eine so aufwendige Datenanalyse leisten können.

Noch ein weiterer beunruhigender Trend zeichnet sich am Horizont ab. Es geht dabei um die Idee, die genetischen Informationen oder die

DNA einer Person zu erschließen, um damit Marketing und Werbung zu verfeinern. Wir gehen darauf in Kapitel 8 näher ein. An dieser Stelle genügt der Hinweis, dass kluge Köpfe in der Technik- und Werbewirtschaft bereits über »genetisches Marketing« nachdenken, also wie man das Erbgut eines Verbrauchers online zu klingender Münze machen kann. Wenn Sie etwa wissen, dass Person X mit hoher Wahrscheinlichkeit an Altersdiabetes oder einem degenerativen Augenleiden erkranken wird, bietet es sich an, gezielt Werbung auf diese Lebensphase auszurichten. Das heißt: frühzeitig Bewusstsein über das Risiko erzeugen und Sorgen einflüstern, um dann jede Menge Lösungen zu bieten. Versicherungsgesellschaften wären sicher auch sehr interessiert an den genetischen Profilen. Einige Menschen stellen die Ergebnisse ihrer genetischen Auswertung schon jetzt bei Diensten wie 23andMe.com online und teilen sie allzu sorglos mit anderen – in der Hoffnung, entfernte Verwandte zu finden oder die Wahrscheinlichkeit zu erfahren, an einem bestimmten Leiden zu erkranken (mehr dazu in Kapitel 8).

Genetisches Targeting wäre das ultimative Cookie: die eine Tracking-Datei, die wir nie löschen können, da sie die Natur auf der Festplatte des Lebens installiert hat. Schon bald werden Firmen – mit Risikokapital im Rücken und von wenigen Skrupeln geplagt – versuchen, auch diese biologischen Cookies maschinenlesbar zu machen, damit sie sich analysieren und weiterverkaufen lassen.

Wer hat das bestellt?

Bei aller berechtigten Sorge vor der fast unausweichlichen kommerziellen Überwachung sollten Sie sich nicht den Spaß am Einkaufen im Netz nehmen lassen. Es ist bequem, das Angebot ist endlos, und die Chance zum Bummeln und Preisevergleichen ist verlockend. Nur sind, wie immer, gewisse Schutzvorkehrungen geboten.

Wenn Sie die Entscheidung getroffen haben, etwas auf einer Webseite zu kaufen, müssen Sie im Zweifelsfall Ihre Bank- oder Kreditkarteninformationen herausgeben. Deutsche Verbraucher wie Händler sind beim Umgang mit Kreditkarten traditionell eher zurückhaltend. Das hat internationale Internetfirmen gezwungen, bei ihren deutschen Ablegern auch Lastschriftverfahren anzubieten, was den Diebstahl Ihrer Finanzdaten erschwert. Die Kreditkarte ist trotzdem immer noch die Standardwährung im Netz. Sie trägt Ihren Klarnamen und ist mit Ihrer Kreditwürdigkeit eng verbunden. Sie verdient, kurz gesagt, ganz besondere Beachtung. Wir meinen, dass eine Kreditkarte und alle damit verknüpften persönlichen Daten in den Händen eines sozialen Netzwerks wie Facebook nichts verloren haben. Wer über solche Plattformen, die von Datenhäscherei leben und bereits so viele von Ihren ganz persönlichen Angaben besitzen, seine finanziellen Transaktionen abwickelt, geht unnötige Risiken ein.

Sie sollten immer eine kleine Checkliste im Kopf durchgehen, bevor Sie auf »Kaufen« klicken: Hat Ihnen ein Bekannter die Seite empfohlen? Haben Sie die Webseite zuvor schon einmal verwendet? Was sagen die Bewertungen im Netz? Sind die über den Browser gesendeten Informationen verschlüsselt – was sich bereits an dem Kürzel »https« und einem Schloss-Symbol im Adressfeld ablesen lässt? Hat ein unabhängiger Dritter bestätigt, dass Sie der Webseite mit Ihren Zahlungsangaben und anderen persönlichen Daten vertrauen können? Und wird eine solche Bestätigung durch das Logo einer vertrauenswürdigen Organisation angezeigt, etwa dem TÜV-Logo oder dem schwarz-hellgrünen Bogen des TRUSTe-Konsortiums?

Kreditkartenunternehmen verfolgen aus gutem Grund jeden Kauf, den Sie tätigen, mit hochkomplexen Softwaresystemen. Sie werden Ihnen oft innerhalb weniger Minuten nach einer verdächtigen Transaktion eine E-Mail schicken, in der Sie gefragt werden, ob Sie wirklich eine Jacke bei Online-Geschäft X erstanden oder an einem ungewöhnlichen Ort bzw. in einer ungewöhnlichen Währung eingekauft haben. Um eine Transaktion als verdächtig einzustufen, ist eine Fülle von Informationen über Ihre Person notwendig: Kaufgewohnheiten, Bewegungsmuster und andere Details. Wenn Sie noch nie in Griechenland waren und auch keine Goldmünzen oder Teppiche kaufen, ist die Wahrscheinlichkeit relativ hoch, dass ein teurer Einkaufsbummel in Athen von einem Hacker stammt, der sich mit Ihrer Kreditkarte aus dem Staub gemacht und sie online weiterverkauft hat.

Die engmaschige Verfolgung eines Verbrauchers über Webseiten und Apps über Jahre hinweg wäre nicht möglich, wenn wir nicht freiwillig viele dieser wertvollen Informationen verrieten. Wir sind süchtig danach, uns online unterhalten zu lassen. Doch jedes Lied, das wir hören, jeden Film, den wir streamen, jedes Foto, das wir hochladen, kommentieren oder taggen, ist ein Steinchen im Puzzle unserer Online-Identität. Marketingspezialisten haben den Unterhaltungswert unserer Daten längst erkannt und nutzen unsere Lust auf Abwechslung nach allen Regeln der Kunst aus. Mit den Schattenseiten des Entertainments werden wir uns im nächsten Kapitel beschäftigen.

Konsum: Mein Cookie gehört mir

Tipps und Tricks (siehe Kapitel 13)

- Löschen Sie Ihre Cookies und Ihr Webprotokoll (I-1)
- Verwenden Sie Google-Datenschutz-Werkzeuge und vermeiden Sie es, zu häufig Google zu nutzen (I-2)
- Diese Informationen gehören nicht in soziale Netzwerke (I-3)
- Verwenden Sie mehrere Browser (I-4)
- Grundlegende Sicherheit bei Facebook (I-6)
- Grundlegende mobile Sicherheit (I-7)
- Schützen Sie Ihre E-Mails (I-8)
- Verwenden und merken Sie sich sichere Passwörter (I-9)
- Kaufen Sie sicher mit Ihrer Kreditkarte ein (I-10)
- Verwenden Sie Blocking-Werkzeuge in Ihrem Browser (II-11)
- Sperren Sie Social Widgets (II-14)
- Sicherheit bei Facebook für Fortgeschrittene (II-15)
- Verbergen Sie Ihre IP-Adresse mit einem VPN (II-17)
- Beugen Sie Identitätsdiebstahl vor (II-19)
- Entfernen Sie Zeit- und Ortsangaben von Ihren Fotos (III-21)
- Surfen Sie mit Verschlüsselung (III-23)
- Überprüfen Sie Ihren Browser-Fingerabdruck (IV-34)

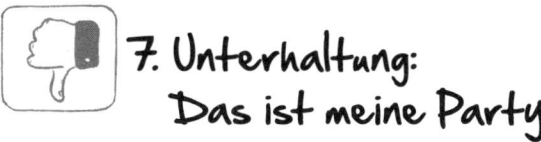

7. Unterhaltung: Das ist meine Party

Manchen Menschen muss man es deutlich sagen, wenn man sie einlädt: »Bitte nichts posten, wenn ich feiere!« Einige Prominente und um ihre Privatheit besorgte Zeitgenossen tun das bereits, und wir hoffen, dass Sie bald auch dazugehören werden, wenn Sie die nächste Einladung verschicken oder mailen. Unser Zuhause ist einer der wenigen Orte, an dem wir noch ein gewisses Maß an Kontrolle über unsere Privatsphäre praktizieren und steuern können, was mit unseren persönlichen Daten und im weiteren Sinne mit unserer Identität geschieht.

Wir wissen, wovon wir sprechen, denn wir begegnen diesem Problem bereits fast täglich. Etwa wenn wir unsere Freunde und Kollegen auf ein Bier treffen oder unsere Kinder bei einer neuen Schule anmelden. Viele Eltern meinen, dass es völlig normal sei, die Gepflogenheiten der analogen Welt ins heutige, komplett vernetzte Zeitalter zu übernehmen. Was soll schon dabei sein, einen Dreijährigen zu fotografieren, wie er in einem Stück Torte herumstochert, und das Bild samt seiner Freunde sofort hochzuladen, so dass das Geburtstagskind mit allen Gästen gleich entsprechend getaggt ist. Wenn Sie schon einmal dabei sind, können Sie sich auch gleich mit einem standortbasierten Dienst im Haus oder der Wohnung von Freunden einloggen, damit Ihre Bekannten online wissen, wo Sie Ihr Wochenende verbringen werden.

Es geht hier nicht nur um die Frage der »Netiquette«, des höflichen Verhaltens im Netz, im Zeitalter von Smartphones und ständiger Erreichbarkeit. Es geht um den unaufhörlichen, schleichenden Verrat an den eigenen Verwandten und Bekannten, der sich als Spaß und Unterhaltung tarnt. Wer seinen Status ständig aktualisiert, Schnappschüsse macht und alle Bekannten in ihnen taggt, wer seine Umwelt mit Meldungen über jedes gehörte Lied und jeden betrachteten Film nervt, der beraubt sich nicht nur seiner Privatsphäre, sondern unterhöhlt sie auch für die Menschen in der eigenen Umgebung – von der Frechheit einmal abgesehen, die medialen Opfer nicht einmal um ihre Erlaubnis zu fragen.

Teilen, Oversharing und das, was Social-Media-Fanatiker als »reibungs- oder nahtloses« Teilen beschönigen, sind Schlagworte, die dieses Jahrzehnt prägen werden. Die meisten Online-Dienste beruhen auf der irrigen Annahme, dass Sie nur dann wirklich gut unterhalten werden können, wenn Sie die Auswahl Ihrer Lieder, Filme, Fernsehsendungen, Fotos, Bücher oder Spiele möglichst in Echtzeit öffentlich machen. Dabei ist schon jetzt klar, dass viele Menschen ihre Mitteilsamkeit bedauern werden, die aus Versehen vertrauliche oder intime Details preisgegeben und andere verletzt haben. Den Anbietern ist diese ungezügelte Plauderlust hingegen höchst willkommen, da es ihnen detaillierten Einblick in Konsum und Freizeitverhalten der Nutzer gewährt. Sie können sich Zugang zu den Menschen in unserem Freundeskreis erschleichen.

Dabei muss man zwischen zwei Ebenen der Datenhäscherei unterscheiden: einmal das absichtliche Teilen, bei dem der Nutzer eines sozialen Netzwerks eine Information an einen anderen weiterreicht. Weit weniger bewusst ist Ihnen sicherlich, dass fast genauso viele Details Ihres Unterhaltungsprogramms heimlich gesammelt werden. Sogenannte *social widgets* sind auf fast allen gängigen Webseiten eingebettet, die vor allem als stille Spione dienen, auch wenn wir sie nicht anklicken. Gesichtserkennung ist ein weiterer problematischer Trend. Es ist auf den ersten Blick von Vorteil, wenn Geräte und Dienste Sie automatisch erkennen, aber es wirft im selben Atemzug erhebliche Fragen zum Datenschutz auf. Weder die Gesetzeslage noch die Gesellschaft sind auf eine Zukunft vorbereitet, in der Maschinen jeden Menschen ständig buchstäblich im Visier haben.

Teilen bis zum Anschlag

Das Teilen von Informationen online ist ein Geben und Nehmen, bei dem man neue Dienste entdecken kann, Neuigkeiten erfährt und un-

Unterhaltung: Das ist meine Party

erwartete Erfahrungen machen kann. Wenn die Grundeinstellung »teilen« lautet, kann man schwer widerstehen, all das in die Welt zu senden, was man tut, sich anhört oder ansieht. Das Mikrofon und die Kamera sind immer eingeschaltet – bei den Smartphones der Zukunft sogar dann noch, wenn sie im Ruhezustand sind. Wir sind süchtig danach, uns selbst und uns miteinander in aller Öffentlichkeit zu amüsieren, beklagt der Technologiekritiker Andrew Keen in seinem Buch *Digital Vertigo*.

Rund um die Uhr gesprächig, so wünschen sich Onlinefirmen ihre Kunden. Sie haben ein ureigenes Interesse daran, dass wir so viel wie möglich teilen, ohne lange darüber nachzudenken. Wenn das Teilen zur nicht hinterfragten Alltagsangelegenheit wird, liefern wir einen nie endenden Strom von höchst detaillierten Daten über unser Leben und das unserer Bekannten und Verwandten, der sich automatisch bearbeiten und zu Geld machen lässt.

Es gibt in der Tat so viel Geld zu verdienen, dass die Anzahl der großen Technikfirmen kontinuierlich wächst, die Lobbyisten von Berlin über Brüssel bis Washington bezahlen, um bei Politikern und in der Öffentlichkeit für ihre allzu weit gefasste Definition von *sharing* zu werben. Eine Arbeitsgruppe in Washington etwa bezeichnet sich vermeintlich neutral als »Forum für die Zukunft der Privatsphäre«. Diese Gruppe setzt sich in Wirklichkeit für genau das ein, was Google und Facebook wollen: »Die Menschen bevorzugen reibungsloses Sharing«, behauptete Christopher Wolf, ein Rechtsanwalt und Vorstandsmitglied der Lobbying-Gruppe, in einem Zeitungsinterview.[1]

Was genau verbirgt sich hinter dem Begriff »Reibung«? Es ist im übertragenen Sinne der gesunde Menschenverstand und die digitale Selbstverteidigung gemeint, die wir einsetzen sollten, bevor wir ein Update freigeben oder veröffentlichen. Alles, was dieses automatische Megafon der sozialen Medien dämpft oder zum Verstummen bringen könnte, stellt in den Augen der Technologiebranche einen unnötigen Reibungsverlust dar.

Je mehr sich Verbraucher und Gesetzgeber mit den offenkundigen Verletzungen des Datenschutzes und der Persönlichkeitsrechte im Netz beschäftigen, desto mehr Geld stecken die betroffenen Firmen in gezielte Lobbyarbeit. So sind allein die Ausgaben für Lobbyarbeit bei Facebook in Washington von 2010 bis 2012 um fast das Zehnfache gewachsen, ebenso kräftig stockt Google seine Investitionen in die

Meinungsmache auf.[2] Seit Herbst 2012 betreibt Google mit anderen einen neuen Dachverband unter dem euphemistischen Namen »Internet-Allianz« in Washington, um neuen Gesetzen und Regelungen die Spitze zu nehmen.

Sollte die Lobby der Datenhäscher mit ihrem Versuch erfolgreich sein, das ungefragte und undurchdachte Teilen als neuen Standard gesellschaftlicher Interaktion einzuführen, werden viele von uns über kurz oder lang große Schwierigkeiten bekommen. Auch der selektive Austausch von Klatsch und Tratsch, den wir heute bereits praktizieren, löst häufig ernste Reue aus. Forscher der Carnegie Mellon University veröffentlichten 2011 eine Studie mit dem Titel »Es tat mir leid, sobald ich auf Teilen geklickt hatte«. (Wang 2011)[3] Danach würden viele Facebook-Nutzer gerne zahlreiche ihrer Updates und Kommentare zurücknehmen.

Die echte Gefahr des Oversharing liegt wohl weniger darin, sich selbst zu blamieren, als vielmehr Bekannten und Verwandten in Schwierigkeiten zu bringen. Nehmen Sie beispielsweise Bilder von einer wilden Fete, die ungewollt den anderen Gästen schaden könnten.

Das mag wie ein banales Beispiel klingen, ist aber als gesellschaftliches Problem nicht zu unterschätzen. Eben Moglen, Juraprofessor und Datenschutzaktivist an der Columbia University, meint sogar, wir fügten durch zu viel Sharing einander nicht wiedergutzumachenden Schaden zu. Er vergleicht die sozialen Netzwerke mit Hackern, die in sich zwischen zwei Teilnehmer eines Gesprächs mogeln und alles mitschneiden.

»Facebook führt dazu, dass jeder von uns erhebliche ›Umweltschäden‹ anrichtet, indem wir alle gemeinsam die Privatsphäre unserer Mitmenschen zerstören«, so Moglen. »Durch den Austausch mit unseren tatsächlichen Freunden über einen Mittelsmann im Netz, der alles speichert und auswertet, machen wir die Privatsphäre unserer Mitmenschen kaputt. Nicht das Sharing an sich ist das Problem, sondern die Art und Weise, wie es abläuft, da ein Dritter in der Mitte alle Daten abschöpfen kann. Das ist nicht nur an Dummheit schwer zu überbieten, sondern auch extrem gefährlich.«[4]

Unterhaltung: Das ist meine Party

Unternehmen lesen gerne mit

Datenschützer mögen klagen, doch alle möglichen Wirtschaftsunternehmen haben den Wert des unbedachten Sharings für sich entdeckt. So können sie die Gewohnheiten ihrer Kunden automatisch und unbemerkt überwachen. Wer sich aus Neugier für Dienste wie PeerIndex oder Klout anmeldet, um sein Renommee im Netz zu ermitteln, versteht meist nicht, dass er diese Dienste autorisiert, fortan sein Social-Media-Verhalten mitzuverfolgen. So nehmen Sie vor allem Datenmaklern die Arbeit ab, denn für die ist eine derartige virtuelle Bonitätsprüfung bares Geld wert.

Ein abschreckendes Beispiel für den geistlosen Umgang mit sozialen Medien ist ein Mann, der online ständig mit seinem neuen Auto prahlte. Er gab sogar zu, das Tempolimit regelmäßig zu ignorieren – Spaß müsse sein. Als er einen Unfall hatte, zahlte die Versicherung für einen neuen Wagen. Auch das konnten seine Freunde auf einer Seite für Autoliebhaber nachlesen. Dumm war nur, dass er ihnen auch verriet, dass der zu Schrott gefahrene Wagen gar nicht über ihn, sondern über seine Großmutter versichert war.[5]

»Soziale Medien sind ein großartiges Werkzeug für unsere Nachforschungen. Wir freuen uns, dass Menschen so mitteilsam sind«, sagt Bernhard Lindholm, Manager der dänischen Versicherungsgesellschaft Tryg. »Wir nutzen das Internet, um Realitätskontrollen durchzuführen, da Leute online eher die Wahrheit sagen, als wenn wir sie fragen.«[6] Der angeberische Raser bekam übrigens eine 60-tägige Haftstrafe wegen Versicherungsbetrugs.

Auch in Deutschland ist dieses Thema umstritten, weil insbesondere Versicherungsfirmen auf Nutzerdaten erpicht sind. Als die Schufa das Hasso-Plattner-Institut damit beauftragte herauszufinden, ob und wie sich öffentlich zugängliche Angaben auf Facebook, Twitter oder Xing für die Bonitätsprüfung nutzen ließen, brach ein Sturm der Entrüstung los. Die Auskunftei musste ihren Auftrag kündigen.

Gleichwohl geben andere Unternehmen offen zu, sich auf sozialen Medien umzusehen, um Preise und Risikoprofile für Kunden zu berechnen. Der Versicherer Axa Global Direct etwa wertet nach eigenen Angaben bis zu 50 Variablen aus, um die individuelle Prämie zu ermitteln: von Browser-Cookies und dem Einkaufsverhalten bis zu Einträgen über Partys auf Facebook.

Der Konsum und der Austausch unterhaltsamer Häppchen ist auch deswegen so verlockend, weil sich dessen Entwickler der Psychologie eines Spiels bedienen. Wer neue Dinge findet und empfiehlt, sammelt Punkte bei seinen Bekannten und steigt in deren Achtung als Trendsetter. Jede dieser Handlungen wird selbstverständlich erfasst und ausgewertet.

Insofern kann man all die Buttons auf immer mehr Webseiten mit einer versteckten Kamera vergleichen. Wenn Sie auf einer Webseite auf Facebooks »Gefällt mir« oder eine Google-Plus-Taste klicken, um Ihren Freunden von einer coolen Band oder einem neuen Film zu berichten, oder sich mit ihrem Kennwort von Facebook oder Twitter einloggen, geben Sie Informationen an Facebook und Google weiter. Aber diese Art der Datenhäscherei läuft auch dann ab, wenn Sie niemals auf diese Widgets klicken. Dank des Codes, den Anbieter wie Facebook oder Google anderen Webseiten zur Verfügung stellen, ist gar keine explizite Handlung des Besuchers nötig, um ausspioniert zu werden. Die Seite sendet identifizierbare Informationen über Ihren Besuch an Facebook oder Google, auch wenn Sie sich vom Dienst abgemeldet haben. Einige Webseiten haben sich entschieden, dies zu blockieren, aber die meisten nicht.

Bis 2011 erhielt Facebook sogar Informationen von anderen Webseiten, wenn deren Besucher gar kein Facebook-Konto besaßen. Nachdem Datenschutzexperten darauf hingewiesen hatten, entspann sich eine Debatte darüber, ob diese Praxis legal sei. Nach Ansicht europäischer Experten verstoßen diese Tracking-Widgets gegen europäische Datenschutzgesetze.

Dieser Streit um heimliches Tracking hatte auch in Deutschland unmittelbare Folgen: Bundesverbraucherschutzministerin Ilse Aigner machte sich bereits 2011 dafür stark, dass Ministerien und Politiker auf einen Facebook-Button verzichten. Behörden aus Niedersachsen bis Bremen entfernten ihre Facebook-Verknüpfungen und auch Fanseiten auf Facebook selbst, da sonst Bürgerdaten in die USA übertragen werden. Der Ingolstädter *Donaukurier* machte Schlagzeilen, als er ebenfalls alle Facebook-Verknüpfungen auf seinen Seiten löschte. »Um Datenschutz und Privatsphäre schert sich Facebook nicht«, erklärte Chefredakteur Gerd Schneider. »Ich meine, dass man darüber als Zeitung nicht nur kritisch berichten muss, sondern auch Flagge zeigen sollte.«[7]

Unterhaltung: Das ist meine Party

Im Visier der Gesichtserkennung

Unsere Leidenschaft fürs Teilen dreht sich zu einem großen Teil um Bilder von uns selbst, Freunden und Verwandten. Eine neue Technologie namens Gesichtserkennung ist in der Lage, Ihnen dabei zu helfen. Sie verspricht, Sie »von der lästigen Arbeit zu befreien«, von Hand durch Ihre Alben zu gehen und Namen zu Ihren Bildern hinzuzufügen. Mit ein paar Bildern als Bezugsmenge errechnet die Software einen sogenannten Gesichtsabdruck einer Person. Diese Datei kann mit nicht immer einwandfreier, aber zunehmend besserer Treffsicherheit auf andere Bilder angewendet werden, sobald sie hochgeladen werden.

Entwickelt wurde die Gesichtserkennung von Behörden, die damit verschiedene Sicherheitsaufgaben abwickeln – von der Zugangskontrolle in einem Gebäude über die Identifizierung von Straftätern bis zur blitzschnellen Überprüfung eines Führerscheins oder Personalausweises. Da sie inzwischen immer billiger und leistungsfähiger geworden sind, verbergen sich verschiedene Varianten der Gesichtserkennung in den meisten Ihrer Geräte und in fast jeder modernen Fotobearbeitungssoftware.

Wenn das Handy oder die Digitalkamera automatisch auf mehrere Gesichter scharf stellt, ist Gesichtserkennung der einfachsten Art im Spiel. Die Software weiß nur, was ein menschliches Gesicht ist, und fokussiert entsprechend. Programme wie iPhoto, Photoshop Elements oder Google Picasa gehen einen entscheidenden Schritt weiter: Sie wollen lernen, wer wer auf einem Bild ist.

Man kann das Angebot der Hilfestellung bei der Verschlagwortung ablehnen, weil es einem unheimlich vorkommt. Aber was tun, wenn die automatische Kennzeichnung Ihrer gesamten Familie oder Ihres Freundeskreises standardmäßig auf allen Webseiten oder Smartphone-Apps läuft? Wer weiß, was ein Anbieter mit diesen *face prints* anfängt. Selbst wenn Sie irgendwann Bilder löschen oder die Kennzeichnungen entfernen, gibt es keine Garantie, dass die zugrunde liegenden Gesichtsabdruck-Dateien, was Experten als Meta-Informationen bezeichnen, nicht auf den Servern bleiben oder bereits anderen Diensten zur Verfügung gestellt wurden.

Eine Kopie Ihres Gesichtsabdrucks kann irgendwo lagern und jederzeit wieder eingeschaltet werden, um sie auf die Bilder von anderen

Nutzern irgendwo im Netz anzuwenden, selbst wenn es sich dabei um Filme auf YouTube oder Facebook handelt. Verschiedene Unternehmen, von kleinen Start-ups bis Microsoft, sind dabei, eine günstige und zuverlässige Gesichtserkennung für Videos herzustellen. Angeblich dienen sie dazu, Verbrauchern dabei zu helfen, die Szenen mit ihren Lieblingsstars oder Verwandten und Kindern in einem längeren Video zu finden.

Die Datenbanken, die diese Dienste ermöglichen, wachsen rapide an, ohne den Millionen Menschen, auf denen sie basieren, ein Mitspracherecht einzuräumen. Das israelische Unternehmen Face.com zum Beispiel ist ein Marktführer in der Technologie der Gesichtserkennung. Es stellt seine Algorithmen zur Gesichtserkennung anderen Firmen als Dienstleistung zur Verfügung. In den ersten beiden Jahren seines Bestehens hatte Face.com nach Auskunft seines Chefs mehr als 24 Milliarden Bilder eingescannt und darauf mehr als 65 Millionen Menschen identifiziert, in den meisten Fällen ohne sie zu kennen.[8] Bis Mai 2012 war die Anzahl der gescannten Bilder auf 41 Milliarden gestiegen.[9] Kein Wunder, dass Facebook das Unternehmen erworben hat, um seine globale Identitätsdatenbank auszubauen.

Google hat ebenfalls in die Technologie der Gesichtserkennung massiv investiert und unter anderem schon 2006 die Firma des deutschen Softwareentwicklers Hartmut Neven gekauft. Das Unternehmen entschied sich allerdings nach eigenen Angaben, diese Art der Suche vorerst nicht zu aktivieren – eingedenk der massiven Datenschutzprobleme, die das mit sich brächte. »Wir haben diese Technologie entwickelt, aber nicht auf den Markt gebracht«, verriet der Vorstandsvorsitzende Eric Schmidt. »Soweit ich weiß, ist das bisher das einzige Mal, dass Google etwas gebaut, begutachtet und dann gestoppt hat.«[10]

Facebook musste seine Ambitionen für die automatische Gesichtserkennung vorerst zurückschrauben. Nach deutlichem Protest von europäischen, insbesondere deutschen Datenschützern stellte das Netzwerk die Funktion erst heimlich ein und kündigte dann im September 2012 an, sie für alle Nutzer in der EU zu deaktivieren und darüber hinaus bereits bestehende biometrische Daten zu löschen.

Es wäre schön, wenn dieses Beispiel Schule machte, aber die Gesichtserkennung besitzt so viele Vorteile und regt so viele neue Geschäftsideen an, dass ihre Nutzung trotz aller Widerstände gegen einen möglichen Überwachungsstaat schon bald explodieren wird:

Wenn Sie in eine Bar gehen wollen, können Sie eine App wie SceneTap benutzen, um nachzusehen, ob es sich lohnt. Die App nutzt Kamerabilder von Nachtclubs und anderen Orten, um zu analysieren, wie viele Menschen sich dort aufhalten, was deren Durchschnittsalter ist und wie es um das Geschlechterverhältnis steht.

Wenn Sie vor einem Fernseher oder einer Spielkonsole mit eingebetteter Gesichtserkennung sitzen, kann das Gerät Sie identifizieren und das Programm entsprechend anpassen – je nachdem, was Sie in letzter Zeit angeschaut oder aufgezeichnet haben. Oder Sie können das Gerät programmieren, um bestimmte Sender für Ihre Kinder zu sperren, sobald die davor sitzen.

Die vernetzte Google-Brille ist noch ein Prototyp, aber mit Gesichtserkennungssoftware in Ihrer Brille können Sie eine Person, die Sie treffen, schnell scannen und einen Hinweis eingeblendet bekommen, wen Sie vor sich haben. Die Brille oder das Smartphone kann Ihnen auch gleich sagen, ob Sie gemeinsame Freunde in Ihren sozialen Netzwerken haben.

Wollen Sie Geld von einem Geldautomaten abheben oder ein Smartphone entsperren, kann eine Kamera Ihr Gesicht zur Identifizierung überprüfen. Beim Vorbeigehen an einer digitalen Plakatwand auf der Straße werden Sie personalisierte Werbung sehen, da eine Kamera im Rahmen Ihr Alter und Geschlecht erkennen und beurteilen kann, ob Sie gerade hinschauen. Wenn Sie ein Mann sind, werden Sie einen Rasierapparat oder Sportwerbung zu sehen bekommen, aber keine Anzeige für Damenparfüm oder Tampons. In Japan arrangieren die Prototypen neuer Getränkeautomaten nach diesem Prinzip ihr Sortiment im Display um, wenn ein Käufer davorsteht.

Die moderne Gesichtserkennung ist inzwischen nicht nur schneller, sondern auch treffsicherer und preiswerter geworden. Sie kann das gesamte Netz als Trainingsparcours benutzen. US-Forscher ließen ein Programm auf die Fotos von 200 zufällig ausgewählten College-Studenten los.[11] Dank der bei Facebook frei zur Verfügung stehenden Informationen wurde ein Drittel von ihnen sofort erkannt. Die Forscher fanden außerdem auch allein anhand der anonymen Fotos die Sozialversicherungsnummern von vielen der Studenten heraus. Während die eindeutige Identifikation eines Gesichtes bisher eine Frage der Speicher- und Rechengeschwindigkeit war, wird sie dank Cloud-Computing immer einfacher und läuft schon auf Smartphones erschreckend präzise. Der japanische Elektronik-Riese Hitachi etwa hat ein neues Kamerasystem vorgestellt, das in einer Sekunde ein Gesicht aus 36 Millionen herausfischen kann.

Polizeibehörden in den USA geben zu, dass sie Beamte in Zivil auf Demonstrationen schicken und einfach mit einem Handy draufhalten lassen, während ein Server im Netz nach aktenkundigen Gesichtern sucht. Da die Vorratsspeicherung nichts kostet, werden die Aufnahmen zur späteren Auswertung vier Jahre lang aufbewahrt. So landet früher oder später das Antlitz fast eines jeden Passanten in einer Datenbank.

Die Sammelwut kann böse Folgen haben, selbst wenn nicht gleich die Polizei an Ihrer Tür klingelt. Bilder von Ihnen, die Sie beim Biertrinken in einer Bar oder beim Rauchen eines Joints zeigen, können an Versicherungsgesellschaften verkauft werden, die die Gewohnheiten der Versicherten verfolgen. Sie können in einer riesigen Menschenmenge identifiziert und leicht zum Sympathisanten von Autonomen, Neonazis oder einer Terrorgruppe abgestempelt werden, nur aufgrund der Tatsache, dass Sie sich an einem Ort aufhalten, der mit vielen Kameras ausgestattet ist. Allein Großbritannien ist inzwischen mit schätzungsweise 1,85 Millionen Überwachungskameras gespickt. Eine realistische Statistik müsste jedes Smartphone, Tablet und jede Webcam dazurechnen.

Die Kombination aus Sharing und allgegenwärtiger Gesichtserkennung kann harmlose Unterhaltung schnell in einen Albtraum verwandeln, der an düstere Science-Fiction erinnert. Das Panoptikum von morgen, in dem jeder jeden filmt, kann sich auf dienstbereite Software im Netz verlassen, die in der Lage ist, jede Person zu erfassen.

Johannes Caspar, der Hamburgische Beauftragte für Datenschutz und Informationsfreiheit, ist einer von vielen Experten, die von Anbietern wie Facebook fordern, bei ihren Nutzern eine eindeutige Zustimmung zur Gesichtserkennung einzuholen. Nutzer sollten ebenso ein Anrecht darauf haben, aus jeder Datenbank mit derartigen biometrischen Daten gelöscht zu werden.

»Gesichterkennung ist viel schlimmer als Google Street View. Es hat größere Auswirkungen auf den Datenschutz als das Fotografieren von Häusern. Gesichtserkennung und biometrische Identifikation führen zu einer Welt, die mit Kameras überflutet ist. So kann eine neue Art von Kastensystem via Gesichtserkennung entstehen, in dem ein Algorithmus bestimmt, wer hineindarf und wer draußen bleiben muss.«[2] Caspar steht mit seiner Kritik an einer Technologie mit unabsehbaren Konsequenzen nicht alleine da. In den USA hat das Electronic Privacy Information Center die Aufsichtsbehörde Federal Trade Commission ersucht, die Verwendung von Gesichtserkennungssoftware auszusetzen, bis die Regierung angemessene Schutzmaßnahmen und Datenschutzstandards zum Schutz der Bürger entwickelt hat.

Sie hören und sehen, was Sie hören und ansehen

Auch wenn Sie nicht eifrig Ihre Schnappschüsse für jedermann sichtbar hochladen, sind andere Formen der Unterhaltung, wie Musik oder Filme, nicht länger Ihr Privatvergnügen. Fast alle diese Streams sind das Rohmaterial für Tracking und Data-Mining. Da ist zum Beispiel der beliebte Musikstreaming-Dienst Spotify aus Schweden zu nennen. Wer sich bei ihm anmelden will, musste dies in Deutschland bis Juni 2012 mit einem Facebook-Konto tun. Nach massiver Kritik von Datenschützern genügt nun hierzulande lediglich eine gültige E-Mail-Adresse. Wer bei Spotify allerdings außerhalb von Deutschland Musik hört, sollte wissen, dass seine Vorlieben Song für Song in das soziale Netzwerk hinausposaunt werden – von Data-Mining für Spotifys Werbekunden einmal ganz abgesehen. Dahinter steckt Kalkül: Spotify ist eine Neugründung, die schnell Millionen Nutzer und zahlende Abonnenten gewinnen muss. Deshalb hat die Firma ihr Schicksal in die Hände des größten sozialen Netzwerks gelegt.

Vorbei sind die Zeiten, als Musikhören oder Fernsehen eine anonyme Aktivität war. Heutzutage hören und sehen die Anbieter aufmerksamer zu als Sie! Werbefirmen, Datenmakler, Musiklabels und sogar einzelne Bands hatten schon immer Interesse daran, genaue Publikumszahlen zu ermitteln, und neue Dienste wie Spotify wissen fast alles: Wer was wann und wo wie lange hört. Da man gehalten ist, seine Playlisten Lied für Lied via Facebook auszustrahlen, können ungezählte Dritte in Ihren Unterhaltungsgewohnheiten stöbern.

Zumindest in Deutschland ist diese Art der Benutzervereinbarung mit Zwangsverknüpfung zu einem sozialen Netzwerk ein Verstoß gegen das Telemediengesetz. Dort ist festgehalten, dass man derartige Dienste anonym nutzen darf.

Es gibt zahlreiche andere Musikstreaming-Dienste, von Simfy über Mog bis zu Rdio. Wir wollen Ihnen weder den einen noch den anderen empfehlen, aber darauf hinweisen, die Datenschutzeinstellungen bei jedem dieser Dienste genau unter die Lupe zu nehmen.

Warum sollten Sie etwa in einem öffentlichen Register aller Nutzer auftauchen, bloß weil Sie Musik hören wollen? Warum sollten Sie Ihren Musikgeschmack Lied für Lied auf Facebook oder sogar Skype kundtun? Leider sind immer noch zu viele dieser Dienste ab Werk so eingestellt, dass sie Ihre Identität verraten und verkaufen. Als Faustregel gilt: Wenn Sie Unbekannten den Schlüssel zu Ihrem Privatleben geben müssen, um Zugang zu einem werbefinanzierten Musikstream zu bekommen, ist das ein schlechter Tausch.

Ähnliche Datenhäscherei spielt sich bei Videos ab. Google, die Muttergesellschaft von YouTube, weiß bereits besser als jedes andere Unternehmen oder Fernsehsender über seine Zuschauer Bescheid. Die Webseite streamt weltweit vier Milliarden Videos am Tag. Nutzer laden im Durchschnitt in jeder Sekunde eine Stunde Video auf YouTube hoch. Inzwischen sind es nicht mehr nur Amateurfilme über Babys und Katzen, sondern professionell produzierte Streifen, die man mieten kann.

YouTube ist eine großartige Fundgrube und Medienplattform, aber der Dienst ist das Gegenteil der alten Mattscheibe: Er ist superhelle. YouTube kennt Ihre Gewohnheiten und Vorlieben besser denn je, da alle Dienste von Google seit März 2012 über gemeinsame, höchst umstrittene Datenschutzbestimmungen miteinander verbunden sind. Wenn Sie also 22 Jahre alt sind und sich viele Clips über Rennwagen und Autotuning auf YouTube ansehen, können Google-Algorithmen Wiedergabelisten mit Nachrichten in Ihrem Google-Mail-Konto und Details aus Ihrem Google-Plus-Profil, Suchabfragen und Google-Wallet-Einkäufen abgleichen. So lässt sich herausfinden, ob Sie männlich oder weiblich sind, wie alt Sie sind, wo Sie leben und über welche Marken Sie online sprechen, um etwa Autowerbung besser zu verkaufen. Genauso verfährt auch Hulu, die Videoplattform mehrerer großer US-Networks. Sie wurde für ihre ungebremste Sammelwut und den Verkauf von Informationen über die Sehgewohnheiten ihrer Nutzer bereits verklagt.

Die beteiligten Firmen wollen komplette Transparenz und Pflicht-Sharing ab Werk. Der Pionier des Videostreamings im Netz heißt Netflix. Das kalifornische Unternehmen hatte im Sommer 2012 rund 29 Millionen Abonnenten und ist bereits in mehr als 50 anderen Ländern präsent. Einen fast identischen Dienst bietet die Amazon-Tochter Lovefilm in Deutschland und bislang vier anderen europäischen Ländern an. Ein Unternehmen wie Netflix lebt von der Akquise neuer Kunden und drängt deshalb darauf, dass jeder seiner Abonnenten automatisch seine Sehgewohnheiten der Welt mitteilt, insbesondere über Facebook.

Die Sache hat nur einen Haken: Dazu muss ein Gesetz geändert werden. Aufgrund eines Video-Datenschutzgesetzes aus dem Jahr 1988 ist diese Praxis selbst in den USA verboten. Ursprünglich sollte das Gesetz Bürger davor schützen, dass Unbekannte ihnen in Büchereien und Videotheken nachspionieren. Welche Bücher und Filme man in seinen eigenen vier Wänden genießt, gilt zu Recht als höchst private Angelegenheit. Im Netz scheinen diese Gebote des gesunden Menschenverstandes plötzlich außer Kraft gesetzt zu sein.

Schon wenn Sie Filme online nur anonym bewerten, um bessere Empfehlungen zu bekommen, geben Sie Ihre Identität preis. Das zeigte sich vor ein paar Jahren, als Netflix einen Wettbewerb unter Experten veranstaltete, um seinen Empfehlungsalgorithmus zu verbessern. Dessen Kunden benoteten schon seit geraumer Zeit jeden Film mit ein bis fünf Sternen. Diese vermeintlich anonyme Datenbank stellte das Unternehmen den Tüftlern zur Verfügung. Die Findigen unter ihnen wiesen schnell nach, dass die Benotungen von sechs Filmen und das Datum der Bewertung ausreichen, um 99 Prozent der Netflix-Kunden zu identifizieren.[13] Der Schlüssel zur sogenannten Re-Identifikation liegt in den digitalen Krumen, die wir alle sorglos im Netz liegen lassen: Kommentare über einen Schauspieler unter Ihrem Klarnamen, Einträge auf Facebook zu den Wochenendplänen, Unterhaltungsfeeds, in denen Sie sich den Soundtrack zum Film am Tag danach anhören, ein neues Buch auf dem Amazon-Wunschzettel. Machen Sie den Datenhäschern nicht so viele kostenlose Geschenke, wenn Sie sich online unterhalten lassen.

Auch Bücher und Spiele verraten viel

Selbst das einsame Vergnügen, ein Buch zu lesen und sich in einer großartigen Geschichte zu verlieren, ist vom Aussterben bedroht. Digitale Lektüre macht Sie zum Opfer des Sharing-Wahns. Beliebte E-Reader bzw. deren Software wie etwa Amazons Kindle oder iBooks für das iPhone und iPad verfolgen sekundengenau, wo Sie in einem Buch sind und welche Passagen Sie markiert oder kommentiert haben. Wenn Sie als Autor im Kindle Shop veröffentlichen und den Titel verleihen, wie das bei Amazon in den USA möglich ist, wird auch das selbstverständlich erfasst.

Diese Funktionen sind teilweise nützlich, etwa um die Lektüre eines langen Textes später oder auf einem anderen Gerät wieder aufzunehmen. Ebenso können Sie Ihre Lesezeichen und Notizen synchronisieren. Aber es ist zugleich ein ernster Eingriff in die Privatsphäre, der weit über die Angst hinausgeht, dass Ihre Leseliste von einem unbekannten Beobachter überwacht wird. Hier liest die Software bei jedem einzelnen Wort mit.

Im Falle von E-Books sind die jeweiligen Hardwarehersteller und bald die Verleger und sogar Autoren in der Lage zu sehen, was ihre Leser in den Büchern lesen, überfliegen und markieren. Der Kindle zeigt Ihnen heute schon, welche Passagen in einem Buch wie viele andere Leser ebenfalls markiert haben. Es ist nur eine Frage der Zeit, bis Verlage bei der Vermarktung bestimmter Titel auf sozialen Netzwerken, etwa Nutzer ermutigen, ihre Notizen und Markierungen aus jedem Buch automatisch zu posten.

Webseiten, auf denen man der Welt seine gesamte Bibliothek zu Zwecken des »sozialen Lesens« vorführen kann, gibt es ebenfalls – was auch immer das sein soll. Aber Vorsicht: Anbieter wie Google machen ein neu angelegtes virtuelles Regal per Voreinstellung ab Werk für alle Welt sichtbar. Einigen Unternehmen wird die Idee gefallen, sehen zu können, wer eine Sammlung an Ratgebern über Schuppenflechte, Allergien oder den Eigenheimbau angelegt hat.

Schließlich verdienen die Datenlecks in Computerspielen besondere Aufmerksamkeit, egal ob es sich um sogenannte *Social Games* handelt, also die minutenweise Ablenkung online, oder um Konsolen, an denen man ganze Nächte verbringen kann.

Personenbezogene Daten aus Gaming-Netzwerken wie World of Warcraft oder Konsolen wie Microsofts Xbox und Nintendo Wii sind eine Fundgrube für das Data-Mining und für Hacker. Sonys Network etwa wies erhebliche Sicherheitslücken auf, so dass Unbekannte die Daten von 77 Millionen Spielern stehlen konnten. Zahlreiche Verbraucher haben überdies vergessen, dass viele ihrer Daten auf alten Konsolen, die sie wegwerfen, verkaufen oder recyceln, noch gespeichert sind. Bevor Sie ein neues Gerät kaufen, sollten Sie also nachschlagen, wie Sie das alte säubern oder den Speicher permanent zerstören.

Selbst wenn Sie die üblichen Vorsichtsmaßnahmen treffen – Ihre Passwörter regelmäßig ändern und ein altes Gerät sicher entsorgen –, werden Online-Spiele mehr denn je zu einem Spielplatz der Datenhäscher werden. Einige Firmen bieten Werbekunden an, Rabattcoupons direkt in Spiele für Facebook oder das Smartphone einzubauen. Wer sich heute in die nächste Ebene kegelt oder schießt, kann zur Belohnung gleich seine Daten preisgeben.

Die beliebte Kinect-Erweiterung von Microsoft ist ein schwarzes Rechteck, das sich an eine Xbox-Konsole und Windows-Rechner anschließen lässt, um sie zu Geräten mit mehreren Sinnen zu machen. Kinect erkennt nicht nur Gesten und einzelne Spieler, die sich vor seinen Kameras und Sensoren bewegen. Die Box verfügt außerdem über einzigartige Fähigkeiten, um detaillierte biometrische Daten von jedem Menschen zu erfassen, der vor ihr steht. Ihre Mikrofone können theoretisch schon heute alle Geräusche in Hörweite aufzeichnen und sie an Werbekunden übermitteln, die dafür zahlen. Das Gerät kann Gesichter erkennen und Videos aus Ihrem Wohnzimmer oder Kinderzimmer übertragen. So weiß Kinect etwa, wie viele Menschen im Wohnzimmer sind und wer was tut, wenn die Familie einen Werbespot sieht. Nachdem sich Programmierer dieser unerhörten Spionagefunktionen rühmten, ruderte Microsoft zurück und erklärte, keine der von Kinect erfassten Daten für gezielte Werbung zu benutzen.[14] Stimmt das? Der unablässige Innovationszyklus sollte uns inzwischen gelehrt haben, dass die meisten entwickelten Hardware- und Softwarefunktionen früher oder später auch verwendet werden, vor allem, wenn sich damit Geld verdienen lässt.

Ein letzter Hinweis im Hinblick auf Gaming: Es ist ungemein schwer, bei Social Games eine angemessene digitale Selbstverteidigung zu praktizieren. Die Rede ist von Spielen, die in ein soziales Netzwerk eingebettet oder eine eigenständige App sind, wie das bei Titeln von Wooga oder Zynga für Facebook bzw. Angry Birds der finnischen Firma Rovio der Fall ist. Alle diese Spiele saugen Ihre persönlichen Informationen ab, eine Prämie oder eine Ebene nach der anderen – einschließlich der persönlichen Daten Ihrer Freunde. Daher ist es ratsam, solche Spiele ganz zu meiden. Wer sie nutzt, verrät und verkauft seine Facebook-Freunde gleich mit. Der App-Advisor der deutschen Firma secure.me bietet einen guten Überblick über die gravierendsten Datenlecks in mehr als einer halben Million Apps, darunter viele vermeintlich harmlose Spiele. Man kann diese Sicherheitskontrolle sogar als Browser-Erweiterung automatisieren, um einer Falltür rechtzeitig auszuweichen.

Wir sind alle unsere eigenen Herausgeber

Zurück zur Einladung für unsere eingangs erwähnte Party, von der man nichts posten darf: Wirksame digitale Selbstverteidigung fängt beim gesunden Urteilsvermögen an. Jeder professionelle Journalist lernt zu Beginn seiner Karriere, Gesprächspartner stets um Erlaubnis zu fragen ob er ihre Namen und Bilder veröffentlichen darf. Dank sozialer Medien ist jeder plötzlich sein eigener Journalist. Doch die meisten Menschen scheinen nicht bereit zu sein, professionelle Standards oder die Gebote des gesunden Menschenverstandes zu befolgen.

Es ist, als ob die Diktatur der Sharings, was einige Kritiker als »partizipatorischen Totalitarismus« bezeichnen[15], im Gewand eines Spiels alle kulturellen Barrieren und Hemmungen hinweggefegt hat. Zu viele Menschen veröffentlichen Fotos von anderen ohne deren Wissen und vielleicht sogar gegen ihren Willen. Darum sind wir alle gefragt, eine neue Art der Medienkompetenz zu entwickeln. In sozialen Netzwerken ist die Privatsphäre etwas, wofür alle von uns, als Individuen und als Gruppe, verantwortlich sind.

Seien Sie also immer umsichtig und bitten Sie stets um Erlaubnis, bevor Sie etwas posten, das nicht nur Ihnen, sondern auch jemand anderem gehört – etwa das Recht am eigenen Bild. Clay Shirky, Internetforscher und Professor an der New York University, formuliert das folgendermaßen: »Früher war es schwer, etwas zu veröffentlichen, aber leicht, etwas für sich zu behalten. Heute ist es schwer, etwas für sich zu behalten, aber leicht, etwas zu veröffentlichen.«[16]

Um gesund und fit zu bleiben, schwören immer mehr Menschen auf Geräte und Dienste, die sie überallhin mitnehmen können und die ihre Vitaldaten verfolgen. Das nächste Kapitel zeigt, welche Datenspuren Sie hinterlassen, wenn Sie joggen oder Rad fahren.

Tipps und Tricks (siehe Kapitel 13)

- Löschen Sie Ihre Cookies und Ihr Webprotokoll (I-1)
- Verwenden Sie Google-Datenschutz-Werkzeuge und vermeiden Sie es, zu häufig Google zu nutzen (I-2)
- Diese Informationen gehören nicht in soziale Netzwerke (I-3)
- Verwenden Sie mehrere Browser (I-4)
- Verwenden Sie Pseudonyme für Ihr privates Ich (I-5)
- Grundlegende Sicherheit bei Facebook (I-6)
- Schützen Sie Ihre E-Mails (I-8)
- Verwenden und merken Sie sich sichere Passwörter (I-9)
- Kaufen Sie sicher mit Ihrer Kreditkarte ein (I-10)
- Verwenden Sie Blocking-Werkzeuge in Ihrem Browser (II-11)
- Sperren Sie Social Widgets (II-14)
- Sicherheit bei Facebook für Fortgeschrittene (II-16)
- Beugen Sie Identitätsdiebstahl vor (II-19)
- Entfernen Sie Zeit- und Ortsangaben von Ihren Fotos (III-21)
- Überprüfen Sie Ihren Browser-Fingerabdruck (IV-34)

# 8. Leben: Das ist mein Körper

Vor zwei Jahren hatte Michael mit Sport überhaupt nichts am Hut. Heute trägt er das Nike FuelBand wie eine Tätowierung und nutzt den Endomondo Sports Tracker, um jeden Schritt zu messen. »Ich teile jeden Lauf auf Facebook, insbesondere Meilensteine wie einen neuen Tagesrekord. Ich habe mir das Ziel gesetzt, 3000 Punkte pro Tag mit dem Band zu erreichen. Das erfordert eine Menge Aufwand. Ich muss 100 Kilometer im Monat laufen. Aber ich habe dann ein gutes Gewissen, öffentlich aktiv zu sein.« Dem Hobbysportler gefällt es, persönliche Rekorde aufzustellen und mit Menschen, die er nicht kennt, in Wettbewerb zu treten. Er genießt es, seine Ergebnisse ins Netz zu schicken. »Ich tue das nicht, um andere Leute zu verspotten, sondern weil ich stolz auf meine eigenen Leistungen bin.«

Darüber hinaus ist Michael dabei, seine Lebensgeschichte samt Fitness-Logbuch in die Chronik von Facebook zu stellen. Über seine Mitteilsamkeit macht er sich wenig Sorgen, da er vor Jahren die radikale Entscheidung traf, sein Leben vor allen offenzulegen. Selbst als seine Freundin an einem Herzinfarkt neben ihm im Bett starb, teilte er es seinen Facebook-Freunden am Tag danach mit. »Es hat mir geholfen, über den Schmerz und die Trauer hinwegzukommen«, sagt er.

Der Fall von Marianne ist das genaue Gegenteil. Früher hat sie alle ihre Läufe mit einem Nike+-Sensor im Schuh und später mit einer Smartphone-App derselben Marke verfolgt, um sie mit ihren mehr als 20 000 Twitter-Anhängern zu teilen. Marianne erzählt, dass sie daraus eine Menge Motivation und positives Feedback gewonnen hat. Eines Tages zog sie jedoch den Stecker bei Nike+ und Twitter. »Es gibt drei Gründe, warum ich aufgehört habe, alles automatisch zu übertragen. Das Jogging nahm die meisten meiner Updates in Anspruch. Ich hatte Angst, die Leute würden denken, ich sei vollkommen besessen vom

Sport. Außerdem fühlte ich mich nicht wohl dabei, ständig meinen Standort zu enthüllen, vor allem meine Privatadresse, von der ich die meisten meiner Läufe startete«, erinnert sich die Geschäftsfrau. Manchmal wollte Marianne einfach nur die Tatsache vor ihren Freunden verbergen, dass sie zu langsam war.

Jetzt benutzt sie ein Gerät der Marke Garmin, um ihre Trainingsfortschritte für sich selbst zu dokumentieren, gepaart mit einem viel kleineren Netzwerk von engagierten Läufern namens dailymile. Nur selten teilt Marianne ihre Lauferfahrungen noch auf Facebook.

Tragbares Zubehör wie mit Sensoren gespickte Armbänder oder Schuhe und Apps für das Smartphone, die ihre Geschwindigkeit, Puls und andere Trainingsstatistiken verfolgen, sind für viele Hobbyathleten ein Teil des täglichen Lebens geworden. Sie finden nichts dabei, ihre Ergebnisse mit dem Rest der Welt zu teilen. Fitness- und Vitaldaten oder sogenannte Lifelogging-Dateien aller Regungen Ihres Körpers sind wohl die wertvollsten persönlichen Daten nach Ihrer Kreditkartennummer.

Dies gilt nicht nur für die vielen persönlichen präventiven Dienstleister, die diese Daten verwerten können, sondern es geht dabei auch um einen Beitrag zum Crowdsourcing, also der öffentlichen Gesundheitsforschung. Wenn Experten und ihre Softwaresysteme die Vitaldaten und Bewegungsmuster von Hunderttausenden von Menschen auswerten können, gewinnen sie wertvolle Einsichten, um etwa Zentren einer Epidemie zu finden oder die Risikofaktoren für bestimmte Erkrankungen in einer großen Population.

Mit Trainingsdaten prahlen

Jawbone Up!, Nike FuelBand, FitBit … Die Liste der Programme und Geräte zur Aufzeichnung und zum Sharing Ihrer Trainingsaktivitäten, Vitalfunktionen und sogar Ihres Schlafrhythmus ist schier endlos. Bis zu einem gewissen Grad ist es schwer, ohne sie zu leben, sobald man sich einmal an sie gewöhnt hat – weil sie funktionieren. Wie Verhaltensexperten wissen, geschieht etwas Erstaunliches, sobald Sie sich selbst sehen können und wissen, dass Sie beobachtet werden. Der einfache Akt der Überwachung des eigenen Verhaltens ermutigt Sie zwangsläufig, achtsam zu sein und neue Gewohnheiten zu entwickeln – mehr

Leben: Das ist mein Körper

Treppen zu steigen, mit dem Fahrrad statt mit dem Auto zu fahren oder einfach ein bisschen schneller zu laufen.

Diese elektronischen Gadgets werden neue Innovationen hervorbringen, um mehr Daten mit weniger Sensoren und möglichst wenig menschlichem Zutun zu erfassen. Der CEO von RunKeeper, Jason Jacobs, ist der Meinung, dass wir in ein paar Jahren nicht einmal darüber nachdenken müssen, unser Leben aufzuzeichnen. »Es wird automatisch passieren. Sie trinken einen Schluck Wasser, und das System weiß es. Die Datenerhebung wird passiv, unaufdringlich und kostenlos sein, Teil eines intelligenten Systems. Die Pflege Ihrer Gesundheit wird so sein, als hörte man den Richtungsänderungen eines Navigationssystems von TomTom zu: Zeit zum Aufwachen. Trinken Sie ein Glas Wasser. Zeit zum Schlafengehen. Sie sind fertig mit Trainieren. Sie haben einen Krapfen gegessen. Die Route wird neu berechnet«, schrieb er einem Technologieblog.[

Ihre Fitness aufzuzeichnen ist nur der halbe Spaß, da fast alle Anwendungen und Dienste eine Standardeinstellung haben, die jede Ihre Aktivitäten über Dienste wie Twitter, Facebook oder Path veröffentlicht. Die Datenschutzeinstellungen sind in der Regel nicht sehr ausführlich, da sie Ihnen nur die Möglichkeit geben, den Stream ein- oder auszuschalten. Wenig Gedanken werden an die Frage verschwendet, wer welche Details über Ihre Aktivitäten oder deren Fehlen zu sehen bekommt.

Laufen Sie immer vom Standort A los wie Marianne? Dann wohnen Sie wahrscheinlich an dieser Adresse und sind zu bestimmten Tageszeiten nicht zu Hause. Haben Sie wie die meisten Menschen Probleme, ein Trainingspensum einzuhalten? Oft fängt man mit Begeisterung an, bevor Frust und Stress ihren Tribut fordern. Das sind perfekte Ansatzpunkte für gezielte Werbung, die Sie in einer Schwächephase antrifft.

Die allzu sorglose Versendung Ihrer Vitalfunktionen, selbst Informationen über den Zustand Ihrer inneren Organe, hat ihren Preis. Facebook etwa erntete öffentliches Lob, als es seinen Nutzern anbot, sich als Organspender einzutragen. Wir sind da anderer Meinung und raten dringend davon ab, einem der größten Datenhäscher auch noch gesundheitliche Details preiszugeben. Selbst die Abwesenheit von Fitnessdaten ist wertvoll. Sie weisen auf einen Mangel an Disziplin hin, wenn es um körperliche Aktivität geht, oder können Indizien für gesundheitliche oder psychische Probleme sein. Mit diesen Erkenntnissen ausgerüstet, können Werbefirmen oder eine Versicherung Ihr Kundenprofil vervollständigen. Die anderen Puzzleteilchen unserer Identität haben wir ihnen ja schon bereitwillig über soziale Medien frei Haus geliefert. Am Ende posten Sie sich so um den Schutz Ihrer Krankenversicherung.

Verfolgung im Schlaf

Gestresste, überarbeitete Menschen haben sich mit dem Gedanken angefreundet, ihren Schlafrhythmus zu verfolgen, in der Hoffnung, ausgeruhter aufzuwachen. Die App SleepCycle zum Beispiel überwacht Ihren Schlaf, damit Sie wissen, wie lange Sie schon geschlafen haben. Legt man sich das iPhone neben das Kopfkissen, so soll diese App erkennen können, wann Sie wach oder im Tiefschlaf waren. Sie weckt Sie auf, wenn Sie gerade leicht schlafen, weil dies angeblich die beste Art ist, morgens aufzuwachen.

Andere Programme oder Schlafsensoren verfolgen Ihre Herzfrequenz, Atmung und Bewegung. Sie werden von ihren Herstellern damit beworben, dass sie beispielsweise in Pflegeheimen eingesetzt werden können. Dort können die Tracker für Senioren verwendet werden, um zu verhindern, dass sie nachts aus dem Bett fallen oder im Gebäude umherirren.

Ein weiteres Beispiel für die *consumerization* der Medizintechnik ist das Sensorarmband plus App der Marke Lark. Jeden Morgen tippt der Benutzer ein, was sie oder er gestern gemacht hat, und die App listet auf, welche Aktivitäten das Schlafverhalten am meisten beeinflussen. Stress? Training zu einem bestimmten Zeitpunkt des Tages? Licht? Basierend auf diesen Eingaben kann die App den Benutzer trainieren und ihm Benachrichtigungen senden, etwa eine freundliche Erinnerung, jetzt schlafen zu gehen.

Solches Bio-Tracking ist nicht nur ein Zeitvertreib von Einzelpersonen. Große Unternehmen experimentieren bereits damit, indem sie derartige Geräte zu Hunderten oder Tausenden an ihre Mitarbeiter ausgeben. Zum Beispiel den wie eine Halskette aussehenden DirectLife-Anhänger des niederländischen Elektronikkonzerns Philips, der wie ein Pedometer Bewegungen erfasst, automatisch hochlädt und auf einer Webseite abbildet.

Firmen haben handfeste Gründe für diese Großzügigkeit. Wenn Mitarbeiter auf spielerische Weise stärker motiviert werden, aktiv zu sein, kann das den allgemeinen Gesundheitszustand und die Zufriedenheit der Belegschaft steigern, was wiederum die Produktivität ankurbelt und sogar die Versicherungsprämien senkt.

Aber wem gehören dann diese Daten, die Aussagen über Ihre Gesundheit treffen, wenn Sie ein Gerät benutzen, für das die Firma bezahlt hat? Ist es wie bei E-Mails und Dokumenten, die am Firmenrechner verfasst wurden, dann hat der Arbeitgeber das Recht, Ihr Training zu verfolgen, zu analysieren und zu speichern. Das ist in groben Zügen ohnehin schon möglich, wenn man mit seiner Magnetkarte das Firmen-Fitnessstudio aufschließt.

Firmen wie Philips behaupten, ihr Dienst teile keine individuellen Datenprotokolle mit den Arbeitgebern und Versicherern, die die Geräte für die Mitarbeiter oder Kunden sponsern, sondern erstelle anonyme Statistiken des gesamten Nutzerpools. Informatiker sind indes der Meinung, dass es geringen Aufwandes bedarf, um gesammelte und angeblich entpersonalisierte Daten wieder in persönlich identifizierbare Informationen zurückzuverwandeln.

Fitnesstraining und Schlaf sind nicht die einzigen Dinge, die Menschen am eigenen Leib beobachten und teilen. Wenn Sie eine Geschichte über Brustkrebs in der Tageszeitung *The Guardian* über dessen Facebook-App lesen und automatisch teilen, signalisieren Sie damit, dass Sie Krebs haben könnten oder Angst davor haben, oder dass Sie vielleicht eine Bekannte haben, die an Krebs leidet. Je öfter Sie online etwas über eine Krankheit lesen, desto höher ist die Wahrscheinlichkeit, dass Sie mit ihr direkt oder indirekt online konfrontiert werden. Facebook kann einzelne Nutzer mit jeder derartigen Geschichte verknüpfen, auch wenn Sie diese auf einer ganz anderen Webseite lesen, nur weil darauf eine »Gefällt mir«-Taste prangt oder Sie sich mit Facebook-Connect registriert haben.

Wenn Sie auf Ihrem Computer oder Smartphone ohne Schutz, wie Blockern oder permanenter SSL-Verschlüsselung, nach etwas suchen, lassen Sie Google sowie Dutzende von Datensammlern wissen, welche Gesundheitsthemen Sie interessieren, Ihnen Sorgen machen oder an welcher Erkrankung Sie vielleicht leiden. Pharmafirmen lecken sich die Finger nach solchen Surfmustern. Das Stigma gesundheitlicher Probleme wird Teil Ihrer digitalen Identität und folgt Ihnen durchs Netz.

Es bestimmt, welche Suchergebnisse, Anzeigen und andere Inhalte Sie künftig zu Gesicht bekommen werden.

Menschen verbringen in der Tat sehr viel Zeit damit, nach Symptomen, Krankheitsbeschreibungen und Therapien zu suchen. Laut einer Erhebung unter Yahoo-Nutzern in den USA vom Januar 2012 waren drei der fünf häufigsten Symptome, die innerhalb eines Monats auf mobilen Geräten gesucht wurden: Schwangerschaft, Herpes und HIV. Auf dem Desktop, dessen Nutzer generell älter sind, zählten Gastroenteritis, Herzinfarkt, Gicht und Gürtelrose zu den meistgesuchten Krankheiten.[2] Man muss noch einmal betonen: Jeder dieser Suchbegriffe und jede besuchte Webseite zu diesen Themen können nicht nur von Google und Facebook jederzeit mit Ihnen als Person verbunden werden – wenn nötig, über Jahre in der Vergangenheit.

Millionen von Patienten sind auf Geräte angewiesen, die sie entweder am oder im Körper tragen, von einer Insulinpumpe bis zum Herzschrittmacher. Für sie ist der Zugang zu ihren eigenen überlebenswichtigen Daten komplizierter. Man nehme zum Beispiel Herzdefibrillatoren. Sie verfolgen die Signale des wichtigsten Muskels im Körper und halten das Herz so unter Kontrolle. Sie sind überlebenswichtig, aber perverserweise haben die Patienten, die diese Geräte im Brustkorb tragen, bislang weder die Möglichkeit noch das Recht, die Daten einzusehen oder auszuwerten, die ihr eigener Körper erzeugt. Die Gerätehersteller sind im Besitz dieser Vitaldaten und weigern sich, eine Abbildung oder den Export der Daten zu erlauben.

Unter Patienten mit einer Leidenschaft für Informatik und Netzkultur regt sich Widerspruch. Einer von ihnen ist der Exilbrasilianer Hugo Campos. Er wurde prominent, weil er sich mit der Medizintechnik-Industrie und Regulierungsbehörden anlegte, um den Zugriff auf seine ureigenen Körperdaten zu erhalten.[3]

Während andere Patienten gespannt darauf warten, wie der Streit ausgeht, haben einige die Geduld verloren und »hacken« sich in ihren eigenen Körper. Wieder andere haben beliebte und gut besuchte Internetforen wie PatientsLikeMe gegründet, auf denen man sich je nach Krankheit oder Therapieansatz zusammenfinden und diskutieren kann – als Patient oder Angehöriger eines Kranken. Diese Seiten sind Teil der »Verbürgerlichung« des Medizinbetriebes. Grundsätzlich ist der Wandel jedes Bürgers zum Datensammler und Forscher oder sogenannten *Citizen Scientist* zu begrüßen, da damit die Idee des informierten Patienten in die Praxis umgesetzt wird. Doch diese Foren reißen zugleich große Löcher in die Privatsphäre von Patienten und deren Familien.

Gewiss, es geht bei implantierten Geräten wie Insulinpumpen um brisante Sicherheitsfragen und Geschäftsgeheimnisse der Hersteller. Aber das Recht an den eigenen Vitaldaten ist ein Thema, das weiter an Bedeutung gewinnen wird. Das liegt schon allein daran, dass immer mehr Menschen mit Sensoren ausgestattet werden, die früher oder später fast alle unsere biologischen Parameter protokollieren und überwachen können.

Für und Wider des Teilens von biometrischen Daten

Aber wir wollen nicht nur die negativen Seiten betrachten. Die Verfolgung und Überwachung sowie das Teilen von Vitalfunktionen haben viele positive Aspekte, wenn der Datenschutz ernst genommen wird. Sich mit anderen zu messen motiviert viele Menschen, aktiver zu sein sowie gesunde Gewohnheiten zu entwickeln und vor allem beizubehalten. Das mag auch positive finanzielle Folgen haben: Wenn Sie all Ihre biometrischen Daten mit Ihrem Arzt oder Ihrer Versicherungsgesellschaft teilen, könnten Sie bessere therapeutische Beratung und sogar einen Rabatt für die Erhaltung Ihrer Gesundheit bei der Versicherung bekommen.

Diese Idee gewinnt bereits an Zugkraft. So belohnt der Dienst Gym-Pact die Benutzer der Fitness-App Runkeeper in bar, wenn sie regelmäßig aufs Laufband oder Spinning-Rad steigen. All jene Mitglieder, die ihr Pensum in der vergangenen Woche nicht eingehalten haben, bezahlen dafür. Dank Standortbestimmung weiß das Programm, wo und wann Sie wirklich laufen, und kann eine wunderbare Mitgliedersegmentierung für die angeschlossenen Fitnessstudios und viele andere Datenmakler anbieten. Auf der Grundlage solcher demografischen Profile errechnen etwa Versicherungen ihre Prämien.

Man sollte sich allerdings stets vor Augen halten, dass diese Szenarien der informationellen Glückseligkeit immer davon ausgehen, dass der Kunde gesund, jung und aktiv ist, damit er einen Rabatt erhält. Aber natürlich altern und verfallen unsere Körper. Viele Zipperlein oder Leiden stören uns mit fortschreitendem Alter, aber wir kämen nie auf den Gedanken, sie allen Bekannten, dem Arbeitgeber oder gar der Krankenversicherung mitzuteilen. Selbst wenn es sich um ernste Leiden handelt, dann geht das in erster Linie den Patienten und die behandelnden Ärzte etwas an, aber nicht ein neugieriges soziales Netzwerk, eine Suchmaschine oder einen App-Hersteller.

Jedes Angebot, bei dem ein Unternehmen ein Gerät zum biometrischen Tracking sponsert, sollte daher mit gehörigem Argwohn betrachtet werden: Wem nützt die Datenhäscherei? Jede Firma oder Institution, die sich als zentrale Sammelstelle für Ihre lebenswichtigen Daten anbietet, muss Ihnen glaubhaft nachweisen können, dass Ihre Informationen in sicheren Händen sind und ausschließlich Berechtigte jetzt und in Zukunft darauf zugreifen dürfen. Das fängt mit den Mitarbeitern eines Krankenhauses an, die plötzlich mit ein paar Klicks die gesamte Krankengeschichte jedes Patienten einsehen können, wenn sie eine Begründung, wie einen Notfall, vorschützen.

Es ist kein Wunder, dass der Plan für die Einführung der elektronischen Gesundheitsakte und elektronischer Gesundheitskarten in der Bundesrepublik von anhaltenden Diskussionen begleitet wurde und wird. Wer sich hier Zugang verschafft, bekommt Einblick in elektronisch erstellte Rezepte und andere intime Details. Schwierig wird es vor allem, wenn kommerzielle Anbieter offerieren, Gesundheitsdaten in der Cloud zu verwahren und zu verwalten, die keineswegs eine blütenweiße Weste in Fragen des Datenschutzes haben.

Dies war der Fall beim Gesundheits-»Schließfach« (Health Locker) von Google, das Daten-Feeds von vielen Geräten mit manuellen Eingaben ihrer Nutzer kombinieren sollte. Es erwies sich als Flop. Ein ähnlicher Dienst von Microsoft namens »Health Vault« ist dagegen immer noch am Markt.

Schließlich ist die vorausschauende Datenmodellierung ein weiterer positiver Effekt von aktivem und passivem Tracking unserer Gesundheitsdaten. Expertensysteme können Millionen von Datenpunkten nahezu in Echtzeit bündeln, um Trends im Gesundheitswesen vorherzusagen. Anhand von aktuellen Influenza-Schätzungen können Gesundheitsexperten besser auf saisonale Epidemien reagieren, Kapazitäten planen oder Seren ausliefern. Wenn man diese Analysen mit anonymisierten Bewegungsmustern von Millionen Handys anreichert,

Leben: Das ist mein Körper

lässt sich der nächste Ausbruch einer ansteckenden Krankheit wie SARS auch weltweit besser vorhersagen.

Insofern liegt der Wert von selbst trivialsten Gesundheits- und Fitnessdaten in der Masse. Gesundheitsexperten können den Aktivitätsgrad oder die Ernährungsgewohnheiten der Bevölkerung auswerten, um der Politik Hinweise zu geben. Sie selbst können auch von Internetdiensten profitieren, die Ihre Vitaldaten erfassen und sie an Ärzte und andere Experten weiterleiten, anstatt sie auf einem sozialen Netzwerk zu posten. Mit solchen Experten auf Abruf wird das Bewusstsein der Patienten gegenüber der eigenen Gesundheit geschärft und die sogenannte Compliance, die Anpassung des Verhaltens an die soziale Umgebung, erhöht.

Wenn wir schon den eigenen Körper unter die Lupe nehmen, warum dann bei der Herzfrequenz und den zurückgelegten Kilometern aufhören? So sind bereits erste Firmen mit Namen wie MC10, Proteus Digital Health und Sano Intelligence am Start, die elektronische Pflaster, vernetzte Sensorpillen und Mikronadeln herstellen, die alles – vom Feuchtigkeitsgehalt der Haut und der Körpertemperatur bis zum Blutbild – im Visier haben. Zum Geschäftsmodell dieser Firmen gehört es, Nutzerdaten für die hauseigene Produktentwicklung und für interessierte Dritte zugänglich zu machen.[4]

Noch größere Hoffnungen setzen Technologen in die preiswerte und vernetzte Analyse unseres Erbgutes. Einer der Vorreiter in diesem Bereich ist 23andMe.com, das von Anne Wojcicki, der Ehefrau von Sergey Brin, einem der beiden Google-Gründer, ins Leben gerufen wurde. Das Geschäftsmodell könnte man als DNA-Datenhäscherei bezeichnen. Die Kunden schicken eine Speichelprobe ein, zahlen 99 Dollar und erhalten sechs Wochen später per E-Mail einen Link zu ihren Testergebnissen. 23andMe konzentriert sich auf die Auswertung von ausgesuchten Bereichen Ihres genetischen Codes und verspricht Einblicke in Risikofaktoren von 93 Krankheiten, Unverträglichkeitsreaktionen auf bestimmte Medikamente sowie in die geografische Herkunft Ihrer Vorfahren.

Das Unternehmen stellt Ihnen anheim, ob Sie einen Teil Ihres Profils teilen und in Kontakt mit anderen bereits gescannten Mitgliedern treten wollen, mit denen Sie genetisch entfernt verwandt sind. Die US-Arzneimittelaufsicht Food and Drug Administration hat 23andme und seine Mitbewerber wegen irreführender Werbung ins Visier genommen, doch das Geschäft mit der genetischen Analyse als Verbraucherdienstleistung boomt. So bietet selbst Yahoo Japan inzwischen ein Genetik-Kit für zu Hause an.[5] Was die Empfänger dieser Informationen mit den Ergebnissen tun, ob sie sie verstehen und interpretieren können, bleibt offen. Ganz zu schweigen von dem Missbrauchspotenzial, wenn Unbefugte Zugriff auf die komplette Genomanalyse bekommen sollten.

Genetische Diskriminierung

Genetische Profile und der Austausch von Gesundheitsdaten bergen viele Risiken für den Einzelnen. Lassen wir die Nützlichkeit für diagnostische oder präventive Zwecke einmal beiseite, dann stellt sich die Frage, ob Ihre hochsensiblen DNA-Profile irgendwo auf einem Server gespeichert werden sollen, geschützt mit einem einzigen Passwort? Was passiert mit den Daten, wenn der Anbieter wechselt, der Service abgeschaltet wird oder an einen Partner oder Eigentümer übergeht, der vom Data-Mining oder von Werbung lebt?

Eine noch größere Gefahr solcher Profile besteht in der medizinischen oder genetischen Diskriminierung. Was passiert, wenn Unternehmen Menschen auf der Basis ihrer Erbanlagen auswählen oder überprüfen? Die Kaffeetasse vom Bewerbungsgespräch liefert bereits genug Material für eine heimliche Analyse. Arbeitgeber könnten Gendatenbanken auswerten, um Bewerber einzustellen oder gar nicht erst zum Gespräch einzuladen. Einzelhändler könnten bestimmten Kunden ein besseres Angebot machen, weil sie eine bessere langfristige Umsatzquelle sind. Partner würden einander den Laufpass geben, wenn sie herausfinden, dass er oder sie ein erhöhtes Risiko hat, an Krebs zu erkranken oder ein Alkoholproblem zu entwickeln. Der Teufel liegt im Detail der Wahrscheinlichkeitsrechnung: Viele Menschen, für deren Profil ein solcher Dienst ein höheres Risiko berechnet, werden diskriminiert, obwohl eine bestimmte Krankheit bei ihnen nie ausbrechen wird.

Wir werden in Zukunft mit der Auswertung genetischer Analysen zu Marketingzwecken konfrontiert werden, da die dazu erforderliche Technologie immer billiger und zu einem Massenprodukt werden wird. Tatsächlich arbeiten Unternehmen und Forscher bereits an Ideen, wie sie die genetische Information potenzieller Kunden verwerten können. Beispielsweise könnte ein Hersteller von Verbrauchsgütern die Haut-

Leben: Das ist mein Körper

schuppen sammeln und analysieren, die Kunden in einem Supermarkt hinterlassen, wenn sie die Verpackungen seiner Produkte anfassen. Einige Visionäre behaupten, dass genetisches Marketing unausweichlich auf dem Vormarsch ist. Deshalb sei es unmöglich, seine DNA für sich behalten zu wollen. Tag für Tag und Schritt für Schritt hinterlassen wir DNA-Spuren, die nur darauf warten, mit unseren »digitalen Abgasen« kombiniert zu werden. Mindestens eine neue Firma namens Miinome hat dafür schon eine Geschäftsidee entwickelt. Sie will einen Maklerdienst für Verbraucher anbieten, die ihre genetischen Informationen gegen bare Münze vermieten wollen.

Bis es so weit ist, drohen uns reichlich herkömmliche Gefahren. Man kann bereits viel über das Leben und die Gesundheit seiner Mitmenschen herausfinden, wenn man nur aufmerksam die sozialen Medien verfolgt. Peter Leone, Professor an der University of North Carolina, hat herausgefunden, dass sich der Freundeskreis und die Sexualpartner hervorragend eignen, um das Infektionsrisiko für Geschlechtskrankheiten zu berechnen. Menschen aus demselben sozialen Umfeld schlafen oft mit ihren Bekannten und neigen zu ähnlich riskantem Verhalten, so Leone.[6] Von solchen Analysen ist es nur ein kleiner Schritt dahin, sich vorzustellen, dass wir eines Tages in der Lage sein werden, eine Facebook-App zu benutzen, die die Updates und Pinnwand unserer Freunde auswertet, um unser Infektionsrisiko zu berechnen. Eine Anwendung ist bereits auf dem Markt, die genau solche Risiken für Grippe vorherzusagen behauptet.[7]

Immer offen: Die »Health Hacker«-Bewegung

Während wir uns und unsere Umgebung mit Sensoren und Diensten zupflastern, scheint das Positive noch die Risiken aufzuwiegen. Es gibt sogar eine eigene Bewegung der »Health Hacker«, deren Anhänger dafür plädieren, die Chance der ständigen und lückenlosen Datenerfassung beim Schopf zu packen. Wer sich dem Gedanken des »quantifizierten Ich« (*quantified self*) verschreibt, ist bereit, seine Ärzte von ihrer Schweigepflicht zu entbinden und parallel zu Experten seine eigenen Gesundheitsdaten zu sammeln, auszuwerten und vor allem zu teilen. Manche Anhänger der Bewegung stellen detaillierte Informationen über ihre Gesundheit, die Familiengeschichte und sogar genetische Testergebnisse ins Netz, andere sehen es nur als persönliches Unterfangen zur privaten Analyse.

Was die »Gesundheitshacker« verbindet, ist die Überzeugung, dass zu viel Wissenschaft hinter verschlossenen Türen praktiziert wird und die Medizin offener mit ihrer Forschung und ihren Patienten umgehen sollte. Wenn nur mehr Menschen über bessere Informationen verfügten, so das Argument, erwarte sie ein erfüllteres und gesünderes Leben.

Einer dieser begeisterten Gesundheitshacker ist Jeff Jarvis, Professor an der Journalistenschule der City University of New York und Autor von *Public Parts*. Der Untertitel des Buches bringt seine Meinung auf den Punkt: »Wie das Teilen von Informationen im digitalen Zeitalter die Art, wie wir arbeiten und leben, verbessert«. Jarvis redet gerne über seinen Prostatakrebs, unter anderem in einer Online-Diskussion auf der Webseite des *Economist*.

So schrieb er: »Ich gab Informationen über meinen Prostatakrebs und damit über die Fehlfunktion meines Penis preis – online. Es kam nichts Schlimmes dabei heraus, nur Gutes: Information, Zuspruch und Unterstützung von Freunden (die es nicht gewusst hätten, wäre ich nicht an die Öffentlichkeit gegangen) und die Möglichkeit, andere Männer zu inspirieren, sich testen zu lassen. Lassen Sie mich betonen: Das war meine Wahl, niemand sollte gezwungen werden, sein Leben öffentlich zu machen.«[8]

Wer weiß, vielleicht würde mehr Ungezwungenheit im Umgang mit unseren Gesundheitsdaten – sei es aufgrund eigener Motive, aufgrund des Drucks von Bekannten oder Unternehmen – wirklich etwas Gutes bewirken. Das könnte plötzlich unerkannte Zusammenhänge zwischen Erkrankungen und Lebenswandel oder der Umwelt aufdecken und zur Entwicklung oder Tests neuer Therapien beitragen.

Warum sollten Sie es dennoch nicht tun? Weil Sie dabei Ihre Krankenversicherung oder Ihren Arbeitsplatz verlieren könnten, und weil Menschen auch in Zukunft davor Angst haben werden, stigmatisiert zu werden. Vor diesem Hintergrund sollten Sie die Argumente für oder gegen die Geheimhaltung bzw. Offenlegung Ihrer Gesundheit abwägen, während die Debatte um neue Gesetze und gesellschaftliche Normen tobt.

Gesundheitsdaten werden künftig im Wert steigen. Immer mehr

Produkte, Geräte und Dienstleistungen werden entwickelt, die uns »helfen« wollen. Wir werden Teil des Netzes, eine Art *body area network*, bei dem Ihr Körper nur einer von vielen Hotspots ist. Mit im Netz hängen Geräte wie die Toilette, die Ihre Harnwerte liest, und die Waage, die Ihr Gewicht direkt in die Gesundheitsakte in der Cloud hochlädt.

In Zukunft werden wir mehrere virtuelle Spezialisten in der Tasche tragen und nur dann einen Arzt kontaktieren, wenn uns eine Software warnt. Die Überwachung unserer Körperfunktionen wird kontinuierlich aus der Ferne geschehen, als Gegenleistung dafür, dass wir unser Leben in gewaltige Datenbanken einspeisen. Diese werden hoffentlich in erster Linie das Verständnis beschleunigen, welche Therapien am besten für verschiedene Menschen geeignet sind, also den Traum der personalisierten Medizin verwirklichen.

Der Weg dorthin wird mit Datenlecks übersät sein. Hacker werden versuchen, die Geräte und Sensoren an Millionen vernetzter menschlicher Laborratten zu manipulieren oder zu kapern. Bis bessere Standards zum Umgang mit Vitaldaten ausgearbeitet sind und bis Sie wissen, wer Einsicht in und Kontrolle über Ihre Informationen hat, sollten Sie deshalb möglichst viel von diesem Datenstrom des Lebens für sich behalten.

Im nächsten Kapitel wenden wir uns wieder der Gegenwart zu und werden einen kritischen Blick auf die Frage werfen, wie wir die digitale Welt zur Partnersuche und zum Flirten nutzen.

Tipps und Tricks (siehe Kapitel 13)

- Diese Informationen gehören nicht in soziale Netzwerke (I-3)
- Verwenden und merken Sie sich sichere Passwörter (I-9)
- Sperren Sie Social Widgets (II-14)
- Sicherheit bei Facebook für Fortgeschrittene (II-15)
- Verwahren Sie Ihre Daten und Back-ups auf einem sicheren Server (III-27)
- Kontrollieren Sie all Ihre Daten an einem Ort (III-29)
- Sollte man Passwörter wiederverwenden? (IV-38)

9. Von der Piste in die Kiste: Es ist mein Liebesleben

David hatte sich ein Facebook-Konto eingerichtet, als das Netzwerk noch in den Kinderschuhen steckte. Ein Freund sagte ihm, dies sei die richtige Adresse, um Frauen kennenzulernen. Zu dieser Zeit war David Single und hatte nur eines im Kopf: flirten. Er erklärt: »Facebook ist prima: informell und entspannt. Da haben Frauen keine Probleme, Männer zu fragen, ob sie sich zu einem Kaffee treffen wollen. Im Klartext: ein Date vereinbaren. Das habe ich auch reichlich getan!« So beschreibt David seine Strategie für den Aufriss online: »Auf Facebook kann ich ein Profil anlegen, das viel attraktiver ist, als wenn mich eine Frau Freitagnacht um drei betrunken in einer Bar trifft.«

Doch das Flirten online hat auch seine Schattenseiten: Seit bald drei Jahren hat der Online-Don Juan eine feste Freundin, und seine Vergangenheit auf Facebook passt nicht mehr zu seinem neuen Leben. Also versuchte David, einige der offenherzigen elektronischen Nachrichten zu tilgen. Aber immer, wenn ihm eine seiner früheren Eroberungen wieder schreibt, erscheint der gelöschte Dialog aufs Neue. David könnte sein Profil natürlich komplett deaktivieren oder löschen, aber das will er auch nicht. Die erotische Trophäensammlung ist ihm etwas wert, solange sie unter Verschluss bleibt. »Einige der heißen verbalen Vorspiele mit den verschiedenen Frauen IRL (im realen Leben) sind zu gut, um gelöscht zu werden«, lacht David.

Stattdessen hat er seine Freundin in seinem Facebook-Profil »blockiert.« Seine Freundin hat keine Erlaubnis, in seiner Vergangenheit zu stöbern. »Wir teilen uns ein iPad und einen Computer zu Hause, aber wir haben uns daran gewöhnt, uns abzumelden, bevor der andere sich bei seinem Facebook-Konto einloggt.«

Partnersuche ist eine der Hauptattraktionen sozialer Netzwerke, sei es für einen One-Night-Stand oder eine langfristige Beziehung. Es mag jede Menge schlüpfriger wie ernst gemeinter Dating-Seiten geben, aber Facebook ist aufgrund der schieren Mitgliederzahl der größte Anbieter auf dem Romantikmarkt geworden. Die Firma kann dabei Daten über die intimsten Bereiche unseres Lebens sammeln. Nach Kandidaten, um diese Angaben gegen uns zu verwenden, muss man nicht lange suchen. Es gibt Apps wie »Girls Around Me«, um wildfremde Frauen, die sich gerade in der Nähe aufhalten, per Smartphone ausfindig zu machen. Und da sind Scheidungsanwälte, die Zugriff zu jedem Detail auf Ihrem Facebook-Konto erhalten können. Keine noch so gute Einstellung der Privatsphäre kann dies verhindern. Wer online flirtet, steht vor der ständigen Herausforderung, solche sozialen Medien verwenden zu wollen, um neue Abenteuer zu erleben, dabei aber trotzdem ein gewisses Maß an Anonymität zu wahren – nicht nur gegenüber seinen potenziellen Partnern, sondern auch dem Rest der Welt. Ironischerweise sind Pornoseiten in dieser Hinsicht sehr viel sicherer. Der Grund mag Sie vielleicht überraschen: Es sind in der Regel Sie selbst oder Ihre Freunde, die Details über Ihr Sexualleben im Netz offenbaren.

Facebook will alles

Facebook, der Gigant unter den sozialen Netzwerken, hat fast im Alleingang den zuvor sehr lukrativen Dating-Seiten das Wasser abgegraben. Das Netzwerk hat einen entscheidenden Vorteil: Jeder kann einen schnellen Check mit dem Mobiltelefon durchführen, ob der oder die Neue vielleicht Dreck am Stecken hat oder sogar noch in einer Beziehung ist. Der Gang auf die Toilette im Club reicht, und schon ist Ihre Lügengeschichte aufgeflogen.

Obendrein ist Facebook im Vergleich zu vielen spezialisierten Seiten ein »Gratis«-Dienst, weil kein Geld den Besitzer wechselt. Sie können in der Regel tief in persönliche Informationen über Ihre Zielperson eintauchen, da die meisten immer noch allzu großzügig viele private Details aus seinem oder ihrem Leben teilen. Die vom Anbieter zwangsverordnete Chronik leistet diesem Datenleck noch Vorschub.

Aber manchmal teilen Zeitgenossen auf Partnersuche zu viel mit, wie der Mann, der auf einem Bild neben einer Frau – und einer Hochzeitstorte – zu sehen war. Seine Exfrau, von der er noch nicht geschieden war, nutzte das, und ihr Noch-Ehemann wurde in den USA wegen Bigamie zu einer Geldbuße und einer Haftstrafe verurteilt.

Facebook will so viel wie möglich über Ihre Beziehungen wissen, denn Klatsch und Tratsch sind seit jeher ein wichtiges Kommunikationsthema in jeder Gesellschaft. Schließlich ging auch Facebook aus einem Jahrbuch für College-Studenten hervor, in dem die heißesten Frauen bewertet werden sollten. Auf dieser Neugier basieren auch Tausende von Apps, die in diesem privaten Netzwerk laufen, um Partner oder Gleichgesinnte zu finden oder einfach nur andere Mitglieder zu beäugen. Warum? Ein Grund ist die Psychologie der gezielten Werbung: Eine Änderung im Beziehungsstatus ist oft ein lebensveränderndes Erlebnis, das Sie viel anfälliger dafür macht, tief in die Tasche zu greifen und Ihre Einkaufsgewohnheiten zu ändern – ein perfekter Ansatzpunkt für Reklame. Verlobungen, Hochzeiten und Geburten rangieren ganz oben auf der Liste der Ereignisse, für die Menschen über Gebühr Geld ausgeben, wie wir in Kapitel 7 gesehen haben. Wenn man Verbraucher im richtigen Moment erwischt, kann man eine lukrative Beziehung für die kommenden Jahre zementieren. Diese Art der Interessentengewinung oder »Leadgenerierung« und kostenlosen Kundensegmentierung ist Vermarktern und Werbetreibenden viel wert.

Aber Facebook prahlt auch gerne mit seinen Kenntnissen über unser Liebesleben, um sich als ultimative Adresse für demografische Einblicke und Data-Mining zu präsentieren, die nicht nur Werber, sondern auch Akademiker ernst nehmen sollten. Soziologen können beispielsweise vom Zugriff auf solche Datenmengen sonst nur träumen oder müssen Testkandidaten für teures Geld auftreiben. Netzwerkdaten von 2010 und 2011 zeigen zum Beispiel, dass die besten Tage, um Beziehungen zu starten, der 14. und 15. Februar sind – also um den Valentinstag herum – oder der 24. und 25. Dezember. Die Sommermonate sind in der Regel für neue Beziehungen schlecht, während Sonntag und Montag Spitzenzeiten für neue Romanzen sind.[1] Selbst welche Lieder Verliebte hören, bleibt der Firma nicht verborgen.

Facebook behauptet, mit 33-prozentiger Wahrscheinlichkeit vorhersagen zu können, wann Sie mit Ihrem Partner Schluss machen werden.[2] Wer weiß, vielleicht tragen auch Ihre Meldungen zu diesen Erkenntnissen bei. Doch vermitteln sie wirklich sinnvolle Informationen darüber, wie wir Menschen flirten und uns binden? Oder sind es nur Daten, die um ihrer selbst willen aufbereitet und analysiert werden, weil eine Statistik attraktiv ist und als Rechtfertigung für ganz andere Punkte auf der Tagesordnung eines gewinnorientierten Unternehmens dient?

Viele Menschen verraten offensichtlich viel über ihre Romanzen auf Facebook. Sie meinen, alte Nachrichten und Liebesbriefe seien sicher in ihrem Posteingang oder »Gesendet«-Fach gespeichert. Alte Status-Updates sind aus den Augen und damit aus dem Sinn. Man könnte fast glauben, Sie seien auf der sicheren Seite, wenn Sie alle Datenschutzeinstellungen für Ihr Profil aktiviert haben. Doch man sollte daran denken, dass das Titelbild auf Ihrer Chronik und Ihr Geschlecht immer öffentliche Informationen sind.

Warum also sind wir so unvorsichtig? Weil wir nicht anders können, sagen Neurowissenschaftler an der Harvard University. Laut einer Studie von 2012 löst die Offenlegung von Informationen über uns selbst das gleiche Gefühl der Ekstase und Freude in unserem Gehirn aus, das uns sonst Essen, Geld oder Sex schenken. Es ist natürlich eine Frage der Abstufung, aber die wissenschaftliche Untersuchung macht deutlich, dass unser Gehirn ein gewisses Maß an Exhibitionismus als eine lohnende Erfahrung abspeichert.[3]

Beweise für Ihre romantischen Verwicklungen auf Facebook zu hinterlassen oder sie dort sogar offenzulegen, ist eine ausgesprochen schlechte Idee, warnt Christopher Soghoian, ein Sicherheits- und Datenschutzforscher in Washington.

»Scheidungsanwälte benutzen Facebook routinemäßig«, erklärt er. »Wenn ein Paar sich scheiden lässt und einer von ihnen denkt, der andere betrügt ihn, dann holt sich der Anwalt als Erstes eine gerichtliche Anordnung und kontaktiert Facebook, um herauszufinden, wer Ihre Freunde sind, wie Sie Nachrichten austauschen. Dabei kommen auch viele andere Details ans Tageslicht, etwa wo genau Sie sich an einem bestimmten Morgen eingeloggt haben: wirklich zu Hause oder vom Haus eines anderen.«[4]

Laut Soghoian verschaffen sich Anwälte ebenso Zugang zu den Daten von Mautstationen, Suchanfragen oder anderen Daten bei Google und überall sonst im Internet. Regierungsbehörden sind genauso sammelwütig, Anwälte haben also nur gleichgezogen und festgestellt, wie viel belastendes Material ihnen frei Haus geliefert wird.

Um es noch einmal zu sagen: Unternehmen mögen ihre »Daten-

Von der Piste in die Kiste: Es ist mein Liebesleben

schutzrichtlinien« ins Netz stellen, aber letzten Endes ist so gut wie nichts im Internet wirklich privat. Eine Studie von X1 Discovery, einem amerikanischen Unternehmen, das sich auf Data-Mining von sozialen Medien für Anwälte spezialisiert hat, belegt, dass das Abgreifen von Informationen aus diesen Medien für Zivilklagen auf dem Vormarsch ist. X1 Discovery fand zwischen 2010 und 2011 fast 700 Fälle, in denen Beweise aus nur vier großen Social-Media-Diensten eine entscheidende Rolle spielten.[5] Eine zweite Erhebung aus Großbritannien förderte zutage, dass bereits mehr als ein Drittel der Scheidungen, die im Jahr 2011 eingereicht wurden, das Wort »Facebook« in den Unterlagen enthielt.[6]

Hüten Sie sich vor Facebook-Apps

Zu den größten Risiken für Datenlecks, die Ihrer Identität schaden könnten, gehören Tausende von sogenannten *social apps*, die auf Facebook laufen. Wenn Sie diese installieren, werden Sie um Erlaubnis gefragt, auf bestimmte Angaben von Ihnen zugreifen zu dürfen. Wer aber liest wirklich das Kleingedruckte, wenn man begierig darauf ist, sich durchzuklicken, um zu sehen, womit sich ein Freund bereits amüsiert oder was eine kokette Bekanntschaft geschickt hat? Deswegen heißt die an dieses Prozedere angelehnte Form der Kundenakquise auch virales Marketing – sie infiziert einen nach dem anderen.

Seien Sie skeptisch gegenüber allen Facebook-Apps, schon bevor Sie sie herunterladen, wie in Kapitel 4 beschrieben. Das Flirtspiel für Freunde oder alle tollen Jungs und Mädchen in einer Stadt, wie es zum Beispiel der Hamburger Anbieter Meet One offeriert, stellt auch dann schon ein Risiko dar, wenn man sich nur mit seiner Facebook-Kennung auf dessen Seite einloggt.

Neue Dienste, wie der App-Advisor des Münchner Anbieters secure.me, haben ein wachsames Auge auf mehr als eine halbe Million solcher Programme. Sie laufen im Hintergrund im Browser und können Sie vor verdächtigen Apps warnen. Wenn Sie es bereuen, sich irgendwo eingeloggt zu haben, oder eine App entfernen wollen, liegt allerdings ein mühsamer Prozess vor Ihnen: Sie können die Informationen, auf die Sie einer App erlaubt haben zuzugreifen, nur entfernen, indem Sie den App-Hersteller kontaktieren und ihn bitten, sie zu löschen. Die Anbieter sind theoretisch dazu verpflichtet, diesem Wunsch nachzukommen. Facebook wird Ihnen bei diesen digitalen Aufräumarbeiten nicht helfen.

Ein besonders krasses Beispiel dafür, was passiert, wenn große und kleine Datenlecks zusammenkommen, ist eine App namens Girls Around Me, die im Frühjahr 2012 eine Welle des kollektiven Abscheus auslöste. Vorwiegend Männer luden sie auf ihr Smartphone und verknüpften sie mit ihrem Facebook-Konto. Plötzlich erschienen wie von Zauberhand die Profile und Details von Frauen in ihrer unmittelbaren Umgebung. Sie waren wildfremd, aber erfüllten ein paar Bedingungen: Sie hatten ebenfalls ein Facebook-Konto, standen in derselben Bar oder auf der anderen Straßenseite im Café und hatten sich bei dem standortbasierten Dienst Foursquare eingecheckt. Die implizite Botschaft war klar: Diese Damen suchten bestimmt ein bisschen Action, wenn sie in der App erschienen!

Keine der dort gelisteten Frauen hatte allerdings, irgendeine Bereitschaft kundgetan, einen Mann kennenlernen zu wollen, sondern es war nur eine Software. Sie bastelte automatisch eine Verknüpfung, ein Mash-up aus den ungeschützten Datenströmen mehrerer Dienste. Wie genau funktioniert diese Verknüpfung? Die App sammelt Profilbilder und andere persönliche Angaben von zwei anderen Diensten ein und missbraucht sie dann für einen völlig anderen Zweck – ohne Wissen oder Zustimmung der betroffenen Nutzer. Wer seine Privatsphäre-Einstellungen vernachlässigt, steht – wie in diesem Fall – am Ende als Flittchen da.

Es sind öffentliche Angaben, verteidigte sich die russische Firma SMS Services O.o.o., die die App entwickelt hatte. Das App-Logo spricht Bände: ein grüner Radarschirm mit der Silhouette einer nackten Frau, dazu der Slogan: »Eine revolutionäre neue Stadt-Scanner-App, die Ihre Stadt in ein Dating-Paradies verwandelt!«

Porno ist sicher, Flirten nicht

Sind Sie nun vom größten Spielplatz für Männer und Frauen, die in Stimmung sind, abgeschreckt worden, wäre es vielleicht besser, eine explizite Dating-Seite zu besuchen. Viele dieser Anbieter verlangen einen Mitgliedsbeitrag, sind aber leider genauso riskant, wenn man anonym bleiben will. Wie eine Studie der Stanford University ergab, teilen viele dieser Partnervermittlungsseiten Namen und Nutzernamen mit anderen Webseiten. Eine der untersuchten Dating-Webseiten gab sogar Geschlecht, Alter, Postleitzahl und Beziehungsstatus seiner Mitglieder an Dritte weiter.[7]

Diese Daten sind eine Goldgrube, denn die Informationen lassen sich zu wertvollen Bündeln schnüren. Wer mit großen Datenmengen, *big data*, hantiert, geht in Daten-Supermärkten, *data marts*, einkaufen, wo die Hochregale mit Petabytes unseres Lebens gefüllt sind. Infochimps ist einer dieser Datenmärkte, bei dem andere Unternehmen große Datensätze erwerben können – auch von Flirt-Seiten.

Im Frühjahr 2012 gab es so den gesamten Datenbestand von OkCupid, einer beliebten Seite für Dating-Spiele, für 1000 Dollar zu kaufen. Die Daten waren aufgeschlüsselt nach Antworten auf 28 angeblich lustige Fragen und persönlichen Kategorien wie Alter, Geschlecht, Wohnort, politische Orientierung.

Datenschutzexperten sehen OkCupid aus verschiedenen Gründen als eine höchst riskante Adresse im Netz, um Intimes auszuplaudern. Die Liste der Mängel sollte Ihnen zu denken geben, da diese immer wieder auftauchen: Die Dating-Seite verwendet nicht das allgemein übliche verschlüsselte Übertragungsprotokoll HTTPS, sodass Nutzerdaten ebenso wie Antworten und Suchanfragen völlig exponiert sind. OkCupid verkauft Nutzerdaten zudem an mindestens neun verschiedene Tracking-Unternehmen und Werbenetzwerke, sagt dem Nutzer aber nicht, an welche. Darüber hinaus speichert es persönliche Daten auf unbestimmte Zeit, auch nachdem man Quizfragen über sexuelle Gewohnheiten oder Drogenkonsum beantwortet hat.[8]

Um das Ganze zu krönen, wurde OkCupid von Match.com übernommen, einem der größten Kontaktportale im Web. Match.com ist wiederum ein Teil der IAC/Interactive Corp., einem amerikanischen Internet-Mischkonzern, der Benutzerinformationen von einem Dienst munter an seine mehr als 50 anderen Töchter und Webseiten weiterreicht. Was also wie ein lustiger Flirt oder ein anzügliches Quiz daherkommt, ist an das sechstgrößte Werbenetzwerk der Welt angeschlossen. Aus dieser Beziehung kommt keiner so schnell wieder heraus.

Es wird Ihnen auch nicht viel helfen, wenn Sie Ihren richtigen Namen nicht preisgeben, da sich online fast immer genügend andere Informationen finden lassen, um Ihre Identität aus verschiedenen Quellen wieder zusammenzusetzen. Der schon erwähnte Ökonom und Datenschützer Alessandro Acquisti nutzte für eine seiner Studien Profilfotos von einer Dating-Webseite, auf der Menschen Pseudonyme benutzten, um ihre Identität zu schützen. Dann verglich sein Team diese Bilder mit Hilfe von Gesichtserkennungssoftware mit frei erhältlichen Fotos auf Facebook. Die Forscher mussten sich noch nicht einmal bei dem Netzwerk anmelden, um einen erheblichen Anteil der Menschen auf der vermeintlich anonymen Dating-Webseite in Windeseile mit Namen identifizieren zu können.

Online zu flirten ist das eine. Ein großer Teil des gesamten Internetverkehrs ist aber der Tatsache geschuldet, dass Männer und Frauen Pornoseiten besuchen. Forschungsergebnisse deuten darauf hin, dass gut ein Achtel aller Webseiten Pornografie in der einen oder anderen Form anbietet. Pornoseiten stehen ganz oben auf der Liste der 100 beliebtesten Webadressen, und viele von ihnen bieten nackte Tatsachen gratis an, um Werbung zu verkaufen und vor allem Kunden für gebührenpflichtige Seiten zu ködern.

Das virtuelle Rotlichtmilieu gibt Anlass zur Sorge, dass gerade Pornoseiten die Privatsphäre ihrer Besucher gefährden. Laut einer Untersuchung des International Secure System Lab aus dem Jahr 2010 war zwar nur eine von 30 Pornoseiten mit Adware, Spyware und Viren vermint.[9] Ein großer Teil der XXX-Seiten betreibt allerdings weniger gefährliche, aber sehr lästige Praktiken, bei denen Software die Nutzer vom Verlassen der Webseite abhält oder auf andere Seiten zwangsumleitet.

Andererseits wissen viele Pornonutzer, wie sie sich selbst schützen können, weil sie Angst haben, zu Hause oder im Büro erwischt zu werden. Sie haben gelernt, ihre Sicherheitssoftware regelmäßig zu aktualisieren, Cookies und Pop-up-Anzeigen zu blockieren sowie im Sicherheitsmodus zu surfen, so dass wenigstens ihre Web-Geschichte nicht auf ihrem Rechner gespeichert ist.

Flirt-Webseiten und Apps können jedoch auch aus anderen Gründen problematisch oder sogar gefährlich sein, indem sie schwarze Schafe und Kriminelle anziehen. Ein Beispiel ist die Flirt-App Skout. Das in San Francisco ansässige Unternehmen verbindet Menschen mit Unbekannten in derselben Stadt und wurde millionenfach heruntergeladen. Als das Unternehmen herausfand, wie viele Minderjährige die App benutzten, erstellte es einen geschützten Service für 12- bis 17-Jährige. Die gut gemeinte Idee verfehlte leider ihr Ziel. Der Teenagertreff stellte sich als Magnet für Online-Kriminelle heraus und führte zu drei Vergewaltigungsfällen von einem Jungen und zwei Mädchen im Alter von 12 bis 15 Jahren. Da Pädophile den geschützten Bereich missbraucht hatten, musste Skout vorübergehend stillgelegt werden, um seine Sicherheitseinstellungen zu überprüfen.

Geben Sie sich lieber zugeknöpft

Wenn Informationen über das Sexualleben von Personen online enthüllt werden, geschieht es meist wegen eigenen Fehlverhaltens oder vorsätzlich böswilliger Handlungen von Menschen aus ihrem Umfeld. Das zeigen diese vier Beispiele, bei denen wir absichtlich die Namen und Orte weggelassen haben:

Eine Frau filmte die ersten Schritte ihres Kindes. Sie teilte den Clip auf Facebook und meldete sich ab. Am nächsten Tag bemerkte sie, dass sie aus Versehen auch ein weiteres Video von ihrer Festplatte veröffentlicht hatte, das sie und ihren Mann beim Sex zeigte. Ihre Pinnwand wurde mit Kommentaren von seinen Freunden und Kollegen überflutet.

Frisch verliebt hatte sich eine Frau nackt, gefesselt und mit gespreizten Beinen von ihrem Freund fotografieren lassen. Jahre später, nachdem sie sich getrennt hatten, nahm ihr Expartner Rache. Er verteilte die alten Bilder im Internet und auf Flugblättern, die er an Fahrrädern und anderen Orten rund um ihren Arbeitsplatz anbrachte.

Ein homosexueller Student sprang von einer Brücke in den Tod, nachdem ein Mitbewohner ein heimlich gefilmtes Video von ihm veröffentlicht hatte, das ihn beim Sex mit einem anderen Mann zeigte. Noch schlimmer war, dass der Mitbewohner Twitter verwendet hatte, um den Film auch noch zu bewerben. Er wurde zu 30 Jahren Haft verurteilt. Das Entsetzen über den Selbstmord, zu dem der Missbrauch sozialer Medien erheblich beitrug, löste immerhin eine breite Bewegung gegen diese (homophobe) Art des Cybermobbings aus.

Am Ende des Schuljahres begingen 500 Eltern und Lehrer mit den Schülern die Abschlussfeier. Auf der Leinwand auf der Bühne wurde ein Film gezeigt, der einen Schulabgänger beim Sex mit einem Mädchen zeigte. Sie hatte weder die Schule besucht noch hatte sie zugestimmt, den Clip zu veröffentlichen. Wie sich herausstellte, wusste das Paar nicht einmal, dass es gefilmt worden war.

Die Idee eines Flirts ohne Konsequenzen oder Zeugen können Sie online vergessen. Dating- und Verkupplungsdienste und -apps versuchen zwar, die Illusion von einer kleinen, dunklen und anonymen Ecke zu schaffen. Wer vor seinem Bildschirm oder am Handy sitzt, fällt leicht darauf herein. Aber selbst wenn keine Menschen zusehen, liest Software früher oder später bei jedem Wort mit. Wenn wir online gehen, bleiben deshalb viele der Vorsichtsmaßnahmen auf der Strecke, die wir im analogen Leben verwenden. Bevor Sie sich offline einem völlig Fremden öffnen, nehmen Sie sich Zeit, die Person zu beurteilen, sich ein Bild von ihrem Charakter, ihrer Aufrichtigkeit und Vertrauenswürdigkeit zu machen. Niemand verrät einem Flirt an der Bar im ersten Satz, wo er zur Schule gegangen ist, dass er an diversen Allergien leidet und frisch geschieden ist.

Das Netz stellt Entscheidungsprozesse des gesunden Menschenverstandes auf den Kopf, weil sie den Geschäftsmodellen der Datenhäscher zuwiderlaufen. Wenn jeder per Firmendekret zum »Freund« degradiert und geduzt wird, wenn alle »teilen« müssen, wird das Konzept des Vertrauens zerstört, und wir alle werden schnell zu leichtsinnig. So zerstören soziale Medien gesellschaftliche Konventionen, die über Jahrtausende Gestalt angenommen haben. Das ist der Grund, warum wir sagen: Tun Sie so, als ob – *fake it*! Zieren Sie sich, wenn es um Dating-Seiten geht. Es ist völlig in Ordnung und ganz natürlich, sich zugeknöpft zu geben, wenn Sie neue Leute treffen. Das heißt konkret: Seien Sie mit mehreren Identitäten online unterwegs. Seien Sie so sparsam mit persönlichen Angaben wie möglich. Wenn Bilder sein müssen, versuchen Sie, konsequent Porträts von sich selbst zu verwenden, mit denen eine Gesichtserkennungssoftware nichts anfangen kann: schlechte Lichtverhältnisse, seltsame Blickwinkel, Grimassen, Masken und Kopfschmuck wirken Wunder, um Menschen anzuziehen und Algorithmen abzuschütteln. Oder probieren Sie es mit einer Zeichnung, einem Avatar als Ausdruck Ihrer Persönlichkeit.

Und noch etwas: Wir hätten dieses Kapitel nicht »Von der Piste in die Kiste« überschrieben, wenn wir nicht davon überzeugt wären, dass es immer noch am meisten Spaß macht, andere Menschen in der analogen Welt zu begehren und lieben zu lernen. Die britische Autorin Zadie Smith bringt das Problem in ihrem Essay *Generation Why* auf den Punkt: Sie nimmt darin den Facebook-Film *The Social Network* zum Anlass für die Frage, warum so viele junge Menschen süchtig nach einem Dienst sind, der sie unterm Strich entmenschlicht: »Ein Mensch, der auf einer Webseite wie Facebook zu einem Datensatz wird, verliert an Gehalt. Alles schrumpft. Der individuelle Charakter. Freundschaften. Sprache. Die Vernunft.«[10] Zur Liste der Schrumpfungen möchten wir die Geschlechtsteile hinzufügen.

Vom individuellen Charakter bis hin zu Freundschaften: All dies ist auch wichtig für die Erziehung Ihrer Kinder, damit sie einen gesunden Menschenverstand und Medienkompetenz entwickeln und digitale Selbstverteidigung praktizieren können. Sie wachsen in einer Welt auf, in der ihre Privatsphäre und Identität von Geburt an unter Beschuss sind, wie wir im folgenden Kapitel darstellen.

Tipps und Tricks (siehe Kapitel 13)

- Verwenden Sie Google-Datenschutz-Werkzeuge und vermeiden Sie es, zu häufig Google zu nutzen (I-2)
- Verwenden Sie Pseudonyme für Ihr privates Ich (I-5)
- Grundlegende Sicherheit bei Facebook (I-6)
- Verwenden und merken Sie sich sichere Passwörter (I-9)
- Verwenden Sie Blocking-Werkzeuge in Ihrem Browser (II-11)
- Verwenden Sie privates Surfen (II-12)
- Verwenden Sie Firefox zum Porno-Surfen (II-13)
- Verbergen Sie Ihre IP-Adresse mit einem VPN (II-17)
- Surfen mit Verschlüsselung (III-23)
- Sollte man Passwörter wiederverwenden? (IV-38)
- Gönnen Sie sich eine Pause von der digitalen Welt (IV-39)

10. Erziehung: Es ist meine Zukunft

Vier Jungen trafen sich zum Kartenspielen, zu dem sie auch ein Mädchen aus ihrer Klasse eingeladen hatten. Das Spiel der 14-Jährigen lief aus dem Ruder, und die Jungs begannen, das Mädchen zu kitzeln. Während sie sie auf dem Boden festhielten, zogen sie ihre Bluse hoch, rissen ihr die Hose herunter und machten Bilder von ihr mit ihren Handys, die sie dann mit ihren Freunden teilten. Was als Spiel begann, wurde zu sexueller Nötigung, auch wenn es nicht auf dem Polizeirevier oder vor Gericht endete. Die Teenager wurden von der Schule verwiesen, um das Mädchen zu schützen und den jugendlichen Übeltätern eine Chance zu geben, von vorne zu beginnen.

Auch in einem anderen Fall bekamen Jugendliche eine zweite Chance: Sie hatten eine Hass-Seite auf Facebook gebaut, die eine Person ins Visier nahm: ein Mädchen aus einer Klasse unter ihnen. Die Online-Rüpel wollten ihre Mitschüler dazu bewegen, auf dieser Seite auf »Gefällt mir« zu klicken und das Mädchen damit weit und breit bekannt zu machen. Sobald die Schule davon erfuhr, schloss sie die Seite und suspendierte die beiden vom Unterricht. Nach einem Treffen mit den Eltern entschuldigten sich die beiden förmlich bei dem gemobbten Mädchen.

Cyberbullying oder -mobbing ist zu einem Lieblingsthema der Medien geworden. Nach Ansicht von Experten ist es zwar ein ernst zu nehmendes Problem, aber keineswegs eine Epidemie, wie Schlagzeilen glauben machen möchten. Das Phänomen ist nur aus mehreren Gründen deutlicher sichtbar geworden. Cybermobbing und zweifelhafte virtuelle Bekanntschaften sind einige der sehr realen Gefahren, denen Kinder und Jugendliche online ausgesetzt sind. Kinder unter 13 Jahren sollten sich generell nicht auf sozialen Netzwerken anmelden, doch viele lügen bei der Altersangabe – schlimmer noch, ihre Eltern helfen ihnen sogar dabei.

Eltern dulden die Online-Präsenz ihres Nachwuchses, weil sie meist die damit verbundenen Risiken nicht verstehen. Nicht nur, dass Kinder und Teenager zu viel Privates teilen und sich damit später persönlich wie beruflich erheblich schaden können. Social-Media-Dienste, Unternehmen und Werbenetzwerke bauen schon für Kinder persönliche Profile auf. Einige Schulen in Amerika sind bereits dabei, Informationen im Netz zu sammeln und auszuwerten, um über Studienplatzbewerbungen und Stipendien zu entscheiden. Es gibt also viele gute Gründe, Kinder von sozialen Netzwerken so lange wie möglich fernzuhalten. Eltern stehen der enormen Herausforderung gegenüber, ihre Sprösslinge überwachen zu müssen und ihnen zugleich vertrauen zu wollen. Wer mit den derzeitigen Medien aufwächst, muss eine Medienkompetenz entwickeln, die auf der Erkenntnis fußt, dass digitale Selbstverteidigung im Kindergarten und allerspätestens in der Schule beginnen sollte.

Mobbing ist sichtbarer als früher

Bevor wir in kollektive Panik ausbrechen, sollten wir Danah Boyd zu Wort kommen lassen. Sie ist Soziologin in der Forschungsabteilung von Microsoft und eine der renommiertesten Expertinnen für Jugendkultur online. »Eltern kommen regelmäßig zu mir und fragen, was sie tun können, um für die Sicherheit ihrer Kinder zu sorgen. Sie wollen eigentlich etwas hören wie: ›Lassen Sie nicht zu, dass sie sich auf Facebook anmelden‹ oder ›Geben Sie ihnen kein Handy‹. Die Eltern sorgen sich nur um neue Technologien«, so Boyd. Die Eltern wunderten sich über ihre Antwort: »Lassen Sie sie nicht in ein Auto einsteigen«, schreibt sie in ihrem Blog danah.org und erklärt: »Für Eltern wirkt das Auto sicher. Da glauben sie, alles unter Kontrolle zu haben. Bei Dingen wie dem Internet sind sie unsicher, weil sie das Gefühl haben, keine Kontrolle zu besitzen, und nicht wissen, wie diese neumodischen Dinge funktionieren.«[

Im Gegensatz zu dem, was die Presse Ihnen weismachen will, sei Cyberbullying nicht auf dem Vormarsch, sagt Boyd. Was sich gegenüber dem Mobbing in der analogen Welt geändert hat, ist seine unmittelbare Sichtbarkeit. Im wirklichen Leben weihen Kinder und Jugendliche sehr oft ihre Eltern nicht in das ein, was ihnen auf dem Weg zur Schule oder auf dem Heimweg passiert. Das bleibt zwischen ihnen und ihren engsten Freunden. Online hinterlassen Interaktionen jedoch Spuren, die Eltern und Lehrer noch viel später finden können. Nicht nur, dass Erwachsene im Netz zu Zeugen von wirklich schrecklichen Streitereien werden, sie können auch Hänseleien und Dramen live miterleben. Das Netz bietet neue Möglichkeiten, andere Kinder aufs Korn zu nehmen, und wirkt zugleich wie ein Megafon.

Diese neue Sichtbarkeit ist für viele Eltern beängstigend. Mädchen sind nackt auf YouTube gelandet, nachdem sie unschuldige private Striptease-Shows veranstaltet hatten, die ohne das Internet nie an die Öffentlichkeit gelangt wären. Das Gleiche gilt für Jugendliche, die sich selbst filmen (oder von Freunden gefilmt werden), während sie Sex haben. Wenn sie merken, dass ein Freund, Rivale oder Expartner das Video oder die Fotos veröffentlicht hat, ist es zu spät: Die Schande für sie und ihre Eltern bleibt im Netz lange erhalten.

Das bedeutet natürlich nicht, dass schlechtes oder geschmackloses Verhalten online vollständig transparent ist und immer ans Licht kommt.

Einige Untersuchungen neueren Datums illustrieren die Sachlage und das Ausmaß des Problems. Laut einer britischen Studie, die mehr als 1500 Kinder im Alter zwischen 11 und 16 Jahren befragte, sind vier von zehn der Teens online drangsaliert worden, doch ein Drittel hatte niemandem davon erzählt.[2] In einer für 25 europäische Länder repräsentativen Umfrage unter 9- bis 16-Jährigen sagten nur 6 Prozent der befragten Schüler, sie seien im vorangegangenen Jahr Opfer von Cyberbullying geworden. Eine Erhebung der Techniker Krankenkasse aus dem Jahr 2011 ermittelte, dass knapp ein Drittel der befragten 14- bis 20-Jährigen schon einmal Opfer von Cybermobbing war.[3]

Das Institut für Interdisziplinäre Konflikt- und Gewaltforschung der Universität Bielefeld nahm diese Zahlen zum Anlass, im Frühjahr 2011 eine Online-Umfrage unter knapp 1900 deutschen Schülerinnen und Schülern und Studenten zwischen 11 und 24 Jahren durchzuführen. Danach gaben über 14 Prozent oder jeder siebte Befragte an, in den vergangenen drei Monaten Opfer von »mindestens einer Form von Cyberbullying geworden zu sein«.[4] Besonders oft handelte es sich dabei um Belästigung und Rufschädigung, gefolgt von Cyberstalking und sexueller Belästigung.

Glücklicherweise kommt es eher selten vor, dass Kinder etwas Schlimmerem als Mobbing ausgesetzt sind, aber es passiert auch auf Seiten, die eigentlich speziell für Minderjährige betrieben werden und sich besonderer Sicherheitsvorkehrungen rühmen. Der britische Sender Channel 4 etwa sorgte für Schlagzeilen, als er meldete, dass mittels der finnischen Spiele-Webseite Habbo Hotel etliche Kinder sexuell missbraucht wurden. Einer der Channel-4-Produzenten gab sich online als junges Mädchen aus, und andere Nutzer versuchten sofort, ihn vor laufender Webcam zum Ausziehen zu bewegen. Zwei Pädophile wurden dem Bericht zufolge wegen sexuellen Missbrauchs mehrerer Dutzend Kinder auf Habbo verurteilt. Einer bekam sieben Jahre Gefängnis, nachdem er versucht hatte, Kinder im Austausch für Geschenke wie virtuelle Möbel dazu zu bewegen, sich beim Spielen auszuziehen.[5]

Es gibt Meldesysteme für Kinder, falls es zu Belästigungen oder Schlimmerem kommt, aber sie werden zu selten genutzt. Das ist das Ergebnis des Forschungsnetzwerks EU Kids Online. Nach der Befragung von 25 000 Kindern zwischen 9 und 16 Jahren kamen die Experten zu dem Fazit, dass nur 13 Prozent der europäischen Kinder negative Erlebnisse anzeigten, in Deutschland sogar nur 8 Prozent. Technische Filter und Jugendschutzprogramme werden nur von einem Drittel der Eltern benutzt, so der Bericht vom Sommer 2012, in Deutschland liegt die Quote bei einem Viertel.[6]

Facebook will sie jung

Kinder unter 13 Jahren sollten sich nicht auf sozialen Netzwerken anmelden, aber überprüfen lässt sich das nur schwer. Viele Kinder schummeln zudem beim Alter und können sogar auf die Komplizenschaft ihrer Eltern zählen.

Fast 40 Prozent aller Kinder auf Facebook sind unter zwölf Jahren, schätzt die Firma MinorMonitor, ein Überwachungsdienst für Eltern. Wenn die Eltern das Konto eingerichtet haben, sinkt die Altersgrenze noch weiter: Vier Prozent dieser Kinder sind sogar unter sechs Jahre alt.[7] Das wäre ein Verstoß gegen ein US-Jugendschutzgesetz namens Children's Online Privacy Protection Act, COPPA, das die Datenhäscherei von Kindern unter 13 Jahren zu Werbezwecken ohne ausdrückliche Einwilligung der Eltern verbietet.

Erziehung: Es ist meine Zukunft

Die amerikanische Verbraucherorganisation Consumer Reports – mit der deutschen Stiftung Warentest vergleichbar – stellte eigene Nachforschungen an und schätzt, dass Facebook bis zum Frühjahr 2012 schon rund 800 000 Konten von Minderjährigen geschlossen hatte, dass sich aber in dem Netzwerk immer noch bis zu 5,6 Millionen Kinder unter zwölf Jahren bewegen.[8]

Viel interessanter ist die Frage, warum Eltern auf der ganzen Welt ihren minderjährigen Kindern helfen, eine Facebook-Seite einzurichten und damit der Datenhäscherei Vorschub leisten. Ganz zu schweigen von einer Mutter, die ihrer eigenen Tochter einen herzlichen Willkommensgruß auf die Facebook-Wand schrieb, als sie gerade acht Jahre alt geworden war. Dieses Verhalten ist von mehreren Faktoren getrieben, die für Eltern wie deren Nachwuchs gelten: dem Drang, beliebt sein zu wollen, seinen Kindern keinen Wunsch abzuschlagen, nicht hinter Gleichaltrigen herzuhinken, gepaart mit einer guten Portion Eitelkeit.

Der sorglose Umgang mit der Online-Identität von Kleinkindern ist ein weltweites Phänomen. Die Firma AVG, Hersteller von Sicherheitssoftware, nannte in einer internationalen Umfrage zur »digitalen Geburt« 2010 erschreckende Zahlen aus zehn Industrienationen. Danach besitzen 81 Prozent aller Kinder unter zwei bereits eine Online-Präsenz, in erster Linie durch Fotos. In den USA ist der Trend ausgeprägter (92 Prozent) als in der Bundesrepublik (71 Prozent). Jede dritte deutsche Mutter lädt Bilder ihres Neugeborenen hoch, fast jede siebte sogar schon Ultraschallaufnahmen vor der Geburt. Zumindest bei der eigenen E-Mail-Adresse und dem Profil in einem sozialen Netzwerk für Babys halten sich junge Eltern zurück: Nur eine von 20 deutschen Müttern tut dies.[9]

Es gibt drei wichtige Gründe, warum jüngere Kinder Facebook und andere Webseiten sowie mobile Apps so lange wie möglich meiden sollten: Erstens basieren soziale Netzwerke auf dem Modell, mit ihrer Identität möglichst viel Geld zu verdienen. Je aktueller und feinmaschiger die Angaben über jedes Mitglied, desto wertvoller sind sie für die Werbewirtschaft und Datenmakler. Kinder und Jugendliche neigen dazu, ihre Profile nicht zu schützen und zu sorglos Informationen preiszugeben. Zweitens sind Online-Plattformen eine Basis für Cybermobbing, auf das vor allem junge Nutzer oft machtlos sind. Drittens weiß noch niemand, wie die langfristigen sozialen und emotionalen Folgen dieser oberflächlichen, mit Werbung gespickten Ersatzfreundschaften bei Heranwachsenden sein werden.

Sherry Turkle, Soziologin am Massachusetts Institute of Technology (MIT), beobachtet seit mehr als einer Generation, welche Veränderungen in den zwischenmenschlichen Beziehungen neue Technologie herbeiführt. In ihrem jüngsten Buch – *Alone Together* – beschreibt sie ausführlich, wie sich ihre minderjährigen Interviewpartner dazu bekennen, dass sie eine distanzierte Online-Beziehung dem Kontakt mit echten Menschen vorziehen. »Wir erwarten mehr von der Technik und weniger voneinander«, lautet ihr Fazit. (Turkle 2011 und Interview mit den Autoren, Februar 2011)

In der Tat ist das Wort »Freund« inzwischen fast schon seiner eigentlichen Bedeutung beraubt worden. Ein zufälliger Klick droht den menschlichen Kontakt zu ersetzen. Ebenso unverbindlich und unpersönlich wird eine Beziehung durch »entfreunden« beendet. Bindungen im Zeitalter von Social Media werden getrennt, ohne dass der andere es bemerkt, geschweige denn widersprechen oder es ausdiskutieren kann. Wir haben erhebliche Zweifel, dass uns diese Art von Verhalten positive Lektionen hinsichtlich unseres Sozialverhaltens lehrt.

Immerhin scheinen einige Jugendliche die analoge Welt zu vermissen. Laut einer Umfrage der Kinderschutzorganisation Common Sense Media wünscht sich fast die Hälfte, sie könnte »den Stecker ziehen«. Ein gutes Drittel sagte, sie wollten in eine Zeit vor Facebook zurückkehren, und 45 Prozent gaben an, dass es sie frustriert, wenn ihre Freunde texten oder ihre Social-Media-Seiten checken, wenn sie mit ihnen zusammen sind. Nur jeder Fünfte gab zu, nach sozialen Medien süchtig zu sein.[10]

Internetunternehmen sind indes darauf angewiesen, Kinder möglichst jung an sich zu binden, da sie leicht beeinflussbar sind. Dabei ist ihnen in den USA das COPPA-Gesetz ein Dorn im Auge. Es trat im Jahr 2000 in Kraft, um Kinder und Jugendliche vor Werbung zu schützen, aber das Sammeln von Informationen über seine Benutzer ist der Kern des Geschäftsmodells von Facebook und vielen anderen Firmen im Netz. Wer dennoch die persönlichen Daten von Kindern einsammelt, muss mit empfindlichen Geldbußen rechnen. Der Betreiber mehrerer Fanseiten für Teenie-Stars wie Justin Bieber zahlte im Sommer 2012 für derartiges Verhalten eine Strafe in Höhe von einer Million Dollar.[11]

Erziehung: Es ist meine Zukunft

Es liegt natürlich an Ihnen als Eltern zu entscheiden, ob Ihre Kinder Facebook oder anderen Diensten sowie Gamer-Communitys beitreten. Wenn Sie das grundsätzlich als Teil einer modernen Sozialisierung bejahen, sollten Sie sichergehen, dass Ihre Kinder eines begreifen: Fast alle sozialen Netzwerke und Apps sind so löchrig wie ein Sieb, wenn es um persönliche Daten geht. Selbst wenn eine Handvoll Freunde nicht alles mitbekommt, kann und wird alles, was Jugendliche online tun, irgendwo gespeichert, analysiert und weitergereicht und kann das Kind für den Rest seines Lebens verfolgen. Je früher es dem kollektiven Sharing-Wahn verfällt, desto weniger Kontrolle wird es über seine digitale Identität haben, wenn es eine Universität besuchen, einen Partner finden oder sich für eine Stelle bewerben will. Jedes Jahr Aufschub zählt, um mehr Medienkompetenz und Praktiken zur digitalen Selbstverteidigung zu entwickeln.

Kinder teilen zu viel

Lassen Sie uns einige der Probleme näher beleuchten, die dadurch entstehen: In der schon zitierten Studie der Carnegie Mellon University über die Reue durch Oversharing gab ein Viertel der 340 Befragten an, dass ihnen ihre Gesprächigkeit auf Facebook leidtat (siehe Kapitel 8). Eine weitere Studie, diesmal von der Columbia University, konzentrierte sich auf 65 Jugendliche zwischen 18 und 25 Jahren. Jeder einzelne von ihnen hatte schon einmal etwas geteilt, wofür er sich später schämte oder das er löschen wollte.[2] Um das Problem im Keim zu ersticken, haben erste Schulen und ganze Staaten Regeln erlassen, die definieren, ob sich Lehrer in sozialen Netzwerken mit Schülern anfreunden dürfen.

Das wirft folgende Frage auf: Wenn bereits Erwachsene und Studenten Dinge veröffentlichen, von denen sie sich im Nachhinein wünschen, es nicht getan zu haben, was bedeutet das für die Sharing-Gewohnheiten von Kindern? Die Jüngsten sind sich naturgemäß noch weniger bewusst, was unkontrollierte Mitteilsamkeit anrichten kann, obwohl die überwiegende Mehrheit ihrer Erinnerungen bereits in digitaler Form angelegt wird und kein Verfallsdatum mehr hat. Wer von Kindesbeinen an SMS-Nachrichten verschickt, glaubt vielleicht, sie seien privat und sicher, vor den neugierigen Blicken der Lehrer und Eltern geschützt. Doch der Empfänger kann sie auf unbegrenzte Zeit speichern, von den

Mittelsmännern, die die Korrespondenz abwickeln, einmal ganz abgesehen. Das gilt erst recht für den Austausch von Nachrichten in einem sozialen Netzwerk, das seine Nutzer ermutigt, innerhalb seiner »vier Wände« frei von der Leber weg zu kommunizieren, und Texte oft maschinell auswerten lässt – für Jugendschutz- wie Analysezwecke.

Abgesehen von Einzelpersonen, die Anstoß nehmen, oder einem Lehrer, der die Polizei ruft, weil er einen Fall von Cybermobbing oder sexueller Belästigung vermutet, lauert eine weitere Gefahr auf Kinder und Jugendliche, die im Netz zu viele Informationen teilen – und zwar in Form von Unternehmen, die Oversharing schnell zum Anlass für einen kostspieligen Rechtsstreit wegen Urheberrechtsverletzungen nehmen. Neue Dienste wie Pinterest, auf denen jeder nach Belieben Bilder kopieren und auf eine eigene virtuelle Pinnwand stellen kann, sind ein gefundenes Fressen für Copyright-Abmahnungen.

Im Heimatland von Pinterest und Facebook gibt es eine sogenannte »Fair Use«-Klausel, die den geringfügigen und gelegentlichen Gebrauch urheberrechtlich geschützter Materialien erlaubt. Viele andere Länder, darunter die Bundesrepublik, kennen solche Schlupflöcher nicht, wenn es um die unerlaubte Wiederverwendung von Inhalten geht. Schon sind Rechtsanwälte dabei, Abmahnungen für angebliche Vergehen zu versenden, die ohne Wissen der Eltern begangen wurden. Ein deutscher Rechtsanwalt schätzte im Gespräch mit dem *Spiegel*: »Die durchschnittliche Facebook-Pinnwand eines 16-Jährigen ist 10 000 Euro Abmahnkosten wert, wenn denn jede Urheberrechtsverletzung abgemahnt werden würde.«[13]

Unbedachtes Sharing muss allerdings nicht erst zu einer Klage führen, um ernsthafte Probleme auszulösen. Im Netz stehen Kinder und ihre Familien unter ständiger Beobachtung. Ein vermeintlich harmloser Fehltritt hat schnell Folgen, die schlimmstenfalls eine permanente negative Spur im Lebenslauf und der digitalen Identität hinterlassen:

→ Ein 12-jähriges Mädchen schrieb auf ihrer Facebook-Seite, dass ein Lehrer an ihrer Schule »gemein« zu ihr gewesen sei. Der Eintrag kursierte im Lehrerzimmer, woraufhin die Schule von der Schülerin die Herausgabe ihrer Facebook- und E-Mail-Passwörter verlangte, um künftig ein Auge darauf zu haben.[14]
→ Es sollten bei einer Schulstunde mit einem Geschichtenerzähler Fotos gemacht werden. Die Grundschullehrerin im Harz schloss

sechs Schüler von der Stunde aus, weil deren Eltern keine Einverständniserklärung unterschrieben hatten, um Fotos auf Facebook zu vermeiden. Aufgrund der daraus resultierenden Aufregung fand am Ende die Veranstaltung ohne Fotografen statt.[5]

→ Klout, einer von mehreren Online-Diensten, die Menschen je nach ihrem Einfluss in den sozialen Medien (wie viele Anhänger, wie viele Retweets etc.) eine Punktezahl zuweisen, legte diese automatischen Rankings auch für Kinder an. Als Eltern dagegen lautstark protestierten, wurde das Projekt wieder eingestellt.[6]

→ Skid-E-Kids, ein soziales Netzwerk für Kinder zwischen 7 und 14 Jahren, sammelte die persönlichen Informationen von Tausenden Kindern ohne elterliches Einverständnis.[7]

Was Kinder mit ihren Eltern teilen wollen oder sollen

Das soll nicht heißen, dass Kinder und Jugendliche völlig rat- oder hilflos sind, wenn es um ihre digitale Selbstverteidigung geht. Laut einer Umfrage der dänischen Syddansk Universitet werden junge Erwachsene zwischen 20 und 25 Jahren, die mit Facebook aufgewachsen sind, immer bewusster im Umgang damit, wie und was sie teilen. Allerdings in einer ganz anderen Weise, als Erwachsene vielleicht denken.

Viele von ihnen finden ihre Eltern extrem peinlich, wenn sie Urlaubsfotos im Bikini, Liebeserklärungen und Nichtigkeiten wie »Ich habe gerade einen Kuchen gebacken« veröffentlichen. Die Sensibilität kam auf Umwegen zustande: Die Befragten hatten zuerst selbst etwas Peinliches veröffentlicht und befassten sich danach eingehender mit den Beiträgen der anderen Familienmitglieder.[8]

Es ist auch eine Frage der Definition. Für viele junge Menschen besteht die Privatsphäre vor allem darin, entscheiden zu können, wer welche ihrer Informationen wann sehen kann. Viele wollen ihre persönlichen Angelegenheiten zwar mit Freunden, aber nicht mit ihren Eltern teilen. Deshalb verlassen einige Jugendliche Facebook, wo ihre Eltern sind, und gehen zu anderen sozialen Netzwerken wie Twitter oder Pinterest.

Jugendliche, die ihren Eltern im Netz aus dem Weg gehen wollen, finden einen Weg. Sie deaktivieren ihre Facebook-Konten, außer in der Nacht, wenn sie wissen, dass sich ihre Eltern wahrscheinlich nicht anmelden werden. Sie kommunizieren mit Codes, wechseln auf neue Webseiten oder verwenden Pseudonyme. Ironischerweise versuchen sie, sich vor ihren Eltern zu verstecken, die ihnen – im Gegensatz zu Unternehmen – nur das Beste wünschen. Dabei lernen die Kinder, wie man sich in der digitalen Welt verbirgt und unerkannt bewegt, wenn es darum geht, Eltern oder Freunde abzuschütteln. Den professionellen Datenhäschern, ihren Cookies und Handy- oder Browser-Profilen können sie damit allerdings kein Schnippchen schlagen.

Wenn Sie oder Ihre Kinder noch nicht mit Pseudonymen online arbeiten, sollten Sie in allen sozialen Netzwerken und für Apps, die Ihre persönlichen Daten abgreifen wollen, einen fiktiven Namen verwenden. Aber dann können meine Freunde mich nicht finden, werden Sie einwenden, ist das nicht gerade die Idee hinter allen Netzwerken? Der Klarnamen-Zwang ist keineswegs notwendig. US-Forscher haben dokumentiert, dass sich 93 Prozent aller »Freunde« auf Facebook zuvor persönlich getroffen haben. Es besteht also keine praktische Notwendigkeit, sich online zu entblößen, um mit seinen echten Bekannten in Kontakt zu bleiben.[19]

Viele Menschen werden obendrein zugeben, dass sie gar nicht erpicht darauf sind, wahllos alte Klassenkameraden oder Arbeitskollegen im Netz zu treffen. Wenn man sich seit Jahren oder sogar Jahrzehnten nichts zu sagen hatte, sollte man vielleicht auch lieber keine privaten Details für den Rest seines Lebens mit ihnen teilen.

Die analoge Welt sollte die Messlatte für richtig verstandene Mitteilsamkeit sein. Dort würde kaum jemand der Vorstellung zustimmen, dass der einzige Weg, durchs Leben zu gehen, darin besteht, buchstäblich in der Öffentlichkeit zu leben. Dank des Internets sind zwei vorher getrennte Konzepte miteinander verschmolzen: einerseits der öffentliche Raum und andererseits das, was veröffentlicht wird. Die Technologie bringt es mit sich, dass all das, was Sie und Ihre Familie absichtlich oder aus Versehen mitteilen, umgehend veröffentlicht wird. Es entspricht jedoch viel mehr der menschlichen Natur, in einem privaten Bereich selektiv Informationen denjenigen zu offenbaren, denen Sie Vertrauen schenken.

Diese Art der Selbstkontrolle ist ein zentrales Element unserer

Identität und eine wichtige Lernerfahrung. Sie lässt uns reifen, denken, albern sein, aus Fehlern lernen und auch in gewissem Sinne neu beginnen. Das trifft erst recht zu, wenn wir über Kindheit und Jugend sprechen – jene frühe Phase des Lebens, in der wir noch den Freiraum haben, die Welt zu erkunden und uns an ihr zu reiben. Auf diesem Weg werden Kinder erwachsen und zu hoffentlich engagierten und kritischen Bürgern.

Mit dieser Empfehlung stehen wir nicht allein da. Deutsche Datenschützer wie der Hamburgische Datenschutzbeauftragte Johannes Caspar sehen das genauso: »Ein Pseudonym gibt einem die Chance, ein Stück weit man selbst zu bleiben. Man ist im Netz, aber andere sind nicht mit einem Schritt bei der realen Person: Ihr Alter, wo Sie leben, arbeiten oder zur Schule gehen.« Caspar argumentiert, dass niemand, nicht einmal Facebook-Gründer Mark Zuckerberg, als Teenager in der Lage gewesen wäre, die ständig wechselnden Nutzungsbedingungen und Datenschutzbestimmungen von Facebook zu verstehen. Deshalb hält er es für fragwürdig, von einer Einwilligung, wie die persönlichen Daten verwendet werden, zu sprechen.

Der Jurist weiß natürlich, dass Facebook in seinen Nutzungsbedingungen einen Klarnamen verlangt. Aber er ignoriert diese Klausel und ermutigt andere Nutzer, dasselbe zu tun: »Ich habe ein Profil mit einem Pseudonym angelegt. Ich weiß, es verstößt gegen Facebooks Nutzungsbedingungen, aber nach dem deutschen Telemediengesetz sind sie unwirksam. Daher empfehlen wir jungen Leuten, sich mit Pseudonym anzumelden.«[20]

Caspar ist einer von vielen deutschen Datenschutzexperten, die seit 2008 in Schulen für mehr Medienkompetenz und digitale Selbstverteidigung werben. In einem Stadtstaat wie Hamburg hat sich diese Initiative mit dem Titel »Meine Daten kriegt ihr nicht« auf bislang wenige Schulen in der Hansestadt konzentriert und so nur ein paar hundert Schüler erreicht. Auch in Rheinland-Pfalz werden Kinder und Jugendliche zur digitalen Selbstverteidigung ermutigt. Der dortige Datenschutzbeauftragte Edgar Wagner hält seit 2010 Workshops zum Thema »Datenschutz und Datenverantwortung« ab, an denen bislang mehr als 10 000 Kinder und Jugendliche teilnahmen. Aufgrund der Nachfrage und angesichts der Brisanz des Themas werden die Veranstaltungen ausgeweitet und vom Ministerium der Justiz und für Verbraucherschutz mitfinanziert. Andere Bundesländer und sogar Datenschutz-experten aus der Schweiz interessieren sich für diese Ausbildung in Medienkompetenz.[21]

Datenschützer aus der Wirtschaft haben die Dringlichkeit ebenfalls erkannt. Mitglieder des Berufsverbands der Datenschutzbeauftragten Deutschlands haben den Arbeitskreis »Datenschutz geht zur Schule« ins Leben gerufen. Bis zum Sommer 2012 hatten dessen Mitglieder schon mehr als 30 000 Schüler der Klassenstufen 5 bis 12 erreicht, berichtet der Leiter der Initiative, Thomas Floß.[22]

Die Stoßrichtung dieser Aufklärungsarbeit schwankt je nach Jahrgang. »Fünftklässlern sagen wir, sich mit Pseudonym anzumelden, damit sie sich später nicht schaden. Bei Jugendlichen in den Klassen 10 bis 12 geht es eher darum, das Profil in Ordnung zu bringen, bevor sie sich irgendwo bewerben.« Das Feedback der Schüler ist ermutigend. So ändern 80 Prozent der Schüler nach einem solchen Seminar ihre Passwörter und treffen andere Sicherheitsvorkehrungen online.

In einigen wenigen Fällen hat das Thema auch bereits Einzug in Schulbücher gefunden. Der Münchner Monitoring-Dienst secure.me etwa hat sich mit mindestens einem Schulbuchverlag in Deutschland zusammengetan, um Grundlagen der digitalen Selbstverteidigung in ein Buch für die neunte Gymnasialstufe in Bayern zu übernehmen.

Angesichts des Siegeszuges sozialer Medien und des enormen Drucks, dem Kinder und Jugendliche von Gleichaltrigen ausgesetzt sind, sind diese Initiativen aber nur ein Tropfen auf den heißen Stein.

Hört man Fachleuten wie Johannes Caspar oder Thomas Floß zu, wird klar, dass digitale Selbstverteidigung möglichst schnell zum verbindlichen Bestandteil des Lehrplans werden muss, um wirklich alle Schüler zu erreichen.

Wer schon in der Schule lernt, sich online umsichtig zu verhalten, hat weniger Grund, als junger Erwachsener einen Dienst zu bezahlen, der die eigene Reputation rettet. Der ehemalige Google-Chef Eric Schmidt witzelte über dieses Problem: Er schlug vor, Jugendliche sollten bei Erreichen der Volljährigkeit mit einer neuen, sauberen Identität beginnen. Darin steckt ein Körnchen Wahrheit. Wer den »Gratis«-Angeboten von Kindesbeinen an verfällt, hat bis zum 18. Geburtstag so viel digitalen Müll angehäuft, dass ein derartiger Informationskonkurs eine gute Idee wäre.

Erziehung: Es ist meine Zukunft

Bauen Sie Vertrauen auf, bevor Sie kontrollieren

Im Kapitel »Werkzeuge: Tipps und Tricks« finden Sie zahlreiche Hinweise und Werkzeuge, um sich selbst und Ihre Kinder zu schützen. Aber speziell für Sie als Eltern ist es das Wichtigste, Vertrauen aufzubauen. Natürlich können Sie die Aktivitäten Ihrer Kinder überwachen, es ist aber unmöglich, dies rund um die Uhr zu tun – und es ist außerdem kontraproduktiv.

Viel besser ist es sicherzustellen, dass Ihr Kind Ihnen genug vertraut, um Ihnen zu sagen, wenn es unangenehme Online-Erfahrungen macht. Sie sollten immer wieder betonen, dass Sie Ihren Kindern im Netz vertrauen, und dass Sie nicht wütend reagieren werden, was auch immer sie Ihnen erzählen. Ihre Kinder sollten Ihnen auch sagen, wenn sie andere beim Cybermobbing beobachten.

Ist eine solche Vertrauensbasis vorhanden, werden Sie Ihre Kinder womöglich auf einem der sozialen Netzwerke als »Freund« akzeptieren oder Sie in ihren innersten Online-Freundeskreis aufnehmen. Das wird keineswegs immer passieren, denn es ist so, als verlangten Sie den Schlüssel zum Schreibtischfach mit dem Tagebuch oder die Handy-PIN.

Vertrauen ist gut, Kontrolle ist besser. Wenn Sie sicher sind, dass es richtig und ethisch korrekt ist, können Sie mit diversen Online-Diensten ein wachsames Auge auf Ihren Nachwuchs haben. Das kann darin bestehen, einen Google Alert mit dem Namen des Kindes einzurichten, um jedes Mal eine Meldung zu erhalten, wenn dessen Name online fällt. Diese Alerts sind allerdings weder vollständig noch aktuell, da die Suchmaschine geschlossene Netzwerke nicht erfassen kann. Sie können sich auch automatisch auf Blindkopie bei allen E-Mails setzen, wenn Sie Ihrem Kind ein Mail-Konto einrichten.

Schließlich gibt es Dienste wie secure.me, kidreports.com, safetyweb.com und minormonitor.com, die Eltern in den USA und Europa bei einer intensiveren Überwachung der Kinder helfen. Dazu muss ein Elternteil nicht die Herausgabe eines Passwortes verlangen, aber kann trotzdem einen Überblick darüber bekommen, was die Sprösslinge und deren Freunde auf ihren Seiten oder in Beiträgen auf der Facebook-Wand schreiben und in welchen Bildern sie getaggt sind. All das bedarf der Zustimmung Ihrer Kinder. Üben Eltern zu viel Druck aus, erreichen sie das Gegenteil und treiben ihren Nachwuchs in andere Netzwerke, von denen Sie noch nicht einmal gehört haben.

Die Kontrolle des Onlineverhaltens Minderjähriger ist eine Gratwanderung zwischen berechtigter Besorgnis und raffinierter Spionage in der eigenen Familie. Mobilfunkbetreiber, Handyhersteller und externe Dienste bieten eine Vielzahl von Überwachungsinstrumenten an. Man kann eine Obergrenze für die Minuten festlegen, die Ihre Kinder sprechen können, oder bestimmen, welche Apps oder Inhalte sie herunterladen können. Andere Dienste lösen einen Alarm aus, wenn Ihr Kind eine Textnachricht an eine unbekannte Nummer verschickt, und erlauben Eltern, den Standort ihres Kindes zu verfolgen. Es lassen sich inzwischen Radien und Routen definieren, innerhalb derer sich Ihr Sprössling bewegen kann. So kommt schnell heraus, wenn die Hausaufgaben beim Freund gelogen sind, um in Wirklichkeit skaten zu gehen.

Viele dieser Werkzeuge sind in Europa entweder noch nicht erhältlich oder verstoßen gegen Datenschutzbestimmungen. Vertrauen ist deshalb immer noch das beste Werkzeug. Deswegen sollten Sie Ihre Kinder Folgendes wissen lassen:

- Niemals Informationen oder Details über den Gesundheitszustand ihrer Familienmitglieder, Geld und Vermögen, geplante Feiern oder Urlaubspläne online teilen.
- Niemals Passwörter an andere weitergeben und sie regelmäßig ändern (einige Jugendliche scheinen zu glauben, dass es eine Art Liebeserklärung ist, wenn man Passwörter mit dem besten Freund teilt).
- Immer erst nachdenken, bevor sie etwas teilen oder veröffentlichen. Sie sollten sich vorstellen, jeden Beitrag an der Schultafel zu sehen oder ihn über eine Lautsprecheranlage zu hören, bevor sie auf »Teilen« drücken.
- Unternehmen und Marken sind keine Freunde und werden es nie sein.
- Daran denken, dass auch die Freunde Ihrer Kinder am Ende etwas öffentlich über sie mitteilen könnten, von dem sie dachten, dass sie es mit ihnen privat geteilt haben.
- Niemals andere online schikanieren.

Erziehung: Es ist meine Zukunft

- Niemals etwas teilen, wenn sie aufgeregt, wütend, traurig oder betrunken sind.
- Nicht alle Freundschaftsanfragen akzeptieren, sondern nur die von Menschen, die sie im wirklichen Leben getroffen haben. Es ist kein Statussymbol, so viele Freunde wie möglich zu haben. Es geht darum, die richtigen Freunde zu haben.

Nehmen wir einmal an, Ihre Tochter wird Mitarbeiterin einer Menschenrechtsorganisation, deckt als investigative Reporterin Missstände bei Unternehmen auf oder will eine politische Laufbahn einschlagen. In all diesen Fällen wird sie Ihnen dafür dankbar sein, dass Sie ihren Online-Ruf als Jugendliche geschützt haben. Wer in solchen Berufen arbeitet, ist darauf angewiesen, im Netz anonym bleiben zu können und zuweilen unerkannt zu arbeiten. Wieso das jeden kritischen und engagierten Bürger betrifft, beleuchten wir im nächsten Kapitel.

Tipps und Tricks (siehe Kapitel 13)

- Verwenden Sie Google-Datenschutz-Werkzeuge und vermeiden Sie es, zu häufig Google zu nutzen (I-2)
- Diese Informationen gehören nicht in soziale Netzwerke (I-3)
- Verwenden Sie mehrere Browser (I-4)
- Verwenden Sie Pseudonyme für Ihr privates Ich (I-5)
- Grundlegende Sicherheit bei Facebook (I-6)
- Sicherheit bei Facebook für Fortgeschrittene (II-15)
- Säubern Sie Ihre Reputation (II-18)
- Entfernen Sie Zeit- und Ortsangaben von Ihren Fotos (III-21)
- Kontrollieren Sie all Ihre Daten an einem Ort (III-29)
- Löschen Sie Ihr Facebook-Profil (III-30)
- Säubern Sie Ihr YouTube-Konto (IV-36)
- Das ist nicht cool – Medienkompetenz für Ihre Kinder (IV-37)
- Gönnen Sie sich eine Pause von der digitalen Welt (IV-39)

 # 11. Inkognito: Es ist meine Meinung

»Google weiß, dass Sie und ich im Augenblick genau hier in diesem Café sitzen. Sie haben es ihnen selbst verraten, als Sie dieses Treffen in Ihrem Google-Kalender vermerkt haben.« Die Frau an unserem Tisch meint das todernst. Giselle bildet politische Aktivisten und Journalisten aus, damit diese ihr eigenes Onlineverhalten verstehen und die Folgen ihres Handelns im Netz begreifen. Sie bringt ihnen bei, wie sie ihre Privatsphäre online schützen, ihre Chats und E-Mails verschlüsseln, ihre Daten bereinigen und sichere Back-ups erstellen können.

Die 33-Jährige, die ihre eigenen Daten auf gesicherten Servern in Holland und Island speichert, nutzt ausschließlich Software und Dienste der höchsten Sicherheitsstufe. »Sonst werden Menschen verhaftet und können sterben«, sagt Giselle. Ein typisches Beispiel ist ein politischer Aktivist, der sein Büro verlässt, um nach Hause zu gehen. Als er am nächsten Tag zurückkehrt, fehlt die Festplatte aus seinem Computer. »Politische Journalisten müssen gründlich über die Konsequenzen nachdenken, wenn sie ihre E-Mails nicht verschlüsseln, die sie an politische Aktivisten und andere vertrauliche Quellen versenden.«

Zwischen 2009 und 2011 wurden soziale Medien als Kraft des Guten gefeiert, als Katalysatoren, die es Millionen von Menschen im Nahen Osten, Europa und Amerika ermöglichten, sich im Namen der Freiheit und der Demokratie zu organisieren und weitere Anhänger zu mobilisieren. Aber die Wahrheit ist komplizierter. Soziale Netzwerke und der digitale Exhibitionismus ihrer Nutzer erlauben autoritären Regimes, Demonstranten zu verfolgen und sogar zu identifizieren. Selbst westliche Länder versuchen, Zugriff auf private Kommunikation zu bekommen oder Menschen zu diskriminieren, die ihre Meinung auf Plattformen wie Twitter kundtun.

Social Media – Saat und Ernte

Im Iran zeigten Aktivisten YouTube-Videos von Regierungstruppen, die auf unbewaffnete Demonstranten feuerten. In Tunesien und Ägypten verwendeten Aktivisten Facebook, um Demonstrationen zu organisieren. Mobiltelefone halfen dabei, Aktionen und Demonstrationen mehr Zulauf zu verschaffen. Einer der am häufigsten verwendeten Twitter-Hashtags (das #-Zeichen vor einem Wort, mit dem ein heiß diskutiertes Thema auf Twitter gekennzeichnet wird) verwandelte Occupy in eine internationale Bewegung.

Regierungen versuchten, diese Protestbewegungen zu stoppen. Der ägyptische Präsident Hosni Mubarak fürchtete Twitter und Facebook so sehr, dass er das gesamte Land vom Internet abklemmte. In Syrien dagegen schaltete die Regierung Facebook wieder ein, offenbar um Demonstranten auszuspionieren und zu identifizieren.

Am Ende konnte nichts die Revolutionen aufhalten. Es war noch nie leichter als heute, Menschen für eine Sache zu gewinnen und ein globales Publikum als Zeugen einzuladen. Wer nur auf eine Taste klicken muss, statt auf die Straße zu gehen, bietet gerne Unterstützung. An repressiven Regimes herrscht kein Mangel. Der Thinktank Freedom House macht in seinem jährlichen Report zur Lage der Welt die Rechnung auf, dass nur 45 Prozent aller Länder als »frei« bezeichnet werden können. Knapp ein Drittel ist »teilweise frei«, und 24 Prozent, oder 48 Länder, werden als »unfrei« eingestuft. Letztere Kategorie umfasst 2,5 Milliarden Menschen oder ein Drittel der Weltbevölkerung, die Hälfte davon in China.[1]

Engagierte Bürger, Aktivisten und Demonstranten – egal ob in unfreien oder freien Ländern – haben die Auswahl unter einer Vielzahl von Online-Werkzeugen und Diensten, um Unterstützung aufzubauen, zu kommunizieren und spontane Proteste zu organisieren und inszenieren.

Die Sache hat allerdings einen Haken: Die analoge Welt bietet viele Formen des Engagements und des Einsatzes für eine Sache, die Ihnen wichtig ist. Je nachdem, wie sehr Sie sich einbringen wollen, können Sie mitmarschieren, Unterschriften sammeln oder einfach nur Flugblätter auslegen. Aber nie ist dieses Engagement an die universelle Verpflichtung gebunden, sich mit Ihrem echten, vollen Namen und anderen persönlichen Details anzumelden.

Facebook und Google+ allerdings fordern dies. Verlangte jede Bewegung, jeder Protest, gar jede einfache Aufforderung, Zustimmung oder Ablehnung zu äußern, eine Art Log-in, hätte das fatale Folgen. Viele Debatten, die eine Zivilgesellschaft und demokratische Kultur kennzeichnen, würden dadurch unterbunden oder zerstört. Das kreative Chaos eines lebendigen Gemeinwesens wäre bedroht.

Manchmal reicht schon die Angst, nicht frei und unbehelligt sprechen zu können, die Angst, dabei aufgezeichnet und von allen möglichen bekannten wie unbekannten Zuschauern verfolgt zu werden, um eine lebhafte Diskussion abzutöten. Das ist es, was Kritiker der sozialen Medien als partizipatorischen Totalitarismus anprangern: Jeder kann mitmachen, solange er sich für Datenhäscher und Regierungssoftware komplett entblößt und möglichst triviale Dinge beisteuert.

Auf der Straße hatte man bislang noch Optionen: Man konnte Kameras vermeiden, wobei auch die inzwischen allgegenwärtig und preiswert geworden sind. Aufgrund ihrer Präzision vermag eine Videokamera ein einzelnes Gesicht aus einem drei viertel Kilometer Entfernung zu identifizieren.[2] Sie konnten am Rande einer Demo mitlaufen und zusehen, statt zu skandieren, sich einer lautstarken Gruppe fernhalten, die von Sicherheitsorganen umringt war.

Diese Art der Anonymität wird auch in freien Gesellschaften wie der Bundesrepublik oder den USA immer gefährdeter, da Regierungsorgane und private Dienstleister eine Politik der obligatorischen Offenlegung und Transparenz seitens ihrer Kunden oder Bürger erzwingen wollen. Die Kontrollmechanismen reichen von der automatischen Erfassung durch Sensoren, Kameras und Scanner bis zu einem Klarnamen-Gebot und der Vorratsdatenspeicherung.

Terrorist, Aktivist oder ein auf Datenschutz bedachter Bürger?

Einige Menschen sind der Meinung, dass die Verteidigung der Anonymität online nur Stalkern, Perversen und anderen Kriminellen Schutz bietet. Wir sehen das anders. Die meisten Computer und mobilen Geräte sind über Logdateien und IP-Adressen identifizierbar, wenn ein Verbrechen begangen wird. Es dauert in der Tat in den meisten Fällen nicht lange, bis Behörden die involvierten Geräte und Nutzer ausfindig machen.

Kritiker, die sich für eine Abschaffung der Anonymität stark machen, stellen das Argument auf den Kopf. Die Grundeinstellung oder *default*, wenn Sie am Wochenende eine Bar besuchen oder in die Stadt gehen, sollte die Gewissheit sein, dass Sie nicht von Dutzenden staatlicher und privater Stellen auf Schritt und Tritt verfolgt werden. Gehen Sie in ein Geschäft oder Restaurant und händigen dem Angestellten an der Tür Ihren Personalausweis aus oder stellen sich mit vollem Namen, Geburtsdatum und den letzten zehn Transaktionen auf Ihrem Girokonto vor, bevor Sie ein einziges Wort mit ihm gewechselt haben? Wohl kaum. Aber genau das erwarten die Anbieter online von Ihnen. So weiß jede Webseite, woher Sie gerade kommen und wohin Sie als Nächstes gehen.

Es gibt eine Reihe legitimer Gründe, weshalb man sich online unerkannt und anonym bewegen können sollte, ein Verhalten, das der russische Internettheoretiker Jewgeni Morosow als »Cyberflaneur« bezeichnete. Wer dies mit technischen Hilfsmitteln tut, bringt sich automatisch in Verdacht, denn es sind oft dieselben Werkzeuge, die auch Kriminelle oder Terroristen einsetzen.

Das FBI hat dazu ein erhellendes Dokument mit dem Titel »Potenzielle Indikatoren für terroristische Aktivitäten« verfasst. Die Behörde verschickte es an Internetcafés, Heimwerkerläden, Flughafenbetreiber und Finanzinstitute und bat sie um Hilfe bei der Identifizierung potenzieller Terroristen. Laut diesem Rundbrief machen sich all jene des Terrorismus verdächtig, die

→ übermäßig um den Datenschutz besorgt sind,
→ Anonymisierungsdienste oder andere Software verwenden, um ihre IP-Adressen zu kaschieren, etwa den schon erwähnten Tor-Browser,
→ Verschlüsselungssoftware oder Software verwenden, um verschlüsselte Daten in digitalen Fotos zu verstecken,
→ verdächtige Kommunikationsmethoden verwenden, beispielsweise in einem Computerspiel chatten.[3]

Genau dieselben Methoden zur digitalen Selbstverteidigung würden jeden politischen Aktivisten oder unbescholtenen Bürger identifizieren, der seine Identität im Netz schützen will. Der Fairness halber

Inkognito: Es ist meine Meinung

muss man erwähnen, dass selbst das FBI einräumt, dass diese Check-liste allein noch lange keinen hinreichenden Verdacht darstellt. Aber der Tenor ist klar: Wer sich aktiv gegen Datenhäscher schützt, zappelt schnell in einem digitalen Schleppnetz von Behördenseite und wird womöglich für späteres Data-Mining markiert.

Dabei verschwimmt die Grenze zwischen privater und staatlicher Schnüffelei immer mehr. In den USA etwa verwenden immer mehr örtliche Polizeibehörden automatische Nummernschildscanner, die auf Laternenpfählen, Straßenschildern oder Streifenwagen montiert sind und jedes vorbeifahrende Fahrzeug erfassen. Gleichzeitig scannen Privatfirmen völlig legal und ungehindert die Nummernschilder fast aller Pkws im Land. Einer dieser Anbieter namens Digital Recognition Network hatte im Herbst 2012 nach eigenen Angaben rund 700 Millionen Kennzeichenscans samt Ortsdaten ohne Wissen und Zustimmung der Fahrzeughalter auf unbestimmte Zeit gespeichert. Die Firma gibt sie nicht nur an Ermittlungsbehörden weiter, sondern bietet sie auch Werbetreibenden an, um »Kunden wirksamer ins Visier zu nehmen«.[4]

Als Quertreiber kommt man schnell auf die Rote Liste. Das trifft nicht nur politische Aktivisten, die einer Behörde oder einem Konzern suspekt erscheinen. Es kann auch Informanten oder all jene erwischen, die bei ihrer Arbeit für öffentliche Institutionen oder Unternehmen regelmäßig mit Geschäftsgeheimnissen arbeiten. Sie alle müssen außerordentliche Vorkehrungen treffen.

Wie zum Beispiel der China-Experte, der in einem Artikel der *New York Times* beschrieben wurde.[5] Wenn er in die Volksrepublik reist, lässt er sein reguläres Handy und seinen Laptop zu Hause und bringt nur komplett saubere Geräte mit, auf denen nichts gespeichert ist. In Besprechungen schaltet er das Telefon aus und entfernt die Batterie, aus Sorge, dessen Mikrofon könnte per Fernsteuerung aktiviert werden. Wenn er online geht, benutzt er eine verschlüsselte, passwortgeschützte Verbindung. Zum Einloggen verwendet er ein Passwort, das auf einem USB-Stick gespeichert ist. Er kopiert es und setzt es so auf seinem Laptop ein, anstatt es einzutippen.

Chinesische Hacker und Sicherheitsbehörden sind sehr raffiniert, was die Installation von Keylogger-Software auf Laptops angeht. Opfer dieser Art der Datenspionage wird man schnell: wenn Sie den Laptop nur wenige Minuten in Ihrem Hotel oder einem Besprechungsraum stehen lassen oder durch einen bösartigen Code in einer E-Mail oder einem angehängten PDF.

Es geht nicht nur um Diktaturen und autoritäre Regimes, auch westliche Länder haben Dreck am Stecken, wenn es um ihr Verhalten gegenüber politischen Aktivisten oder Geschäftsleuten geht. Manche europäische Experten raten Reisenden in die USA zu ähnlichen Sicherheitsvorkehrungen wie der eben erwähnte China-Experte, also insbesondere mit einem noch unbenutzten neuen Gerät einzureisen.

Einige Aktivisten verschluckten Presseberichten zufolge ihre SIM-Karten, die sensible Daten wie Namen und Telefonnummern anderer Aktivisten enthielten, um sie vor den Data-Mining-Werkzeugen der Behörden zu schützen.[6] Westliche Regierungen, allen voran die USA, versuchen mit Druck und durch Klagen gegen Internetdienste immer häufiger, Zugang zur privaten Kommunikation auf Plattformen wie Twitter und bei Telekomanbietern zu bekommen.

Im Fall Birgitta Jónsdóttir, Mitglied des isländischen Parlaments, verlangte das amerikanische Justizministerium bei der Untersuchung der Aufklärungsseite WikiLeaks vom Microblogging-Dienst Twitter, das Unternehmen solle alle Informationen zu ihrer Person und ihrem Konto aushändigen. Dazu gehören wohlgemerkt nicht die öffentlich sichtbaren Tweets, sondern auch IP-Adressen und damit verbundene Ortsdaten sowie private und gelöschte Nachrichten. Noch schlimmer an diesem Fall ist die Tatsache, dass die ganze Anfrage per Dekret geheim bleiben sollte, unter anderem, um der bespitzelten Person die Chance zu nehmen, den Rechtsweg einzuschlagen oder die Öffentlichkeit für ihre Sache zu gewinnen.

Jónsdóttir ging an die Öffentlichkeit. In einem Blog-Beitrag für die britische Zeitung *The Guardian* schrieb sie: »Es ist zu einfach für Regierungen, an online gespeicherte Informationen heranzukommen. Der Zugang zu ihnen kann zu leicht missbraucht werden. Wenn jemand meine gesamte Post durchgehen wollte, müsste er im Voraus einen Durchsuchungsbeschluss erwirken. Im Fall von Twitter ist nichts dergleichen passiert. Laut dem US-Justizministerium laufen gegen mich keine strafrechtlichen Ermittlungen, doch dessen Beamte forderten Twitter auf, ihnen meine persönlichen Nachrichten und IP-Adressen ohne mein Wissen zu übergeben. Noch nie war es so einfach für Big

Inkognito: Es ist meine Meinung

Brother, alle uns heiligsten Informationen auszupionieren, ohne dass wir die leiseste Ahnung haben.«[7]

Twitter versucht im Gegensatz zu vielen anderen Anbietern, das Richtige zu tun und nicht bei jeder behördlichen Anfrage nachzugeben. Der Kurznachrichtendienst ist einer von 18 Online-Diensten, den die amerikanische Electronic Frontier Foundation für seine ehrlichen Bemühungen lobt, seine Nutzer über Zugriffsbegehren der Regierung zu informieren und »vor Gericht für die Privatsphäre der Nutzer zu kämpfen«. Der Jahresbericht der Bürgerrechtsgruppe mit dem Titel »Wenn die Regierung anklopft. Wer steht für Sie ein?« belegt zugleich, dass sich der Kampf darum, wer Zugang zu geschützten und eigentlich privaten Benutzerdaten hat, ständig ausdehnt.[8]

Es geht hier nicht nur um den Zugriff auf Hunderte oder Tausende von Kurznachrichten mit gerade einmal 140 Anschlägen. Ein Onlinedienst kann einem Dritten ebenso gut Zugang zu Ihren Dokumenten, dem Protokoll verschickter Mails und Dateien, IP-Adressen, mit denen Sie sich angemeldet haben, oder den Logdateien von Webseiten, die Sie besucht haben, sowie eingegebenen Suchbegriffen geben.

Die »Cloud« macht es einfach, seinen persönlichen Datenspeicher randvoll anzufüllen und auf ihn von überall zuzugreifen. Genauso leicht ist es leider auch, diese Daten an andere Personen und Programme weiterzureichen. Deshalb sollten Sie stets ein Minimum an digitaler Selbstverteidigung praktizieren, angefangen bei komplizierten, am besten per Zufallsgenerator erzeugten Passwörtern, die Sie regelmäßig ändern, bis zur konsequenten Verschlüsselung von Dateien, E-Mails oder Chats.

Noch alarmierender für viele Nutzer, die nicht in den USA leben, ist die Tatsache, dass die größten und beliebtesten Dienste einen Großteil ihres Datenverkehrs durch amerikanische Server leiten und Daten ausländischer Nutzer auf Festplatten in diesem Land speichern. So setzen sie ein globales Publikum – von Privatpersonen bis zu Unternehmen – den Gefahren der automatischen Datenhäscherei durch Regierung und Unternehmen aus.

Eigentlich sollte das *Safe Harbor* (sicherer Hafen) genannte Abkommen aus dem Jahr 1998 dafür sorgen, dass die ungleichen Datenschutzbestimmungen in Europa und den USA aufeinander abgestimmt werden, wenn Daten von EU-Bürgern ins Ausland abgesaugt werden. Da es allerdings auf der freiwilligen Selbstverpflichtung der Firmen beruht, ermöglicht es US-Anbietern, auf dem Papier ihre Zustimmung zu EU-Vorschriften zu geloben, um auch in Übersee kräftig zu expandieren. Wie die anhaltenden Auseinandersetzungen zwischen Datenschützern und Behörden in Deutschland, Frankreich oder Brüssel mit Firmen wie Google oder Facebook zeigen, scheren sich die meisten Onlineanbieter wenig um Datenschutz und Privatsphäre in der EU, wenn es ihrem Geschäftsmodell im Wege steht. Street View, WLAN-Spionage und unautorisierte Gesichtserkennung sind nur drei Beispiele für derlei Datensammelwut.

Keine Sicherheit in der Cloud

Wenn Cloud-Dienste »privates« Messaging oder »sichere« Verbindungen zu und von einem Gerät anbieten, bedeutet das nicht, dass der Inhalt tatsächlich verschlüsselt ist, oder dass der Anbieter keinen Entschlüsselungscode hat bzw. ihn nicht verwenden wird. Apple zum Beispiel schreibt in seinen Nutzungsbedingungen für iCloud, die im Sommer 2012 mehr als 150 Millionen Menschen nutzten, dass es »auf Ihre Konto-Informationen und Inhalte zugreifen, sie nutzen, aufbewahren und/oder an Strafverfolgungsbehörden weitergeben kann«.[9] Das Gleiche gilt für die Verbindungsdaten, die Telekommunikationsunternehmen in Europa und anderswo monate- oder jahrelang aufbewahren. Dieses Thema ist ein kritischer Punkt der andauernden Rechtsstreitigkeiten innerhalb der EU. Wie weit die Vorstellungen auseinanderklaffen, zeigt sich, wenn man die Fristen im neuesten Leitfaden zur datenschutzgerechten Speicherung von Verbindungsdaten der Bundesnetzagentur mit den Gepflogenheiten bei amerikanischen Telekomfirmen vergleicht. So werden in der Bundesrepublik Daten zu Telefonaten und SMS maximal drei Monate aufbewahrt. In den USA horten Netzbetreiber diese Angaben bis zu sieben Jahre.[10]

Selbst wenn Behörden oder Kläger keinen Zugang zu den Inhalten der Nachrichten haben: Die Zuordnung der Metadaten reicht bereits, um das persönliche Netzwerk eines Individuums aus Absendern und Empfängern zu rekonstruieren. Ebenso sind Logbücher mit Zeiten und Standorten geeignet, um Verdacht zu schüren oder jemandem Schuld zuzuweisen, weil er sich zur gleichen Zeit am selben Ort aufhielt wie Zielperson X.

Mobilfunkbetreiber speichern, welche Funkmasten Ihr Handy oder Tablet anpeilt. Das ist für Fahnder hilfreich, die im Trüben fischen. Wenn Sie etwa zufällig in der gleichen Funkzelle oder demselben WLAN-Hotspot eingeloggt waren wie ein Terrorverdächtiger, stehen Sie bereits auf der Liste von Personen, die sich Analysesoftware und Polizei genauer ansehen werden. Ein paar Jahre in Ihrer Vergangenheit zurückzuwühlen dauert Sekunden.

Der Zugriff auf solche Daten wird immer einfacher, da seit 2001 Daten mit der Aufschrift »Antiterror« oder »Im Interesse der nationalen Sicherheit« durchgewinkt oder – wenn es sich um Inhalte handelt, die einer Regierung nicht genehm sind – von einem Anbieter fraglos aus dem Netz genommen werden. Google wirft mit einem halbjährlichen Zensur-Report ein kleines Schlaglicht auf dieses Problem. Der Bericht listet auf, wie viele Regierungen auf der ganzen Welt regelmäßig versuchen, Online-Informationen zu entfernen.[11]

Der Begriff des Heimatschutzes und der des potenziellen Staatsfeindes ist beliebig dehnbar und rechtfertigt Übergriffe und Schikanen. Aktivisten wie der Computer-Sicherheitsexperte und WikiLeaks-Aktivist Jacob Appelbaum oder die Dokumentarfilmerin Laura Poitras, beides US-Bürger, gehören zu Tausenden von Reisenden, deren elektronische Geräte bei der Einreise in die USA beschlagnahmt wurden. Die amerikanischen Behörden behalten sich das Recht vor, Laptops, Smartphones und sogar Kameras wochenlang einzubehalten und alle Daten zu kopieren.[12]

Die US-Bürgerrechtsorganisation American Civil Liberties Union schätzt, dass rund 12-mal am Tag ein elektronisches Gerät an der Grenze beschlagnahmt wird. Sechsmal trifft es dabei ausländische Bürger.[13] Sie sind oft besser beraten, ihre Elektronik zu Hause zu lassen, insbesondere wenn sie mit Firmengeheimnissen oder anderen brisanten Informationen zu tun haben.

Das Recht auf Anonymität

Online-Anonymität ist wichtig für politische Aktivisten und Dissidenten, für Informanten und für viele andere, deren Arbeit ihren Ruf und oft sogar ihr Leben in Gefahr bringt. Es gibt bedauernswerterweise kein universelles Menschenrecht auf Anonymität. Das Recht auf freie Meinungsäußerung schützt das Recht zu sprechen, aber nicht das Recht, anonym zu sprechen. In den Vereinigten Staaten erklärte der Oberste Gerichtshof, es gebe eine konstitutionelle Grundlage für den Schutz der Anonymität, wenn es um verschiedene Gruppen »gefährdeter Menschen« geht, wie die Richter formulierten.

Die Frage ist, wer ist gefährdet und darf deshalb auf Anonymität hoffen? Jugendliche, die zur LGBT-Gemeinschaft (Homo-, Bi- und Transsexuelle) gehören? Personen, deren Ehepartner für die Regierung arbeiten? Opfer häuslicher Gewalt? Passive Anhänger der Occupy-Bewegung?

Sollten nicht Individuen selbst das Recht haben zu entscheiden, ob sie »verwundbar« sind und online wie offline anonym sein müssen? Oder sollte die Regierung eine Liste derer, die dazu berechtigt sind, führen? Das Recht, anonym zu bleiben, ist ein seltenes, schützenswertes Gut, das wie kaum ein anderes vom technischen Fortschritt in der vernetzten Welt bedroht ist.

Die Tatsache, dass es nur wenige sichere Orte im Netz gibt, um Ideen zu organisieren und auszutauschen, stellt ein großes gesellschaftliches Problem dar, das vom Jubel über den Arabischen Frühling übertönt wird. Laut unserer eingangs erwähnten Quelle Giselle, die politische Aktivisten in aller Welt ausbildet, ist Facebook die treibende Kraft bei der Zerstörung der Überreste von Privatsphäre und Anonymität.

»Wer Leute organisiert und informiert, muss die Werkzeuge verwenden, die zur Verfügung stehen. Wenn Sie in Harare sind und nur eine sehr miese Internetverbindung haben, dann werden Sie sich wahrscheinlich entscheiden, sich bei Facebook anzumelden«, erläutert Giselle. »Es ist *das* Kommunikationsmittel, um herauszufinden, was andere Menschen tun und wo sie gerade sind. Facebook ist wie ein virtuelles Café. Doch Facebook und seine Mission sind von Natur aus bösartig, glaube ich, und sie sollten dafür zur Rechenschaft gezogen werden. Aber Facebook ist auch dort, wo die Menschen es brauchen.«[14]

Facebook und Google+ praktizieren eine sogenannte Klarnamen-Politik, weil das die persönlichen Daten, die sie sammeln, wertvoller macht. Wenn Facebook herausfindet, dass Sie sich nicht mit Ihrem echten Namen angemeldet haben, wird das Konto geschlossen, und Sie werden Ihres Rechts, zu sprechen und über diesen Dienst zu kommunizieren, beraubt.

Mitte 2012 schätzte Facebook, dass fast 9 Prozent seiner Konten fiktive Personen oder Duplikate waren, was sich auf rund 83 Millionen der seinerzeit mehr als 950 Millionen aktiven Nutzer summiert.[15]

Viele dieser fiktiven Konten dienen Spammern oder Hackern, aber das sollte keine Entschuldigung für ein Unternehmen sein, einen der Grundpfeiler der freien Meinungsäußerung zu missachten.

Einer derjenigen, der gegen die Klarnamen-Politik der Datenhäscher verstößt, ist der Autor und Nobelpreisträger Salman Rushdie. Mit richtigem Namen heißt er Ahmed Rushdie. Sein Konto wurde allerdings geschlossen, bis er das Unternehmen davon überzeugen konnte, dass er in der Lage sein sollte, den Namen zu verwenden, unter dem ihn die Öffentlichkeit kennt. Das Gleiche geschah mit dem chinesischen Journalisten Michael Anti, dessen Geburtsname Jing Zhao ist. Er wurde von Facebook ausgeschlossen, obwohl er unter dem Namen Michael Anti seit fast einem Jahrzehnt für die *New York Times* und andere angesehene Publikationen schreibt.

Ein Pseudonym ist keine Lizenz dazu, Blödsinn anzustellen. Natürlich sollten Sie nicht den Namen einer anderen lebenden Person, eines Prominenten oder gar einer Marke verwenden. Das zieht Aufmerksamkeit auf sich und ist der Sache nicht dienlich, für die Aktivisten tagtäglich Leib und Leben riskieren. Ein Pseudonym oder einen Fantasienamen zu benutzen sollte jedoch zur Standardausrüstung in Ihrem Arsenal der digitalen Selbstverteidigung gehören. Wir hoffen, dass sich der Ruf nach Anonymität online gegen die fehlgeleiteten Versuche, noch mehr Aufsicht und Kontrolle zu erlangen, durchsetzen wird.

Anonymität gehört zum guten Ton

In absehbarer Zukunft wird es eine ganze Reihe neuer Dienste geben, die Verschleierung als Dienstleistung anbieten. Einen Versuch unternimmt der Unternehmer Dan Whaley, der ein gemeinnütziges Unternehmen namens Hypothes.is gegründet hat. Er will ein von der Online-Gemeinschaft selbstverwaltetes Kommentarsystem schaffen, das sich wie eine Folie mit kritischen Randbemerkungen über jede beliebige Webseite legen lässt – eine Art lebendiges Geflecht von Kommentaren und Einschätzungen echter Menschen, die ehrlich miteinander umgehen, um Webseiten zu verbessern und anderen beim Lesen zu helfen.

Wie versucht Whaley, das zu tun? Mitwirkende bewerten auf Hypothes.is gegenseitig ihre Kommentare. So baut jeder einen Ruf in dieser »Open-Source-Plattform für die gemeinsame Auswertung von Informationen« auf. Aber eines steht laut Whaley und seiner Gruppe von renommierten Beratern und Investoren außer Frage: »Wir halten nichts von Klarnamen. Sie können absolut glaubwürdig sein, auch ohne Ihre Identität öffentlich preiszugeben.«[16] Der Inhalt zählt und er allein wird in den Augen der anderen Kommentatoren entscheiden, wer ernst genommen wird – nicht der Name eines Freiwilligen, der sich sonst vielleicht aus diversen Gründen entscheiden würde, den Mund zu halten, weil etwa sein Arbeitgeber oder seine Bekannten mit dem Finger auf ihn zeigen würden.

Viele meinen, dass Facebook den Demonstranten in Ägypten einen guten Dienst erwiesen hat. Internetexperten wie der russische Autor Jewgeni Morosow, der in einem Thinktank in Washington arbeitet, hält das für Wunschdenken der Tech-Apostel und eine westliche Selbsttäuschung, da das Netz genauso viel Unheil anrichtet, indem es repressiven Regimes die effektivere Verfolgung und Unterdrückung von Widerstandsbewegungen erlaubt.[17]

Die Unzufriedenheit mit vielen sozialen Netzwerken wächst, da sie es Regierungen zu leicht machen, mit oder ohne Gerichtsbeschluss auf alle nur verfügbaren Informationen zuzugreifen – vorausgesetzt, sie haben diese nicht bereits heimlich abgeschöpft. Deshalb ist ein Team von Aktivisten und Internetspezialisten der Occupy-Bewegung dabei, ein soziales Netzwerk für das Zeitalter der globalen Protestbewegung namens Global Square zu gestalten.[18] Sie bauen ihr eigenes sicheres soziales Netzwerk, weil sie Facebook ihre privaten Nachrichten nicht mehr anvertrauen wollen. Andere Entwickler arbeiten an Protokollen, damit Benutzer weiterhin Inhalte auf den gängigen Plattformen veröffentlichen können, diese aber sicher verschlüsselt sind, sodass nur Autorisierte sie analysieren können. Die sozialen und Werbenetzwerke, neugierige Apps, Sicherheitsdienste und andere unbefugte Dritte würden diese Informationen nicht erhalten.

Inkognito: Es ist meine Meinung

Der Datenstrom, den wir über die Jahre schaffen, ist es wert, geschützt zu werden. Das trifft nicht nur auf akute soziale Themen wie Protestbewegungen oder gar Aufstände zu, sondern auch auf die Frage, was nach uns kommt. Sollen unsere Daten uns überleben, und wer darf diese Entscheidung treffen? Das Leben nach dem Tod im Internet ist ein Thema, das immer mehr Aufmerksamkeit gewinnt, gerade weil die meisten von uns es sträflich vernachlässigen. Im nächsten Kapitel werden wir Ihnen zeigen, wie man für sein digitales Erbe Sorge trägt.

Tipps und Tricks (siehe Kapitel 13)

- Verwenden Sie Pseudonyme für Ihr privates Ich (I-5)
- Verbergen Sie Ihre IP-Adresse mit einem VPN (II-17)
- Säubern Sie Ihre Reputation (II-18)
- Verschlüsseln Sie Ihre E-Mails und Facebook-Korrespondenz (III-22)
- Surfen Sie mit Verschlüsselung (III-23)
- Verschlüsseln Sie Ihre Chats (III-24)
- Mobile Sicherheit für Fortgeschrittene (III-26)
- Verwahren Sie Ihre Daten und Back-ups auf einem sicheren Server (III-27)
- Löschen Sie Ihre Dateien gründlich (II-20)
- Löschen Sie Ihr Facebook-Profil (III-30)
- Verschlüsseln Sie Ihren Cloud-Speicher (IV-31)
- Hochgradig gesicherte Kommunikation (III-29)
- Verwenden Sie Fingerabdruckauthentifizierung und Passwörter vom USB-Stick (IV-33)

12. Sterben: Es ist mein Vermächtnis

Als der Großvater einer der Autoren starb, hinterließ er einen dicken Umschlag in der obersten Schublade seines Schreibtisches. Er enthielt eine ordentliche Liste seiner Bankkonten, den Schlüssel zum Safe, eine Liste von Freunden, die angerufen werden sollten, und eine handgeschriebene Liste all der Dinge in der Wohnung, die von Wert oder Interesse waren. Die Erben wussten, dass ein weiterer Schrank, gefüllt mit Fotos und Dias seines Lebens, existierte – organisiert in Alben oder in Stapeln und gekennzeichnet nach Jahren, Personen und Urlauben.

Sie zu sichten, zusammen mit Bündeln von Briefen und anderen Dokumenten aus neun Jahrzehnten, war eine tränenreiche Reise in die Vergangenheit. Der gut organisierte Nachlass des alten Mannes ersparte drei Generationen von Familienmitgliedern nicht nur Zeit und Mühe. Er rief Erinnerungen wach und löste Gespräche aus. Zu einem gewissen Grad schaffte der Verstorbene ein bestimmtes Bild von sich in diesem multimedialen Vermächtnis. Er hatte immerhin viel Zeit gehabt, es zu ordnen und zu säubern, aber die Hinterbliebenen kamen auf diese Weise auch in den glücklichen Genuss, über längst vergessene Anekdoten, Abenteuer und Gesichter zu stolpern.

Der Film »The Final Cut – Dein Tod ist erst der Anfang« mit Robin Williams zeigt das genaue Gegenteil von diesem äußerst menschlichen Ansatz, sich zu erinnern. Williams spielt darin einen Cutter, eine Art digitalen Produzenten und Bestatter, dessen Aufgabe es ist, ein implantiertes Speichergerät und eine Netzhautkamera, mit denen die meisten Kinder von Geburt an ausgestattet sind, auszuwerten. Es ist ein kommerzielles Produkt, um ein ganzes Leben aufzunehmen. Der Cutter komprimiert Jahrzehnte von Filmmaterial und verdichtet die Daten zu einem kurzen Film, der bei der Trauerfeier gezeigt wird – Auslöser für Debatten und Kämpfe über das, was gesagt und was ausgelassen wurde. Der Film aus dem Jahr 2004 ist zwar Science-Fiction, aber nicht so weit entfernt von dem, wie das Leben und sein digitales Nachspiel in ein paar Jahren aussehen werden.

Wir hinterlassen riesige Datenmengen, jede Sekunde, jeden Tag. Einiges legen wir aktiv an, vieles andere wird passiv von unzähligen Geräten und Diensten über uns gesammelt. Facebook ist nur einer der vielen Treffpunkte, an denen die Menschen digitale Souvenirs kreieren und verwalten. Auf Facebook allein »sterben« nach unbestätigten Schätzungen jedes Jahr zwischen 1,5 bis mehr als 3 Millionen Nutzer weltweit.[1] Das entspräche mehr als 30 Millionen Konten von Menschen, die bereits gestorben sind.[2]

Was mit Ihren Daten nach dem Tod geschieht, ist eine offene Frage, die eine lange Liste technischer, sozialer und rechtlicher Aspekte beinhaltet. Jeder Nutzer sollte daher früh anfangen, sein digitales Erbe zu Lebzeiten zu planen, beginnend mit der Frage, ob all diese Daten ein digitales Erbstück oder digitaler Abfall sind? Während Sie noch gesund sind, ist es vielleicht auch ein guter Zeitpunkt, »digitalen Selbstmord« zu begehen. Sich selbst und Ihre digitalen Spuren im Netz zu löschen ist eine Option, Ihren Verwandten und Freunden mehr Mitspracherecht bei der Frage zu geben, wie man sich an Sie erinnern wird. Und es ist eine Chance, sich aus dem Oversharing-Wahn der maschinenlesbaren Kultur zurückzuziehen.

Die Erben dürfen einen Blick drauf werfen

Die meisten Menschen verschwenden nicht viele Gedanken darauf, ihre digitalen Angelegenheiten in Ordnung zu halten. Sie laden Fotos auf verschiedene Sharing-Seiten hoch, veröffentlichen Kommentare zu den Bildern anderer, legen Wiedergabelisten an, markieren ihre Lieblingsorte auf einer Online-Karte und erzeugen so tagaus, tagein einen ungeahnten Datenstrom. Wer etwa merkt sich, welche Lieder und Filme er im Laufe eines Jahres anhört oder ansieht?

Zunehmend bewahren wir unseren Unterhaltungs- und Informationsfundus in der Cloud auf, anstatt ihn auf unseren Festplatten zu speichern oder in echten Regalen abzulegen. Auf die Hinterbliebenen wartet die Herausforderung, diesen Wust zu sortieren. Während es früher Fotoalben oder Schuhkartons voller Abzüge und Souvenirs waren, drohen wir heute in einem Meer digitaler Objekte zu ertrinken.

Unabhängig von der Frage, ob eines dieser Millionen Objekte erhaltenswert ist, sollten Sie sich hin und wieder einmal zurücklehnen und darüber nachdenken, was nach Ihrem Tod mit diesen Vermögenswerten geschieht. Werden Ihre Nachfahren oder Freunde in der Lage sein, alle Adressen und Orte ausfindig zu machen, an denen Sie etwas gespeichert haben? Werden sie in der Lage sein, sich bei diesen Diensten anzumelden, um Ihre Daten zu exportieren, fortzuführen oder sie zu entfernen?

Seine Konten bzw. deren Passwörter an die Nachwelt weiterzugeben ist nicht so einfach, wie es klingt. Rechtlich gesehen verstößt jemand, der sich bei der Anmeldung als jemand anderes ausgibt, zumindest gegen die Nutzungsbedingungen und wahrscheinlich auch gegen geltendes Recht. Wenn ein Onlinedienst das bemerkt, kann er das Konto kündigen. Auf einen Schlag wären die Beiträge, Posts oder E-Mails und Dokumente von Jahren verloren. Kostenpflichtige Dienste wie flickr Pro oder Media-Dienste wie iTunes verfallen, sobald die Kreditkarte stillgelegt wird. Damit versiegt oft auch die Möglichkeit, die rechtmäßig erworbenen Inhalte herunterzuladen. Es lohnt sich also, eine Strategie zu Lebzeiten zu erarbeiten.

Einige Dienste haben Richtlinien für den Umgang mit verstorbenen Nutzern entwickelt, die sich jedoch alle unterscheiden. Sie werden zudem regelmäßig vor Gericht angefochten oder stehen im Widerspruch zu ersten Gesetzen, die das Problem der digitalen Hinterlassenschaft behandeln.

Twitter zum Beispiel verlangt, dass ein Testamentsvollstrecker oder ein direktes Familienmitglied den Benutzernamen, die Sterbeurkunde und eine Kopie des Personalausweises oder Führerscheins der toten Person einsendet sowie eine unterschriebene, notariell beglaubigte Erklärung. Stimmen die Dokumente, wird das Twitter-Konto deaktiviert – ohne die Möglichkeit, den Inhalt zurückzubekommen oder wiederzubeleben.

Facebook bietet seit 2005 ein sogenanntes Denkmal-Konto für verstorbene Mitglieder an und verlangt dabei ähnliche Unterlagen. Diese Art von digitalem Erbe ist allerdings weniger ideal, als es klingt, da es das Konto auch für die nächsten Angehörigen einfriert. Im Denkmal-Modus stellen sich die Kontoeinstellungen auf privat um und erlauben niemandem mehr, sich einzuloggen oder Daten zu exportieren. Das Denkmal wird zum digitalen Grabstein, und nur Freunde und Familie können auf der Wand des Verstorbenen etwas veröffentlichen, als lege man Blumen auf ein Grab.

Bei Google+ ist die Situation noch schwieriger. Dieses soziale Netzwerk ist einer von inzwischen Dutzenden von Diensten des Suchriesen und deshalb an ein Google-Mail-Konto gebunden. Die Hinterbliebenen müssen verschiedene Dokumente einreichen und vor allem nachweisen, dass sie mindestens eine E-Mail mit diesem Konto des Verstorbenen ausgetauscht haben. All das ist noch keine Garantie dafür, dass die Erben tatsächlich Zugang bekommen werden.

Im Übrigen wird jedes Gmail-Konto, das für neun Monate brachliegt, automatisch und ohne Möglichkeit, den Inhalt wiederzubekommen, geschlossen. Mit ihm verschwinden alle Picasa-Alben, Wiedergabelisten auf YouTube, Blog-Einträge und andere Inhalte. Google bietet zumindest die Möglichkeit der »Datenbefreiung«, bei der jeder Nutzer auf einer speziellen Webseite fast alle gespeicherten oder markierten Inhalte herunterladen kann, von allen Statusmeldungen und Dokumenten bis zu den Videos, die er auf YouTube hochgeladen hatte. Facebook offeriert einen ähnlichen Dienst, und es empfiehlt sich, beides in regelmäßigen Abständen zu tun. Wer schon zu Lebzeiten all seine hochauflösenden Fotos von Facebook wieder herunterladen möchte, sollte sich jedoch auf eine Enttäuschung gefasst machen, denn das Netzwerk komprimiert alle Bilder beim Hochladen, um Übertragungs- und Speicherkosten zu sparen.

Was man selbst verwalten oder exportieren kann, ist für Verwandte oft tabu. Diese schmerzliche Erfahrung machen hin und wieder Eltern, deren Kinder plötzlich sterben. Sie erkennen, dass sich ein großer Teil der Hinterlassenschaft im Netz befindet, haben aber keine einfache oder legale Möglichkeit, zu diesen Daten Zugang zu bekommen, wenn sie nicht einmal das Passwort oder den Nutzernamen kennen.

Dieses Problem wird noch an Bedeutung gewinnen, wenn wir uns alle nur noch in der Welt der digitalen Erinnerungen bewegen – egal ob auf einer Festplatte oder einem Server irgendwo im Netz. Laut Umfrage einer Fotosharing-App sind die Erinnerungen von Jugendlichen zu 86 Prozent schon heute nur noch digital. Diese Zahl sinkt mit fort-

Sterben: Es ist mein Vermächtnis

schreitendem Alter bis auf gerade noch 12 Prozent für einen 65-Jährigen.[3]

Die rechtliche Grauzone, wer worauf Zugriff haben sollte, führt regelmäßig zu Klagen von Hinterbliebenen. Gleichzeitig versuchen die Gesetzgeber, Regeln für den Umgang mit digitalem Nachlass zu schaffen. Ein stark beachteter Fall betraf einen jungen Soldaten, der im Irak getötet wurde. Seine Eltern mussten Yahoo verklagen, um Zugriff auf seine E-Mails zu bekommen, die sie schließlich auf einer CD erhielten.[4] In vielen anderen Fällen weigern sich die Dienstleister unter Berufung auf Datenschutzbestimmungen, den Inhalt auszuhändigen. Ironischerweise scheinen dieselben Unternehmen wenig Skrupel zu haben, wenn es darum geht, die persönlichen Daten ihrer lebenden Nutzer nach Belieben auszuschlachten oder Geschäftspartnern zur Verfügung zu stellen. »Der deutsche Gesetzgeber schweigt sich zum digitalen Nachlass aus«, resümieren deutsche Juristen zum vagen Stand der Dinge hierzulande. (Martini 2012)

Legen Sie Ordner an zu Lebzeiten

Was sollte ein Mensch mit einem beträchtlichen Online-Fußabdruck tun, solange er gesund und munter ist? Es ist ratsam, einen Plan zur Pflege seiner digitalen Besitzstände auszuarbeiten, der sich ums Kuratieren, Organisieren und Bereinigen dreht. Der Brite Richard Banks, Forscher bei Microsoft, hat ein Buch über die Zukunft des Zurückschauens geschrieben.[5] Angesichts der Geschwindigkeit, mit der er digitale Bilder schießt, schätzt er, dass er allein seiner Tochter 200 000 Fotos vermachen wird.[6] Er mag für eine der größten Softwarefirmen der Welt arbeiten, aber selbst er fragt sich, ob Maschinen jemals in der Lage sein werden, Sinn aus den Dingen zu erzeugen, die wir hinterlassen, oder ob wir immer auf menschliche Intervention angewiesen sein werden. Das sich wie von Zauberhand selbst organisierende Fotoalbum wird möglicherweise immer ein Traum der Technologen bleiben.

Priorität sollte sein, den Zugang zu Ihren Daten und Dateien sicherzustellen. Es ist eine gute Idee, Ihre Passwörter an einem sicheren Ort zu notieren oder in einem speziellen Programm verschlüsselt zu speichern, zusammen mit detaillierten Anweisungen für die Überlebenden. Inkognito-Konten, wie ein schlüpfriger oder politisch radikaler

Blog unter einem Pseudonym, die Sie lieber nicht mit der Nachwelt teilen, sind eine andere Geschichte. Die Wahl liegt bei Ihnen: Lassen Sie die Einträge unter dem Gewicht des Webs verblassen, archivieren und verschlüsseln Sie sie, oder löschen Sie solches Beweismaterial komplett, solange Sie noch Zeit dazu haben.

Wenn Sie es vernachlässigen, die eine oder andere Entscheidung zu Lebzeiten zu treffen oder Anweisungen für die Nachwelt aufschreiben, schieben Sie Ihren Hinterbliebenen den schwarzen Peter zu. Die müssen dann oft unter enormem Stress und Druck entscheiden, die elektronischen Überreste Ihres Lebens online zu bewahren, den Zugriff darauf einzuschränken oder sie aus dem Netz zu entfernen.

Das ist leichter gesagt als getan. Während eine Entscheidung dem Wunsch der Familie entsprechen könnte, um ein bestimmtes digitales Bild von Ihnen zu erhalten, können sich der Freundeskreis im richtigen Leben oder die losen Online-Bekannten daran stören, die Sie als jemand ganz anderen kannten. Wie schon erwähnt, macht uns gerade dieses Bündel unterschiedlicher Persönlichkeiten und Identitäten zu Menschen aus Fleisch und Blut und nicht ein maschinenlesbarer Klarname. Immer mehr Menschen haben immerhin die Komplexität des Themas erkannt und begonnen, ihr digitales Testament aufzuschreiben. Laut einer Umfrage in Großbritannien hinterlässt inzwischen jeder zehnte Brite seine Passwörter in seinem Letzten Willen.[7]

Unternehmen haben das Thema als Marktlücke erkannt und bieten ihre Dienste an, um den Prozess der digitalen Sterbehilfe oder Nachlassplanung besser zu organisieren. Das sieht im Idealfall so aus: Sie melden sich für eine einzige Webseite an, um eine Bestandsliste zu erstellen, auf der all Ihre digitalen Vermögenswerte gelistet sind. Dort können Sie die Benutzernamen und Passwörter speichern und einen »digitalen Vollstrecker« wählen. Er muss dieser Verantwortung zu Ihren Lebzeiten zustimmen, wird aber erst dann automatisch Zugang erhalten, wenn Sie tot sind. Diese Vertrauensperson kann dank der Vorsorgeseite auch ein weiteres Problem lösen, nämlich kostenpflichtige Blogs oder Streaming-Dienste auf seine oder ihre Bankverbindung oder Kreditkarte übertragen, um zu verhindern, dass ein Dienst bei Ihrem Konto einfach den Stecker zieht.

Bei all jenen digitalen Vermögenswerten, die Sie für zu privat, zu brenzlig oder zu kurzlebig halten, sorgen Anbieter wie die Schweizer Firma SecureSafe dafür, ein Konto im Todesfall komplett zu »verbren-

Sterben: Es ist mein Vermächtnis

nen« oder zu löschen. Auch diese Weichen lassen sich zu Lebzeiten stellen. Sobald sich der Vollstrecker in die Erbschaftsakte einloggt, sind die dunklen Flecken im Netz so gut wie verschwunden. Allerdings steckt der Teufel im Detail. Sie müssen daran denken, bei Ihrem Nachlassdienst all jene Passwörter laufend zu aktualisieren, die jede vorsichtige Person im Netz alle ein bis zwei Monate ändern sollte. Mit anderen Worten: Es ist eine Menge Arbeit, sich richtig auf den Online-Tod vorzubereiten.

Was passiert mit Ihren Metadaten?

Die Risiken und Nebenwirkungen des Sterbens in der digitalen Welt mögen komplex sein, wenn wir von den Objekten sprechen, die eindeutig Ihnen gehören – Dokumente, Fotos, Tweets, gerippte Musikdateien oder Urlaubsvideos auf einem Server. Vollends verwirrend wird es, wenn man sich über den Verbleib der Metadaten, also der Daten über Daten, Gedanken macht.

Nehmen wir an, Sie laden ein Foto auf ein soziales Netzwerk oder einen Dienst wie Instagram hoch, viele Freunde veröffentlichen es wieder und kommentieren es. Sie sind Urheber des Fotos, aber wem gehören die Kommentare, die sich wie viele Schichten Patina über das Bild legen? Vielleicht ist das Foto in diesem Moment in den Allgemeinbesitz aller Freunde übergegangen, die sich die Mühe machen, es zu kommentieren. Wer könnte es da wagen, das Bild zu löschen? Und haben Sie oder Ihre Erben das Recht, das Bild samt aller Kommentare und Reposts auf diversen Wänden für die eigene Nutzung herunterzuladen, ohne alle Beteiligten zu fragen?

Ähnliches gilt für Ihre Chronik der multimedialen Unterhaltung. Wir sind auf dem Weg von einer Eigentümer- zu einer Mietergesellschaft, in der man nur noch Nutzungsrechte an Musik, Filmen, Büchern oder Spielen erwirbt, die nicht übertragbar sind. Aber wer besitzt das Recht an all den Wiedergabelisten auf Spotify oder Last.fm, die Sie über viele Jahre hinweg angelegt haben?

Solche Berge von Metadaten sind Teil Ihrer digitalen Identität, sie beschreiben Ihren Geschmack und Ihre Vorlieben im Laufe eines Lebens. Sie rufen besondere Momente in einer Biografie hervor, von der Playlist »Hochzeitsparty« für einen lieben Freund bis zur »Fahrt durch die Pampa« oder »Johanns erste Schritte.«

Unternehmen verfolgen und speichern diese Tätigkeiten mit zig Variablen und verkaufen sie weiter. Aber die wenigsten werden zulassen, dass andere Nutzer Ihren persönlichen Datenstrom sehen, geschweige denn die Daten oder die Lieder exportieren können.

Werden diese Konten nach einem Todesfall einfach stillgelegt oder gelöscht, wird damit zugleich ein Leben online ausradiert. Das ist ungefähr so, als wenn Agfa nach dem Tod eines passionierten Hobbyfotografen per Knopfdruck alle Aufnahmen einzöge und die handgeschriebenen Etiketten an den Diakästen entfernte. Oder stellen Sie sich vor, ein Fremder würde die Indexkarten für Ihre akribisch organisierte CD-Sammlung samt der alten Konzerttickets in den Papierkorb werfen. Für Ihre Nachfahren wären es Meilensteine eines Lebens voller Musik, für den Anbieter ist es vergeudeter Speicherplatz eines nicht länger autorisierten Kontos.

Selbst der Kauf von Inhalten ist keine Garantie. Apple etwa hat keine klare Politik, wie mit den Konten Verstorbener umgegangen wird. Deshalb sollten Sie daran denken, dass Einkäufe auf Diensten wie iTunes so gut wie wertlos wird, wenn Sie diese nicht auch regelmäßig auf einem physikalischen Medium sichern.

Was behalten und was wegwerfen?

Archivare und Bibliothekare denken darüber nach, wie die digitale Datensicherung zu verbessern und eine vernünftige Grenze zu ziehen ist, wenn es darum geht, wie viele Daten man über jede Person online aufbewahren sollte. Die Library of Congress in Washington etwa hat mit der Archivierung aller öffentlichen Tweets begonnen, seit der Microblogging-Dienst im Jahr 2006 startete. Es ist zwar ein ziemlich kleiner Datensatz, aber dennoch kein Modell, das für Privatpersonen taugt. Einfach alles zu sichern, weil Sie die Möglichkeit dazu haben, ist so effizient, als würden Sie jedes einzelne Foto, das Sie jemals gemacht haben, in eine Kiste stopfen und in den Keller bringen. Speichermedien mögen immer billiger werden, aber Sie sind kein hauptberuflicher Archivar, der sich um die Inhalte kümmert und sicherstellt, dass ein Dateiformat auch in 20 Jahren noch lesbar ist.

Sie sollten auch daran denken, dass es beim Säubern unnötiger Daten und Erinnerungen nicht nur um die Inhalte geht, die in der Cloud und auf Ihren gegenwärtig benutzten Geräten gespeichert sind. Es geht auch um Inhalte, die sich noch auf alten Geräten befinden. Viele Menschen vergessen, ihre PCs, Handys oder sogar Spielkonsolen zu löschen. Diese Geräte werden häufig weiterverkauft oder recycelt, und die Daten fallen in die Hände neuer Besitzer oder Hacker, angefangen von Chats und Fotos bis hin zu Kontoauszügen und anderen privaten Informationen wie Arbeitsunterlagen oder Gerichtsakten.

Es wird immer mehr Werkzeuge geben, die bei der Organisation digitaler Werte über lange Zeiträume helfen, aber es empfiehlt sich, viele Dinge auszudrucken und altmodische Alben oder Akten zu erstellen.

Dabei ist keineswegs sicher, dass viele der Dienste, die wir heute nutzen, in 20 oder 30 Jahren noch existieren werden. Genau wie Disketten unlesbar werden, sobald niemand mehr die passenden Laufwerke hat, könnten Internetdienste weiterverkauft oder stillgelegt werden oder einfach das Geschäftsmodell ändern – mit fatalen Folgen für alle Bestandteile Ihrer digitalen Identität.

Auch die Art und Weise, wie Menschen mit toten Familienmitgliedern und Freunden im Netz umgehen, ändert sich im Laufe der Zeit. Die Online-Präsenz eines jeden Einzelnen wandelt sich zu einem neuen Leben nach dem Tod. Jed Brubaker, ein Forscher an der University of California in Irvine, hat untersucht, wie Menschen mit den Profilen Verstorbener auf sozialen Netzwerken interagieren, und dabei entdeckt, dass digitale Identitäten am Leben bleiben, obwohl deren Eigentümer schon lange tot sind. Auf dem inzwischen weitgehend in Vergessenheit geratenen Netzwerk MySpace beobachtete er, dass Nutzer Jahr für Jahr zurückkehren, um mit den inaktiven Konten toter Bekannter zu interagieren, um Trauer oder Gefühle des Verlustes auszudrücken.

Auf Facebook entdeckte Brubaker ein weiteres interessantes Verhaltensmuster: Trauernde Eltern besuchen oft die Gedenkseiten ihrer Kinder, wissen aber, im Gegensatz zu den Freunden ihrer Kinder, nicht, wie sie sich auf diesem unbekannten Terrain verhalten sollen. Je älter die aktuelle Generation der sogenannten Digital Natives wird, desto mehr werden sich auch die Ängste und Empfindlichkeiten im Umgang mit den Überresten eines Online-Lebens ändern. Brubaker ist sich einer Sache sicher: »Der Tod spielt eine zunehmend wichtigere Rolle in der Erfahrung des Social Networking.«[8]

Einige Freaks der digitalen Welt sind in der Zwischenzeit eifrig dabei, das Leben nach dem Tod zu perfektionieren – zumindest im Netz. Das reicht von der Sicherung aller Daten und Dateien bis zum Aufbau einer virtuellen Person aus all den digitalen Spuren, die wir zurücklassen. Viele der Ideen erinnern an eine unheimliche Erweiterung der Lifelogging-Werkzeuge, von denen schon die Rede war. Am Ende steht die Vision, Opa neu zu starten, lange nachdem er gestorben ist.

Diese Tüftler, die zum Teil an das ewige Leben auf einem Server glauben, argumentieren, dass Sie bald in der Lage sein werden, ein digitales Abbild Ihrer selbst zu rekreieren, da Sie jahraus, jahrein genug Daten über sich selbst gesammelt haben. Der Doppelgänger im Netz kann ewig leben – solange jemand die Monatsgebühr bezahlt. Speisen sollen sich diese virtuellen Identitäten nicht nur aus Textbeiträgen und Fotos, sondern auch aus Ton- und Videodateien, Chat-Protokollen, vielleicht sogar aus biometrischen Feeds und Messungen der Laune an einem bestimmten Tag.

Die aus Jahrzehnten eines Lebens extrahierten Daten würden es Familien und Freunden ermöglichen, einen Verstorbenen auf Knopfdruck heraufzubeschwören, etwa in Form einer Computeranimation, einer holografischen Projektion oder als Treiber für einen Roboter, der sich aus dem historischen Datenstrom speist, während er der Witwe oder den Enkeln Gesellschaft leistet oder ein Fotoalbum vom Familienurlaub zeigt. Anhänger der Theorie der Verschmelzung von Mensch und Maschine, wie der US-Computerwissenschaftler und Erfinder Ray Kurzweil, glauben, es sei nur eine Frage der Zeit und Erschwinglichkeit, bevor wir solche *mindfiles*, virtuelle Kreaturen, erzeugen, auf einen Rechner laden und bei Bedarf zum Laufen bringen können.

Für jemanden wie Airdrie Miller ist diese Aussicht ein Gräuel. Ihr Mann Derek war ein begeisterter Blogger, der im Jahr 2011 an Krebs starb. Er verfasste einen berühmten letzten Blog-Beitrag, der so begann: »So. Ich bin tot ...« und nach seinem Ableben online zu lesen war.[9] Seine Witwe verbrachte Monate damit zu klären, was mit seinen verschiedenen Online-Konten und seinem gesamten digitalen Erbe geschehen sollte. Ihre Trauer wurde zu einer Lehrzeit als Technologie-Autodidaktin und der Fehlerbehebung.

Sterben: Es ist mein Vermächtnis

Im Frühjahr 2012 kehrte Miller langsam wieder zurück zum On-line-Dating, um einen neuen Partner zu finden. Würde sie sich entscheiden, mit einer digitalen Darstellung ihres verstorbenen Mannes zu interagieren, wenn die Technik ihr die Möglichkeit dazu gäbe? »Ich glaube nicht«, sagt sie. Für sie verläuft eine klare Grenze zwischen dem Sichten und Lebendigerhalten möglichst vieler Dateien ihres verstorbenen Mannes, also der Erinnerung und dem Versuch, ihn mehr schlecht als recht wiederzubeleben. »Was sollte ich zu Roboter Derek sagen, wenn ich mit einem neuen Mann verabredet bin?«, fragt sich Miller nur halb im Scherz.[10]

Das Recht, vergessen zu werden

Angenommen, Sie haben genug von der digitalen Unordnung und wollen die Welt etwas aufgeräumter verlassen, als Sie sie vorgefunden haben. Warum nicht heute mit dem Aufräumen beginnen, anstatt die Arbeit Ihren Hinterbliebenen oder den Klatschmäulern online zu überlassen? Sie könnten bald das Gesetz auf Ihrer Seite haben.

Die EU steht kurz davor, eine neue, aktualisierte Datenschutzricht-linie zu erlassen, die das »Recht, vergessen zu werden« definiert und Bürger besser in die Lage versetzt, ihre Daten zu kontrollieren. Das Gesetz wird Online-Nutzern das Recht einräumen zu verlangen, dass »alle Informationen über eine betroffene Person« gelöscht werden.[11] Die Vorschriften dürften, wenn sie ordnungsgemäß durchgesetzt werden, Internetfirmen wie Facebook und Google sowie ihren Sympathisanten arge Kopfschmerzen bereiten. Die Verbraucher wird dieses Recht dem Ziel einen Schritt näher bringen, digitalen Selbstmord zu begehen – vielleicht die ultimative digitale Selbstverteidigung.

Es gibt bereits Werkzeuge, um Ihr gesamtes Twitter- und zumindest Ihr Facebook-Konto teilweise zu reinigen. Diese befinden sich meist in einem Katz-und-Maus-Spiel mit den Anbietern, die jegliche Art der automatischen Kontenbereinigung als unerlaubten Zugriff unterbinden wollen. Schön wäre es, wenn sie bei der automatischen Verknüpfung aller Ihrer Daten und Konten ebenso gewissenhaft vorgingen.

Der holländische Hacker und Künstler Walter Langelaar, der Teil eines Kollektivs namens Worm ist, ging noch einen Schritt weiter und veröffentlichte Ende 2009 die »Selbstmord-Maschine.« Dieses automatische Skript funktioniert so: Wenn Sie dort die Log-in-Informationen für Ihr Facebook-Konto eingeben, legt die Maschine los. Sie entfreundet oder löscht nacheinander alle Ihre Freunde und macht am Ende das Konto dicht. Das kann man auch von Hand erledigen, aber es ist umständlich und zeitraubend.

Dabei ist die Reihenfolge entscheidend, mit der das Programm verfährt, erklärt Langelaar. Wer sein Konto einfach deaktiviert, überlässt dem Unternehmen alle wertvollen Daten über sich und seine Freunde. Facebook etwa verfügte im Herbst 2012 über die Beziehungsmuster von insgesamt mehr als 140 Milliarden Freundschaften.[2] Richtiger digitaler Selbstmord funktioniert nur, wenn Sie zuerst all Ihre Verbindungen trennen und dann das Konto löschen. Denn wer niemanden kennt und nicht weiterverkauft werden kann, ist in den Augen der Datenhäscher eine weitgehend wertlose Person.

Facebook reagierte schnell und schickte Unterlassungserklärungen an den niederländischen Künstler und seine Kollegen, die prompt digitalen Selbstmord begingen. »Die Maschine hat ihren Zweck erfüllt, nämlich das Bewusstsein darüber zu schärfen, wer die Kontrolle über meine Daten hat«, sagt Langelaar. »Tausende von Menschen haben davon gehört und es ausprobiert.«[3] Der Künstler arbeitet bereits an neuen Protestinstrumenten, die den Datendiebstahl anprangern.

Jetzt sind Sie an der Reihe, hoffentlich viele der Abwehrmaßnahmen in die Tat umzusetzen, die dieses Buch erläutert hat. Das abschließende Kapitel zeigt Ihnen, wie Sie verschiedene Tipps, Tricks und vor allem Werkzeuge ausprobieren können, um ein Meister der digitalen Selbstverteidigung zu werden und eine bessere Kontrolle über Ihre Identität und Privatsphäre zu bekommen.

Es sind Ihre Daten und Ihre Identität in einer vernetzten Welt, um die es geht. Also löschen Sie sie, blockieren Sie die Datenhäscher, wo Sie können, und tun Sie im Netz so, als ob!

Sterben: Es ist mein Vermächtnis

Tipps und Tricks

- Verwenden und merken Sie sich sichere Passwörter (I-9)
- Sicherheit bei Facebook für Fortgeschrittene (II-15)
- Kontrollieren Sie all Ihre Daten an einem Ort (III-29)
- Löschen Sie Ihr Facebook-Profil (III-30)
- So begehen Sie Twitter-Selbstmord (IV-35)
- Säubern Sie Ihr YouTube-Konto (IV-36)
- Bereiten Sie Ihr digitales Erbe vor (IV-40)

13. Werkzeuge:
Tipps und Tricks

Verteidigungsstufe I: Die zehn grundlegenden Dinge, die Sie tun sollten

1 Löschen Sie Ihre Cookies und Ihr Webprotokoll
2 Verwenden Sie Google-Datenschutz-Werkzeuge, aber vermeiden Sie, zu häufig Google zu nutzen
3 Diese Informationen gehören nicht in soziale Netzwerke
4 Verwenden Sie mehrere Browser
5 Verwenden Sie Pseudonyme für Ihr privates Ich
6 Grundlegende Sicherheit bei Facebook
7 Grundlegende mobile Sicherheit
8 Schützen Sie Ihre E-Mails
9 Verwenden und merken Sie sich sichere Passwörter
10 Kaufen Sie sicher mit Ihrer Kreditkarte ein

Verteidigungsstufe II: Die nächsten zehn Dinge, die Sie tun sollten

11 Verwenden Sie Blocking-Werkzeuge in Ihrem Browser
12 Verwenden Sie privates Surfen
13 Verwenden Sie Firefox zum Porno-Surfen
14 Sperren Sie Social Widgets
15 Sicherheit bei Facebook für Fortgeschrittene
16 Sicherheit für mobile Apps
17 Verbergen Sie Ihre IP-Adresse mit einem VPN

Verteidigungsstufe III: Die nächsten zehn Dinge, die Sie tun sollten

Verteidigungsstufe IV: Der Rest

Verteidigungsstufe I: Die zehn grundlegenden Dinge, die Sie tun sollten

1 Löschen Sie Ihre Cookies und Ihr Webprotokoll

Nach der sogenannten Cookie-Richtlinie der EU müssen alle Webseiten die Zustimmung ihrer Besucher für die Verwendung von Cookies erhalten. Es ist nicht ganz klar, wie die Richtlinie umzusetzen ist, also müssen Sie auf eigene Faust handeln. Wir empfehlen, dass Sie Ihre Cookies regelmäßig löschen. Alle gängigen Browser lassen Benutzer die Cookies, die auf ihrem Computer installiert sind, ansehen und löschen. Ebenso können Sie im Browser einstellen, ob Sie die Platzierung von Cookies zulassen oder generell ablehnen. Die TU Berlin bietet eine Suchmaschine, die Sie vor dem Besuch einer Webseite informiert, wie viele Erst- und Drittanbieter-Cookies gesetzt werden sollen: http://b-versio.verbraucher-sicher-online.de/jcookie/. Einen schnellen Überblick bietet auch eine Seite der Werbewirtschaft: meine-cookies.org

So entfernen Sie Cookies:

→ Im Internet Explorer gehen Sie im Menü auf »Extras«, ziehen Sie die Internet-Optionen herunter, und unter »Allgemein« wählen Sie »Optionen zum Löschen aller Cookies«. Möglicherweise gibt es Hunderte davon, also könnte es am einfachsten sein, alle zu löschen.

→ In Firefox gehen Sie auf »Einstellungen«, dann auf »Privatsphäre«. Hier können Sie auch Ihre Geschichte, aber nur einige der Cookies löschen.

→ In Chrome gehen Sie auf »Einstellungen«, »Datenschutz«, »Inhaltseinstellungen«. Hier sehen Sie all Ihre Cookies. Löschen Sie diese und Ihre Geschichte.

→ In Safari gehen Sie auf »Einstellungen« und die Registerkarte »Sicherheit«.

Google sammelt detaillierte Informationen über das Suchverhalten seiner Nutzer im Webprotokoll. Sie können Ihr Webprotokoll hier einsehen und löschen: google.de/history. Nach dem Einloggen klicken Sie auf »Gesamtes Webprotokoll entfernen«. Damit sind nicht nur Ihre bisherigen Suchabfragen gelöscht, sondern werden auch neue künftig nicht mehr gesammelt. (Google sammelt die Daten weiterhin zur eigenen Verwendung.) Ähnlich müssen Sie für andere Google-Dienste wie YouTube verfahren (siehe »Löschen Sie Ihr YouTube-Konto«). Alternativ können Sie auch die personalisierte Suche deaktivieren. Einzelheiten finden Sie unter: http://support.google.com/websearch/bin/answer.py?hl=de&answer=54 048.

Cookies zu löschen oder neue zu blockieren ist kein Allheilmittel und verursacht oft Mehrarbeit, da sie alte Bekannte im Netz nicht mehr automatisch wiedererkennen und Webseiten ständig neue Cookies einrichten. So müssen Sie damit rechnen, Ihre Anmeldedaten erneut einzugeben (siehe »Verwenden und merken Sie sich sichere Passwörter«, um diesen Prozess zu vereinfachen).

Sie sollten zudem Dienstprogramme und Browser-Erweiterungen installieren, die Cookies nach jeder Browser-Sitzung entfernen oder ihre Einrichtung verhindern. Einige besonders neugierige Webseiten wie der Mobilfunkanbieter Fyve.de werden dann allerdings nicht mehr voll funktionstüchtig sein bzw. Nutzern das Einloggen nicht erlauben (siehe »Verwenden Sie Blocking-Werkzeuge in Ihrem Browser«).

2   Verwenden Sie Google-Datenschutz-Werkzeuge, aber vermeiden Sie es, zu häufig Google zu nutzen

Als Erstes sollten Sie überprüfen, was Google über Sie weiß. Google konkurriert mit Facebook um den Titel des Anbieters im Netz, der die meisten Daten über die meisten Menschen besitzt. Zumindest ist Google ziemlich transparent und informiert Nutzer, welche Daten es über sie sammelt und wie es damit umgeht.

Hier sind alle Datenschutz-Werkzeuge von Google auf einen Blick: https://www.google.com/intl/de/policies/privacy/tools/.

Unter http://google.de/dashboard müssen Sie sich einloggen und sehen dann alles, was Google über Sie in Verbindung mit diesem Konto weiß – quer durch alle Dienste. Die rechte Spalte enthält Links zur Verwaltung Ihrer Einstellungen und Konten. Sie können sich auch einen wöchentlichen Aktivitätsreport zumailen lassen.

Auf dem Anzeigenvorgaben-Manager (google.com/ads/preferences) können Sie sehen, welche Informationen Google über Ihre

Vorlieben gesammelt hat und für Werbeschaltungen verwendet. Sie können die Kategorien, die für Sie von Interesse sind, bearbeiten oder alle entfernen. http://www.google.de/goodtoknow/manage-data/ads/.

Mit dem Werkzeug »Ich im Internet« bietet Google eine Seite an, die Ihnen ausführliche Beratung bietet, wie Sie Ihren Online-Ruf kontrollieren. Dazu melden Sie sich an und wählen im Dashboard »Ich im Internet« aus.

Auf google.de/takeout, einer Seite zum Datenexport der sogenannten »Datenbefreiungsfront«, können Sie fast alle Ihre Informationen aus Googles diversen Diensten exportieren. Mehr dazu unter: http://www.dataliberation.org/.

Auf YouTube können Sie Gesichter in Bildmaterial, das anonym bleiben soll, unkenntlich machen: http://youtube-global.blogspot.de/2012/07/face-blurring-when-footage-requires.html.

Wenn Sie Firefox verwenden, können Sie das Plug-in GoogleSharing verwenden, das Ihre IP-Adresse und Suchanfragen mit den Angaben vieler anderer vermischt und Google so von der Identifizierung und Erfassung Ihres persönlichen Suchverlaufs abhält: https://addons.mozilla.org/de/firefox/addon/googlesharing/.

Wenn Sie viele Ihrer alltäglichen Aktivitäten bei Google erledigen (E-Mail, Suche, Picasa-Bilder, Translate, Maps und Dokumente), händigen Sie Google zu viele Teile Ihres Identitätspuzzles aus. Das Unternehmen kann alle diese Datenpunkte in seiner weltumspannenden ID-Datenbank speichern und sich ein immer detaillierteres Bild von Ihnen machen. Wenn Sie das nicht möchten, sollten Sie sich nach alternativen Diensten umsehen, etwa:

→ Suchmaschinen wie Duckduckgo.com, blekko.com, startpage.com und ixquick.com für die anonyme Suche, die entweder keine Daten über ihre Nutzer und deren Suchabfragen sammeln oder sie en masse anonymisieren, wenn sie auf die großen Dienste zugreifen. Seien Sie aber darauf gefasst, dass möglicherweise nicht alle Suchergebnisse so umfassend wie bei Google sind.

→ Benutzen Sie private E-Mail-Dienste wie Hushmail anstelle von Gmail, da sie den Inhalt Ihrer Korrespondenz nicht automatisch scannen.

→ Für Ihre Bilder sollten Sie einen Dienst wie Flickr (gehört zu Yahoo) benutzen. Apples iCloud etwa erlaubt, bis zu 1000 Fotos kostenlos zu speichern und sie als Streams mit einem Kreis ausgesuchter Empfänger zu teilen.

→ Wenn Sie eine eigene Webseite betreiben, verwenden Sie einen Analysedienst wie das Open-Source-Projekt Piwik statt Google Analytics, bei dem das Unternehmen mitliest.

Melden Sie sich bei Google regelmäßig ab oder verwenden Sie einen anderen Browser für Suchabfragen als den, den Sie für Google Mail verwenden. So sieht Google Sie als zwei Personen und kann Ihre Online-Aktivitäten weniger bündeln.

3   Diese Informationen gehören nicht in soziale Netzwerke

Allgemeine Regel: Laden Sie niemals etwas hoch, was nicht die ganze Welt lesen soll.

→ Sozialversicherungsnummer, Geburtstag und -ort erleichtern es Dritten, sich Zugang zu Ihren Onlinekonten zu verschaffen und Ihre Identität zu stehlen.

→ Ihr Geburtstag: Entfernen Sie ihn von Facebook und geben Sie stattdessen einen gefälschten an. Er ist einer der wichtigsten Indikatoren für Unternehmen, Ihr wahres Ich herauszufinden. Wir wissen, es macht Spaß, all diese Glückwünsche auf Facebook zu bekommen, aber überlegen Sie einmal: Kommt es von Herzen, oder macht es heute jeder automatisch?

→ Fotos von Ihrer Kreditkarte. Kaum zu glauben, aber manche Menschen tun so etwas. Schauen Sie sich dieses Twitter-Konto der Leichtsinnigkeit an: @NeedADebitCard.

→ Fotos von Ihrem Führerschein oder irgendeinem Dokument mit Ihrer Unterschrift sind eine Einladung zum Identitätsdiebstahl.

→ Urlaubspläne. Sofern Sie nicht ausgeraubt werden wollen, stellen Sie Urlaubspläne oder gebuchte Termine nicht ins Netz. Teilen Sie keine Fotos, wenn Sie im Urlaub sind. Warten Sie, bis Sie zurück sind. Wenn Sie Ihren Standort unbedingt während des Urlaubs teilen wollen, sollten Sie einen Weg finden, um Ihrem Publikum im gleichen Atemzug zu sagen, dass jemand nach Ihrem Haus oder nach der Wohnung schaut.

→ Denken Sie an Datenlecks, wenn Sie einen der vielen neuen Carsharing- oder Ridesharing-Dienste benutzen. Wenn diese Dienste mit einem sozialen Netzwerk verknüpft sind, tauchen Ihr Standort und Ihre Pendler- oder Reisegewohnheiten schnell im Netz auf.

→ Ihre Adresse und besuchte Schulen. Keine gute Idee, siehe oben. Entweder weglassen oder pro Netzwerk eine andere, fiktive eingeben.

→ Aussagen über Ihren Job oder Arbeitskollegen, vor allem, wenn sie negativ sind. Arbeitgeber könnten mithören, was Sie sagen, und diese Angaben verwenden, wenn es um Einstellungen, Beförderungen, Abmahnungen oder Kündigungen geht.

→ Anekdoten über den Gebrauch von Alkohol, Tabak und Drogen, auch »weichen«. Versicherungen, Werbenetzwerke und Arbeitgeber freuen sich über solche Details aus Ihrem Privatleben.

→ Passwort-Hinweise. Füllen Sie kein spaßiges Quiz auf Facebook oder unterhaltsame Online-Tests aus, die Sie nach »fünf Dingen aus meinem Leben, die keiner wusste« fragen. Solcher Leichtsinn erleichtert es Spammern, Hackern und gewöhnlichen Kriminellen, Ihr Passwort zu erraten oder sich über Sicherheitsfragen wie den Mädchennamen Ihrer Mutter, Ihr erstes Haustier oder die Kirche, in der Sie geheiratet haben, den Zugang zu erschwindeln.

→ Riskante Hobbys wie Drachenfliegen oder Angewohnheiten wie Raserei am Steuer und Motorrad ohne Helm zu fahren. Versicherungen schauen Ihnen über die Schulter. Wenn Sie Schulden haben, freuen sich Inkassounternehmen über jeden Hinweis auf Ihr luxuriöses Freizeitverhalten.

Hinweis: Sie sollten auch nichts auf sozialen Netzwerken teilen oder online einkaufen gehen, wenn Sie »angeschlagen« sind, sprich sich in einem hochemotionalen Zustand befinden oder unter dem Einfluss von Alkohol oder Drogen stehen. Sie werden es sehr wahrscheinlich am nächsten Morgen bereuen. Eine Sammlung von Dummheiten, die Menschen im Netz teilen, finden Sie hier: http://weknowwhatyoure doing.com/.

4   Verwenden Sie mehrere Browser

Wechseln Sie zwischen mehreren Browsern und ohne dabei die Einstellungen zu importieren. Firefox ist nach Expertenmeinungen der beste Browser, wenn es um den Schutz der Privatsphäre geht. Sie haben u. a. die Wahl zwischen Chrome, Internet Explorer, Safari, Opera und Terra. Alle Browser haben Privatsphäre-Optionen in ihren Einstellungen, aber Sie sind gut beraten, Cookies zu blockieren und zu löschen, Blocking-Werkzeuge zu installieren (siehe »Verwenden Sie Blocking-Werkzeuge in Ihrem Browser«) und Ihr Webprotokoll zu bereinigen.

5 Verwenden Sie Pseudonyme für Ihr privates Ich

Vermeiden Sie, Ihr privates Ich mit Ihrem professionellen Ich zu vermischen – eine verlockende Falle, die Netzwerke von Facebook bis Xing nur zu gerne nutzen. Tun Sie so, als ob, wenn es um Ihr privates Ich geht: Benutzen Sie einen falschen Namen und andere falsche Angaben zur Person. Halten Sie die berufliche und die private Identität so gut wie möglich auseinander.

Ihre Freunde sollten natürlich Ihr Pseudonym wissen und umgekehrt. Denken Sie daran, bevor Sie sich an Diskussionen auf der Pinnwand eines Freundes beteiligen. Es verstößt zwar gegen die Nutzungsbedingungen von Facebook oder Google, einen anderen Namen als den eigenen Klarnamen zu verwenden, aber Ihre Privatsphäre sollte Ihnen wichtiger sein als eine Bestimmung, die nach Meinung von Fachleuten ohnehin gegen das deutsche Telemediengesetz verstößt.

Ein paar Tipps:

→ Verwenden Sie einen gewöhnlichen, langweiligen Namen. So sind die Chancen größer, dass Facebooks Klarnamen-Polizei es nicht bemerkt und das Konto löscht. Finger weg von bekannten Namen – vor allem nicht Prominente oder Markenzeichen wie Mickymaus.

→ Wenn Sie mit mehreren Identitäten und Pseudonymen arbeiten, empfiehlt es sich, einen Dienst auf dem Rechner oder Mobilgerät zu benutzen, der Passwörter und Rollen speichert (siehe »Verwenden und merken Sie sich sichere Passwörter«).

→ Falls Sie Fragen zur richtigen Vorgehensweise haben, fragen Sie einen Teenager. Ihre eigenen Kinder verwenden wahrscheinlich schon längst ein Pseudonym, um einige Dinge vor Ihnen zu verbergen.

→ Exportieren und speichern Sie Ihre Facebook-Inhalte ab und zu,

Werkzeuge: Tipps und Tricks

sodass Sie sie auch dann noch haben, wenn Ihr Konto wegen Klarnamen-Verstoß geschlossen werden sollte.

Fantasie ist gefragt: Beim Einrichten des Pseudonyms sollten Sie auch ein falsches Geburtsdatum, ein falsches Geschlecht und falsche sexuelle Vorlieben sowie ein Bild verwenden, das zwar gute Freunde erkennen, aber nicht Software zur automatischen Gesichtserkennung. Oft reichen Bart, Hut und Sonnenbrille oder eine Fantasie-Illustration. Denken Sie daran, das falsche Konto mit einem alternativen E-Mail-Konto einzurichten, sonst sind Sie zu leicht zurückzuverfolgen. Das Pseudonym-Konto können Sie auch verwenden, wenn Sie Informationen über sich selbst auf einer neuen Webseite ausfüllen müssen. Es ist erstaunlich, wie schnell solche Fantasie-Adressen als Empfänger von Werbemails auftauchen, ein klares Indiz dafür, dass jemand Ihre Informationen weitergegeben hat.

Verwenden Sie eines Ihrer bestehenden oder ein neues Pseudonym, wenn andere soziale Netzwerke nach privaten Informationen fragen, etwa Airbnb, Pinterest oder Path. Solchen Diensten beim Einloggen oder danach Zugriff auf Ihr Facebook-Konto oder Ihr echtes Adressbuch zu geben ist eine Todsünde der digitalen Selbstverteidigung.

Diese Vorsichtsmaßnahmen gelten natürlich auch, wenn Sie online nach einem Date suchen, Pornos anschauen sowie für Spiele im Netz.

Bei Netzwerken für den professionellen Gebrauch ist ein anderes Verhalten gefragt, denn dort wollen Sie ja sichtbar sein. Twitter und LinkedIn etwa zwingen Ihnen keine Klarnamen-Richtlinien auf, aber solange Sie diese Dienste nur für berufliche Zwecke verwenden, sollten Sie das unter Ihrem eigenen Namen tun.

6 Grundlegende Sicherheit bei Facebook

Beachten Sie, dass alles, was Sie auf Facebook veröffentlichen, wirklich Facebook gehört, nicht Ihnen, einschließlich Ihrer Fotos, und dass Facebook einerseits Ihre Daten mit anderen teilt, um Ihnen Anzeigen auch außerhalb von Facebook zu senden, andererseits verfolgen kann, wo Sie sich im Web bewegen.

Befreunden Sie sich nicht mit Ihren Vorgesetzten. Sollten Sie dies doch tun wollen, seien Sie achtsam. Ihr Vorgesetzter wird Klatsch oft rasch von anderen in Ihrem Freundeskreis und von Kollegen erfahren.

Passen Sie die Privatsphäre-Einstellungen von Facebook an, anstatt die Standardeinstellungen zu akzeptieren. Denken Sie daran, dass Facebook alle Daten über Sie hat und sie im Aggregat oder gezielt an Drittanbieter weitergibt, von Werbekunden bis zu Anbietern von Apps. Streng genommen ist nichts auf Facebook wirklich privat. Auch deshalb ist es eine gute Idee, ein Pseudonym und möglichst viele fiktive Angaben zu verwenden.

Blockieren Sie die Rückwärtssuche nach Ihrer Telefonnummer und E-Mail-Adresse. Facebook hat diese Methode, im Trüben zu fischen, als Standardeinstellung freigegeben. Deswegen sollten Sie entweder Ihre Telefonnummer löschen und eine Wegwerf-E-Mail-Adresse eingeben oder zumindest Ihre Einträge für Fremde unsichtbar machen. Das geht so: Beim Nutzerprofil oben rechts »Privatsphäre-Einstellungen« und »Funktionsweise von Verbindungen« auswählen. Dann unter dem Punkt »Wer kann dich anhand der von dir angegebenen Telefonnummer und E-Mail finden?« die Auswahl auf »Freunde« setzen. Klicken Sie unter »Anwendungen, Spiele und Webseiten« auf die Unterpunkte »Umgehende Personalisierung« und »Öffentliche Suche« und löschen jeweils das Häkchen, das beide Formen der Datenhäscherei ermöglicht.

Verwenden Sie einen Browser speziell nur für Facebook, denn obwohl Sie abgemeldet sind, weiß Facebook weiterhin Bescheid und kann über seine Dienste (die Social Buttons) so gut wie jede Seite verfolgen, die Sie besuchen. Verwenden Sie einen Browser also nur für Facebook und nichts anderes. Es gibt viele Browser, allen voran Firefox, Explorer, Chrome, Safari, Opera und Terra. Wenn Sie wirklich nur einen Browser für alles, einschließlich Facebook, verwenden wollen, installieren Sie zumindest Facebook Disconnect oder Facebook Blocker (siehe »Sicherheit bei Facebook für Fortgeschrittene«).

Hüten Sie sich vor Apps. Installieren Sie keine Facebook-Apps aus einer Laune heraus. Untersuchungen des *Wall Street Journal* und des Monitoring-Dienstes secure.me demonstrieren, dass viele, wenn nicht die meisten Social Apps Ihre Daten ausspähen und obendrein nicht sicher sind. Einige der am häufigsten verwendeten Anwendungen wie Spiele, Quiz- und Sharing-Dienste sammeln Unmengen von persönlichen Informationen, nicht nur vom Benutzer der App, sondern auch von dessen Facebook-Freunden. Eine Möglichkeit, sich einen schnellen Überblick zu verschaffen, bietet der App Advisor von secure.me,

Werkzeuge: Tipps und Tricks

der mehr als eine halbe Million Apps unter die Lupe nimmt: https://apps.secure.me.

Sie sollten auch die Standardeinstellung ändern, die Ihren Freunden das Recht gibt, alles über Sie zu teilen: »Privatsphäre-Einstellungen« → »Werbeanzeigen, Anwendungen und Webseiten« und dann bearbeiten »Wie Nutzer deine Informationen an Anwendungen weitergeben, die sie nutzen«. Dort heben Sie alle Markierungen auf. Um den großen Ausverkauf Ihres Surfverhaltens zu verhindern und zu vermeiden, dass Werbung und normale Posts vermischt werden, klicken Sie auf »Werbeanzeigen« → »Einstellungen bearbeiten« und setzen die Einstellungen für die zwei Kategorien »Webseiten Dritter« und »Werbeanzeigen und Freunde« auf »Niemand«.

Ändern Sie Ihren Benutzernamen: In »Account Settings« können Sie Ihren Benutzernamen ein Mal ändern. Tun Sie das, wenn Sie das Konto mit Ihrem Klarnamen eingestellt haben. Ändern Sie auch Ihre E-Mail-Adresse, sodass sie den gleichen falschen Namen hat (siehe »Verwenden Sie Pseudonyme für Ihr privates Ich«). Facebook will Sie dazu bewegen, nur Ihren Facebook-Namen zu ändern (nicht Ihren Benutzernamen) – das können Sie beliebig oft tun.

Verhindern Sie, dass Ihre Bilder veröffentlicht werden: Sie können andere daran hindern, Bilder von Ihnen ohne Ihre Zustimmung zu veröffentlichen. Dazu gehen Sie auf »Privatsphäre-Einstellungen« → »Chronik und Markierungen« → »Markierungen, die Freunde zu deinen eigenen Beiträgen auf Facebook hinzufügen, prüfen«. Nun werden Sie jedes Mal, wenn Sie jemand markiert, einen Hinweis bekommen, um das Bild zu genehmigen, bevor es veröffentlicht wird.

Kontrollieren Sie, wer was sieht: Eine Facebook-App des Sicherheitsunternehmens McAfee namens Social Protection legt ein geschütztes Fotoalbum an, bei dem Sie kontrollieren können, wer welche Ihrer Bilder sieht. Ähnliche Einstellungen bietet der Monitoring-Dienst von secure.me, der automatisch im Auge behält, was andere Leute über Sie veröffentlichen. Er warnt Sie sogar, wenn Sie auf einem neuen Foto zu sehen sind, sodass Sie den Besitzer bitten können, es zu entfernen.

Verstecken Sie Ihre Freundesliste. Facebook hält Ihre Freundesliste für eine öffentliche Information. Aber allein diese Liste kann viele Details Ihres Lebens verraten, etwa ob Sie hetero- oder homosexuell sind. Sie sollten die Liste deshalb ausblenden. Gehen Sie zu Ihrem Profil und klicken Sie auf »Alle« in Ihrer Freundesliste. Dann klicken Sie auf den kleinen Kasten zum Bearbeiten. Unter »Wer kann deine vollständige Freundesliste auf deiner Chronik sehen« klicken Sie auf das Symbol rechts in der Box. Jetzt können Sie standardmäßig »öffentlich« auf »nur ich« oder »Freunde« ändern.

Möchten Sie einmal sehen, wie viel Ihre Daten auf Facebook wert sind? Machen Sie den Test mit »The Facebook Val-You Calculator« auf goprivate.abine.com.

7 Grundlegende mobile Sicherheit

Schützen Sie Ihr Gerät mit einem Passwort. Benutzen Sie ein anderes Passwort für jedes Ihrer Geräte. Ja, es ist eine kleine Unannehmlichkeit, den PIN-Code jedes Mal eintippen zu müssen, wenn Sie es einschalten. Doch man gewöhnt sich daran, und Sie werden spätestens dann dankbar dafür sein, wenn Ihr Telefon oder Tablet in den falschen Händen landet. Wenn Sie wirklich auf Ihre Sicherheit bedacht sind, sollten Sie statt einer vierstelligen PIN oder Geste ein richtiges Passwort wählen.

Nutzer eines iPhones oder iPads sollten die kostenlose App »Find My iPhone« von Apple herunterladen. Sie ermöglicht Ihnen, eine Webseite zu besuchen, auf der Sie Ihr verlorenes, gestohlenes oder verlegtes Gerät auf einer Karte sehen können. Sie können einen Alarm auslösen und eine Nachricht auf das Gerät senden. Ebenso können Sie aus der Ferne das Telefon oder Tablet sperren oder alle Ihre Daten löschen.

Android-Nutzer können eine App namens LookOut herunterladen, um ihr Gerät zu orten. Das Programm scannt auch heruntergeladene Apps auf Schadsoftware und warnt Sie, wenn Sie auf einem unsicheren Netzwerk angemeldet sind. Die kostenpflichtige Version erlaubt Ihnen, die Daten von Ihrem Telefon per Fernzugriff zu entfernen.

Schalten Sie den Standort auf Ihrem Telefon aus. Ermöglichen Sie Geolocation nur für eine mobile Anwendung, die Ihren Standort wirklich ständig kennen muss, und wenn Sie sicher sind, dass die Vorteile die Risiken überwiegen. Es gibt im Gegensatz zu einer Lauf- oder Navigations-App keinen Grund, seine Koordinaten einem Spiel mitzuteilen.

Schützen Sie Ihre wichtigsten, sprich echten E-Mail-Adressen. Sie sind ein kostbares Gut. Verwenden Sie für neue Apps, Webseiten und die meisten anderen Dienste Wegwerf- oder falsche Adressen, die Sie jederzeit deaktivieren können. Dienste wie leemail.com erlauben Ihnen, Ihre wahre Adresse zu verstecken und fiktive Adressen ein- und auszuschalten, falls Sie mit Spam bombardiert werden. Beispiele für E-Mail-Dienste, die den Inhalt von Nachrichten nicht zu Werbezwecken scannen und ihren Nutzern nicht hinterherspionieren, sind hushmail.com, riseup.net oder zoho.com.

Oft müssen Sie Ihre E-Mail-Adresse für einen Dienst herausgeben. Für Webseiten, denen Sie misstrauen, verwenden Sie am besten Wegwerfadressen. So kann man sich bei einem neuen Dienst mit einer fiktiven Adresse anmelden und abwarten, ob diese Adresse bald beworben wird – ein Indiz dafür, dass die Daten sofort weiterverkauft wurden. Die eingehenden Nachrichten können Sie in einem Browser lesen oder an Ihr echtes E-Mail-Konto weiterleiten. Zwei gute Dienste sind GuerillaMail.com und spambox.us, bei denen man zwischen zwölf verschiedenen Sprachen wählen kann. Sie können sogar ein Ablaufdatum zwischen sechs und zwölf Monaten für diese Wegwerfadressen einstellen.

Gehen Sie unter anderem Namen ins Netz. Sie können ein oder zwei zusätzliche E-Mail-Adressen nur für Webseiten einrichten, denen Sie nicht trauen oder die Sie für Vertrauliches verwenden, etwa nach Pornos zu surfen. Eine solche E-Mail-Adresse unter einem falschen Namen kann auch als E-Mail-Adresse für Ihr Pseudonym-Facebook-Konto dienen oder wenn Sie an Diskussionsforen unter einem anderen Namen teilnehmen wollen.

9   Verwenden und merken Sie sich sichere Passwörter

Ein zehn Stellen langes Passwort erfordert von einem Angreifer, 4000-mal so viele Möglichkeiten auszuprobieren als ein Passwort mit nur acht Stellen. Da Wörter nur eine bestimmte Länge haben können, wird Ihr effektivstes Passwort ein Satz sein. Verwenden Sie immer Zahlen, Zeichen und sogar Leerzeichen, nicht nur Buchstaben in Groß- und Kleinschreibung. Ihre Passwörter auf einem Zettel in der Brieftasche, die Sie immer bei sich haben, aufzubewahren ist zwar riskant, aber immer noch besser, als sie unter der Tastatur oder in einer SMS aufzuheben.

Verwenden Sie nicht dieselben Passwörter für mehrere Seiten und achten Sie darauf, Passwörter nicht auf dem Browser von Rechnern zu speichern, die Sie sich mit anderen teilen (etwa in der Hotellobby, im Büro). Oft ist das Häkchen für »Passwort merken« schon gesetzt, wenn Sie auf eine Seite gehen.

Denken Sie daran, Ihre Passwörter in regelmäßigen Abständen (alle ein bis zwei Monate) zu ändern, insbesondere für Webseiten, die finanzielle, gesundheitliche, vertrauliche und andere persönliche Informationen wie E-Mails oder Dokumente enthalten.

Es gibt verschiedene Programme und Anwendungen, die Ihnen helfen, alle Ihre Passwörter (und Kreditkartennummern etc.) zu erinnern und zu verwalten. Sie müssen sich dann nur noch ein Master-Passwort merken, in dessen Komplexität Sie all Ihre Fantasie stecken können. Dazu gehören: lastpass.com, 1 Password, MyEyesOnly, DataVault Password Manager und Personal.com. Wenn Sie diese Programme auf einem mobilen Gerät verwenden, sollten Sie zusätzlich mit einer vierstelligen PIN eine zweite Sicherheitsstufe aktivieren. Stellen Sie auch ein Passwort auf Ihrem Computer ein, vor allem, wenn Sie ihn mit jemandem teilen. In Windows können Sie TrueCrypt benutzen, auf einem Mac können Sie das Passwort unter den Systemeinstellungen Sicherheit und Datenschutz bearbeiten.

10 Kaufen Sie sicher mit Ihrer Kreditkarte ein

Wenn Sie etwas online kaufen, werden Sie oft gebeten, Ihre Kreditkartenummer einzugeben. Zuallererst: Achten Sie immer darauf, dass die Adresse im Browser mit »https« beginnt, also dass die an den Server übertragenen Informationen verschlüsselt werden. Die Browser zeigen das auch mit einem kleinen Schloss oder einer grün unterlegten Adresse an. Webseiten, die diese grundsätzliche Sicherheitsvorkehrung nicht benutzen, sollten Sie meiden. Selbst diese SSL-Verschlüsselung bietet keine echte Sicherheit, etwa wenn Sie in einem öffentlichen WLAN-Netz unterwegs sind. Ohne ein Virtual Private Network sollten Sie es vermeiden, Informationen zu Ihrer Kreditkarte oder Bankverbindung auf einem ungesicherten Netz einzutippen.

Bei unbekannten Seiten empfehlen wir Bezahlsysteme wie PayPal, Click and Buy, Skrill oder Google Wallet, da der Händler so Ihre Konto- oder Kreditkarteninformation nicht einsehen kann. Fragen Sie sich, ob die Webseite, von der Sie einkaufen wollen, vertrauenswürdig ist. Wer hat sie Ihnen empfohlen? Haben Sie den Anbieter schon einmal benutzt? Hat ein Dritter bestätigt, dass die Seite Ihr Vertrauen verdient, zum Beispiel durch Sicherheitssiegel des TÜV Süd, TRUSTe, datenschutz cert, des EHI Geprüften Online-Shops oder Verisign Identity Protection?

Zu guter Letzt: Überprüfen Sie die Bewegungen auf Ihrem Bank- und Kreditkartenkonto regelmäßig, aber bitte nicht, wenn Sie in einem öffentlichen WLAN-Hotspot surfen. Wenn jemand tatsächlich Ihre Kreditkarteninformationen gestohlen hat, zählt jede Minute.

Verteidigungsstufe II: Die nächsten zehn Dinge, die Sie tun sollten

II Verwenden Sie Blocking-Werkzeuge in Ihrem Browser

Sie können Webseiten automatisch davon abhalten, Sie von Seite zu Seite zu verfolgen. Das ist bedeutend effektiver, als Cookies nur regelmäßig zu löschen. Die »Do Not Track«-Option der Werbebranche ist weitgehend sinnlos, da DNT den Webseitenbetreibern nur mitteilt, dass Sie nicht verfolgt werden wollen, aber so gut wie kein Anbieter diesen Wunsch respektiert. Echte Blockadewerkzeuge lassen sich einfach als kostenlose Erweiterungen oder Plug-ins für alle gängigen Browser installieren. Internet Explorer 9 und 10 von Microsoft bieten in ihren Einstellungen ebenfalls eine Totalblockade namens »Tracking Protection«, an, von der leider die wenigsten Nutzer Gebrauch machen.

Eine lange Liste der Unternehmen, die Sie im Web verfolgen, finden Sie u. a. hier: http://www.privacychoice.org/trackerlist. Um eine Vorstellung davon zu bekommen, wie neugierig eine Webseite oder eine Facebook-App ist, installieren Sie die Privacyscore für Safari oder Privacyfix für Safari oder Chrome: http://privacyscore.com. Diese Browser-Erweiterung blockiert rund 1000 verschiedene Webseiten und Dienste. Daneben gibt es eine ständig wachsende Palette von Werkzeugen, um Verfolgungscodes zu sperren:

»DoNotTrackMe« ist eine einfach zu installierende Browser-Erweiterung. Sie laden sie direkt von abine.com für Chrome, Firefox, Safari und Internet Explorer herunter. »DoNotTrackMe« zeigt in der Navigationsleiste an, wer versucht, Sie zu verfolgen. So können Sie auch sehen, an welche Tracking-Unternehmen jede Webseite Ihre Daten sendet. »DoNotTrackMe« blockiert diesen Datenverkehr und zeigt in einem Zähler an, wie viele Cookies abgeschmettert wurden.

Ghostery von ghostery.com gibt Ihnen ebenfalls eine Liste aller Werbenetzwerke und Datenhäscher, die Sie täglich verfolgen. Es scheint mehr Verfolger als »DoNotTrackMe« zu finden, und Sie können vor allem einzeln diejenigen freigeben, die zur Verwendung Ihrer üblichen Webseiten erforderlich sind, etwa um sich im Online-Banking und bei Zeitschriften zu authentifizieren.

Collusion ist die grafisch eleganteste Lösung, um alle Datenhäscher in Echtzeit zu verfolgen. Diese Erweiterung webt ein endlos wachsendes Spinnennetz der Interaktion zwischen Unternehmen und anderen Verfolgern und stellt es grafisch dar, während Sie sich online bewegen, und gleichzeitig blockiert es die Tracker. Collusion gibt es für Firefox, Chrome und Safari: http://www.mozilla.org/en-US/collusion/ und www.disconnect.me/tools.

PrivacyBucket versucht den Datensammlern in die Karten zu schauen, indem es Ihr Surfverhalten beobachtet und anzeigt, was die Tracker über Sie wissen: Alter, Geschlecht, Einkommen, Familienstand, Wohnort. Je mehr Webseiten Sie besuchen, desto genauer werden die demografischen Angaben. Bislang nur als Erweiterung für Chrome: https://github.com/mfredrik/Privacy-Bucket/wiki.

Eine Totalblockade kann hin und wieder Probleme auf einigen Webseiten wie der Ihrer Bank, einer Kreditkartenfirma oder einer Seite für gebührenpflichtige Inhalte verursachen. Wenn einige Funktionen nicht mehr gehen oder Sie sich nicht mehr anmelden können, müssen Sie ein oder zwei spezielle Tracker in den Sperreinstellungen gezielt ausschalten.

12 Verwenden Sie privates Surfen

Privates Surfen blockiert keine Cookies und andere Tracking-Software. Es löscht Cookies jedes Mal, wenn Sie den Browser schließen oder das private Surfen ausschalten, und verhindert, dass Ihr Webprotokoll auf einem Rechner aufgezeichnet wird.

Google Chrome Inkognito-Modus
Öffnen Sie den Browser, wählen Sie »Datei« und öffnen Sie ein »Neues Inkognito-Fenster«.

Dies bedeutet, dass Webseiten, die Sie öffnen, und Dateien, die Sie herunterladen, nicht im Browser-Verlauf und der Download-Geschichte aufgezeichnet werden. So kann beispielsweise Ihre Frau nicht sehen, dass Sie nach einem Geschenk für sie gesucht haben. Alle neuen Cookies werden gelöscht, nachdem Sie das Inkognito-Fenster schließen.

Browsing im Inkognito-Modus hält nur Chrome davon ab, Informationen über die Webseite, die Sie besucht haben, lokal zu speichern. Die Webseiten, die Sie besuchen, können Sie dennoch verfolgen. Wenn Sie sich mit Ihrem Google-Konto anmelden, während Sie im Inkognito-Modus sind, wird jede Station in Ihrem Webprotokoll gespeichert. Es ist also ratsam, sich von seinem Google-Konto vor einer Inkognito-Sitzung abzumelden.

Internet Explorer, Safari und Firefox besitzen ebenfalls einen Inkognito-Modus.

13 Verwenden Sie Firefox zum Porno-Surfen

Wenn es denn sein muss: Firefox blockiert unerwünschte Pop-ups und hindert die meisten Webseiten daran, neue Fenster zu öffnen, die den ganzen Bildschirm einnehmen und schwer zu schließen sind. Webseiten mit Schadsoftware können zudem keine Spyware ohne Ihre Erlaubnis installieren. Alles, was Sie löschen möchten, um Ihre Spuren zu verwischen – Cookies, Cache, Download und Webprotokoll – wird bei Firefox an einem Ort erledigt: »Extras« und »Private Daten löschen«.

Firefox hat auch eine Panik-Taste, mit der Sie eine oder mehrere peinliche Seiten schnell hinter einer harmlosen verbergen können: https://addons.mozilla.org/de/firefox/addon/panic/.

14 Sperren Sie Social Widgets

Social Widgets wie der »Gefällt mir«-Button bei Facebook, Google oder Twitter laden Sie zum bequemen Teilen der Dinge ein, die Sie im

Netz lesen. Aber der Preis für diesen Komfort ist Ihre Privatsphäre, selbst wenn Sie gar nicht draufklicken. Es gibt eine einfache Methode, jeden Datenverkehr mit diesen Firmen zu sperren, wenn Sie auf eine Seite surfen, die solche Tracking-Software enthält – und das tun leider die meisten: https://disconnect.me/tools. Entwickelt wurde diese Software von einem ehemaligen Google-Ingenieur, der in seinem früheren Job den größten Teil seiner Zeit mit der Frage verbrachte, wie man Nutzer am besten verfolgen kann.

15 Sicherheit bei Facebook für Fortgeschrittene

Hindern Sie Facebook daran, Sie außerhalb von Facebook zu verfolgen. Installieren Sie Facebook Disconnect, https://disconnect.me/tools, erhältlich für Firefox, Safari und Chrome. Es deaktiviert den gesamten automatischen Datenverkehr von Drittanbieterseiten zu Facebook, aber erlaubt Ihnen trotzdem weiterhin, auf Facebook selbst zuzugreifen.

Oder installieren Sie den Facebook Blocker, http://webgraph.com/resources/facebookblocker/, für Firefox, Chrome, Safari und Opera.

Verbergen Sie Ihre Facebook-Präsenz vor Websuchen. Gehen Sie bei Facebook auf »Privatsphäre-Einstellungen« → »Anwendungen und Webseiten«. Bearbeiten und deaktivieren Sie die Einstellung für »Öffentliche Suche«.

Schützen Sie Ihre Chronik: Die Timeline ist eine umstrittene Funktion und ein großartiges Werkzeug für andere, die persönlichen Daten, die Sie längst vergessen haben, durchzulesen und zu stehlen. Gehen Sie auf »Privatsphäre-Einstellungen« und wählen Sie »Beschränke das Publikum für ältere Beiträge«, klicken Sie auf den Link »Sichtbarkeit älterer Beiträge verwalten«.

Sie sollten die Einstellungen für »Maximale Sichtbarkeit der Chronik« von »öffentlich« entweder auf »Freunde« oder »Benutzerdefiniert« und »Nur Ich« umstellen. Facebook hat es erschwert, Beiträge von Ihrer Chronik auszublenden oder zu löschen. Sie müssen sich manuell durch die Jahre arbeiten und erst die sogenannten »Highlights« verstecken oder löschen und dann jeden einzelnen Monat aufrufen, um diese Einträge zu entfernen.

Als Nächstes sollten Sie dasselbe mit den Beiträgen tun, die in der Chronik Ihrer Freunde erscheinen. Gehen Sie zu Ihrer Chronik und

Werkzeuge: Tipps und Tricks

klicken Sie auf »Aktivitätenprotokoll«. Sie können alle in der Vergangenheit geschriebene Beiträge wie Kommentare, Vorlieben und Veranstaltungen sehen. Um nur Ihre Beiträge zu sehen, klicken Sie auf »Alle« in der oberen rechten Ecke und wählen Sie »Deine Beiträge«. Sie können jetzt jeden Beitrag löschen, den Sie auf die Pinnwand eines anderen geschrieben haben. Das Thema wird ein Katz-und-Maus-Spiel bleiben, da Facebook 2013 die Option ausschalten wird, sich aus der öffentlichen Suche zu entfernen, und dafür neue »Privatsphäre-Abkürzungen« auf seiner Homepage anbietet.

16 Sicherheit für mobile Apps

Geben Sie Ihre persönlichen Daten nur an Anwendungen weiter, denen Sie vertrauen, und geben Sie nur Informationen heraus, die relevant sind. Sie würden nicht einfach auf einen Fremden zugehen und ihm sagen, wo Sie leben, oder? Überprüfen Sie die Genehmigungen, wenn Apps Zugriff auf Ihre Daten haben wollen, und überlegen Sie es sich gründlich, bevor Sie sich aus Bequemlichkeit für eine neue App mit Facebook Connect oder Ihrem Twitter-Kennwort anmelden. Es spart ein paar Sekunden, gibt aber beiden Netzwerken kontinuierlich Zugriff auf mehr private Daten, als Ihnen lieb ist – dazu gehören auch die Daten Ihrer Freunde.

Denken Sie daran, die Liste der Anwendungen, denen Sie Zugriff gewährt haben, regelmäßig zu prüfen und konsequent diejenigen zu widerrufen, die Sie nicht verwenden oder erkennen. Bei Facebook finden Sie diese Liste unter »Privatsphäre-Einstellungen« → »Blockierungen verwalten«. Denken Sie daran, nicht nur den Zugriff zu widerrufen, sondern auch die alten Einträge der Drittapplikationen. Facebook hilft Ihnen allerdings nicht dabei, die Daten zu löschen, die diese Anbieter über Monate oder Jahre bei Ihnen gesammelt haben. Bei Twitter finden Sie diese Option unter »Einstellungen« → »Apps«.

Vorsicht vor falschen Apps: Es gibt viele falsche Apps, vor allem auf Android, etwa eine kostenlose Version von Angry Birds. Das ist allerdings kein Spiel, sondern ein Trojanervirus, der Ihr Konto belasten kann. Als erste Vorsichtsmaßnahme gilt: Lesen Sie die Bewertungen einer App im App-Store. Eine problematische App fliegt hier über kurz oder lang auf. Überprüfen Sie auch, wer hinter der Anwendung steckt. Ist es ein großer Verlag oder eine Marke, die Sie kennen und der Sie vertrauen? Eine der vielen Seiten, die sich mit Datenlecks in mobilen Anwendungen beschäftigen, ist http://www.mobilesecurity.com. Eine Option, diese Lücken im Handy zu schließen, ist https://mobilescope.net.

Schalten Sie Werbetracking auf iOS-Geräten aus: Nicht leicht zu finden, aber die neueste Version des Apple-Betriebssystems für iPhone, iPod und iPad erlaubt es, die Verfolgung durch Werbenetzwerke zumindest teilweise auszuschalten: »Einstellungen« → »Allgemein« → »Info« → »Werbung« → »Ad Tracking beschränken«.

Vermeiden Sie Mobile-Banking. Wenn Sie Ihre Bankgeschäfte vom Computer zu Hause erledigen können, tun Sie es. Ihr Bankkonto von einem Smartphone aus aufzurufen ist riskant. Benutzen Sie Mobile-Banking nicht, wenn Sie über ein kostenloses WLAN-Netz surfen, es sei denn, Sie verschlüsseln Ihren Datenverkehr.

17 Verbergen Sie Ihre IP-Adresse mit einem VPN

Der sicherste Weg, anonym zu surfen, ist ein sogenanntes »Virtual Private Network« oder VPN. Es baut eine sichere Verbindung oder einen »Tunnel« zu einem Server auf. Dem FBI zufolge machen sich Menschen, die ein VPN benutzen, verdächtig. Dabei gibt es jede Menge gute Gründe, dieses Werkzeug einzusetzen. Verbraucher verwenden ein VPN, um ihre IP-Adresse und damit ihren Standort zu verbergen. So kann man zum Beispiel neutrale Preise erhalten oder sich Zugang zu Diensten verschaffen, die nur in bestimmten Ländern erhältlich sind (etwa amerikanische Streaming-Dienste wie Netflix). Geschäftsleute verwenden VPNs, um sicher und ungestört mit ihrem Firmenserver zu kommunizieren; politische Aktivisten nutzen sie, um sich vor Überwachung durch Regierungen zu schützen.

Ein VPN verbirgt Ihre IP-Adresse hinter einem oder mehreren anderen Servern, und das jedes Mal, wenn Sie sich dort anmelden. Wenn Sie in Oldenburg sitzen, sieht es aus, als seien Sie in Boston oder Buenos Aires. Das VPN verschlüsselt Ihren Datenverkehr und macht das Surfen über eine kostenlose WLAN-Verbindung sicher.

Die beste kostenlose Option ist das Open-Source-Projekt TOR, das sich komplett mit einem Browser herunterladen lässt: http://torproject.org. TOR verlangsamt Ihre Surfgeschwindigkeit, ist dafür aber gratis und sicher. Allerdings können Sie nicht wählen, in welchem Land Ihre temporäre IP-Adresse sein soll.

→ Die kommerzielle Wahl fällt auf ein werbefinanziertes oder gebührenpflichtiges VPN, bei dem Sie Ihre eigene IP-Adresse wählen können, wie Hotspot Shield oder hidemyass.com, die auch eine begrenzte kostenlose Version haben, sowie overplay.net und anonymizer.com.

→ Es gibt sogar eine Webseite, die die Preise von VPN-Anbietern in verschiedenen Ländern vergleicht: www.best-vpn-provider.com.

18 Säubern Sie Ihre Reputation

Überprüfen Sie regelmäßig Ihren guten Ruf online. Suchen Sie nach Ihrem Namen auf Google, Bing oder DuckDuckGo. Sie können außerdem einen oder mehrere Google Alerts unter http://www.google.de/alerts einrichten. Der Dienst sendet Ihnen eine E-Mail, sobald der definierte Suchbegriff online auftaucht. Ebenso können Sie einen kostenpflichtigen Dienst wie reputation.com verwenden, um Ihren Namen und andere persönliche Angaben online zu verfolgen.

Wenn Sie auf Suchergebnisse und Einträge stoßen, die nicht der Wahrheit entsprechen oder Sie wirklich stören, können Sie diese auf nur zweierlei Weise ändern: Schreiben Sie dem Webmaster der ursprünglichen Quelle und verlangen Sie die Löschung. Wenn Sie damit Erfolg haben, werden diese Einträge nach ein paar Tagen oder Wochen aus den Suchergebnissen verschwunden sein. Wenn Sie so nicht weiterkommen, können Sie die negativen Suchergebnisse mit professioneller Hilfe zu übertönen versuchen. Dazu wird eine große Anzahl neuer Inhalte geschaffen, die die negativen Einträge von den ersten Seiten der Suchergebnisse verdrängen. Todsicher ist diese Vorgehensweise nicht, vor allem, wenn es um heftig diskutierte Themen geht, die ständig neue Seiten hervorbringen. In wirklich hartnäckigen Fällen empfiehlt sich der Rat eines Experten für SEO (Search Engine Optimization).

Lassen Sie sich aus den Registern der Datenaggregatoren entfernen. Sobald Sie merken, dass Ihr Name, Ihre Adresse und andere persönliche Daten überall im Internet zu finden sind, etwa in Aggregationsdiensten wie Yasni.de, 123people.com, Spokeo oder Intelius, sollten Sie verlangen, aus diesen Datenbanken entfernt zu werden. Die Datensammlung grassiert in den USA am stärksten und ist insofern ein gutes Beispiel, wie das Problem kommerzielle Innovation antreibt. Dort gibt es bereits Firmen, die einen automatischen Dienst anbieten, etwa Reputation.com und Abine mit seinem DeleteMe-Service. Auch die Browser-Erweiterung Privacyfix kann automatisch E-Mails an einige Datensammler verfassen, um die Löschung zu verlangen.

19 Beugen Sie Identitätsdiebstahl vor

Google Alerts: Das Einrichten verschiedener Google Alerts ist hilfreich, um ein Auge darauf zu haben, ob andere Ihren Namen, Ihre Telefonnummer, Anschrift oder andere Informationen, die mit Ihnen zu tun haben, benutzen.

Geben Sie niemals Ihre Sozialversicherungs-, Reisepass- oder Steuernummer preis: Webseiten, denen Sie trauen, verlangen diese Informationen, etwa eine Bank oder Fluggesellschaft, aber auf anderen Seiten haben diese Angaben nichts verloren, auch nicht in einem Lebenslauf oder anderen Formularen, die Sie irgendwo hochladen wollen.

Schützen Sie persönliche Daten: Geben Sie niemals persönliche Daten in E-Mails, Chats oder Diskussionsforen bekannt. Geben Sie persönliche Daten nur an Unternehmen weiter, deren Webseiten gesichert sind und denen Sie vertrauen.

Passen Sie auf, was Sie in den analogen Müll werfen: Es mag altmodisch klingen, aber wenn Sie Briefe oder Dokumente mit persönlichen Daten wie Kontonummern wegwerfen, sollten Sie sie vorher zerstören, am besten im Schredder. Manchmal ist das am wenigsten erwartete Leck der Ausdruck einer E-Mail im Papierkorb.

Seien Sie bei neuen Diensten zurückhaltend. Denken Sie gründlich darüber nach, bevor Sie sich für einen neuen Dienst anmelden, und überprüfen Sie die Standardeinstellung, bevor Sie dort mittun – und sei es nur, um Musik zu hören oder einen Wunschzettel anzulegen. Webdienste sind in der Regel erst einmal auf zwei Dinge scharf: Ihre persönlichen Daten und Zugang zum Adressbuch Ihrer Freunde auf Facebook, Google u. a. Sagen Sie Nein und ersparen Sie Ihren Freunden, mit Werbemüll beschickt zu werden. Lassen Sie bei der Anmeldung jegliches Feld unausgefüllt, das mit »optional« gekennzeichnet ist.

Beobachten Sie soziale Netzwerke genau. Kümmern Sie sich darum, dass Ihr Profil auf jedem Ihrer Netzwerke stets auf dem höchsten Niveau der Privatsphäre eingestellt ist. Da Anbieter in der Regel diese Hürde senken, anstatt sie zu erhöhen, erfordert das ständige Aufmerksamkeit. Akzeptieren Sie keine Freundschaftsanfrage oder Einladung

Werkzeuge: Tipps und Tricks

von Unbekannten. Widerstehen Sie der Versuchung, auf Twitter-Nachrichten zu klicken, die Ihnen ein »Wahnsinnsfoto« von Ihnen versprechen. Es ist vielleicht ein gutes Gefühl, beliebt zu sein, aber viele – vom Betrüger über Unternehmen bis hin zu Strafverfolgungsbehörden – haben damit begonnen, mit gefälschten Freundschaftsanfragen das Vertrauen der Menschen zu gewinnen, um ihre Freundeslisten zu analysieren und Unterhaltungen zu erfassen.

Ziehen Sie in Betracht, die Konten für alle Dienste zu löschen, deren Privatsphäre-Einstellungen Sie nicht verstehen oder die Sie nicht verwenden.

Gleiches gilt für Social Apps. Gehen Sie in die App-Einstellungen von Diensten wie Flickr, Facebook, Twitter oder last.fm und widerrufen Sie den Zugriff für alle Dienste, die Sie nicht kennen oder verwenden. Denken Sie aber daran, dass bereits geteilte Informationen ewig im Netz leben werden.

Aktualisieren Sie regelmäßig. Stellen Sie sicher, dass Ihre Virensoftware und Betriebssysteme immer auf dem neuesten Stand sind.

Außerdem gibt es kommerzielle Anbieter wie die Schufa, deren gebührenpflichtiger Dienst IdentSafe das Netz automatisch überwacht und Alarm schlägt, falls Ihre persönlichen Daten auftauchen.

20 Löschen Sie Ihre Dateien gründlich

Löschen Sie Dateien auf Ihrem Computer sicher und in regelmäßigen Abständen. Auf einem Mac können Sie die Verschlüsselung der Festplatte mit FileVault (»Systemeinstellungen« → »Sicherheit und Datenschutz«) aktivieren oder das kostenlose Programm TrueCrypt benutzen (truecrypt.org).

Wenn Sie Dateien auf Ihrem Mac entfernen, sollten Sie »Datei« → »Papierkorb sicher entleeren« im Finder-Menü wählen, während Sie die Option-Taste gedrückt halten. Mit FileVault gelöschte Dateien können nicht wiederhergestellt werden. Es gibt ein ähnliches Programm namens Eraser für alle gängigen Versionen von Windows: http://eraser. heidi.ie.

Verteidigungsstufe III: Die nächsten zehn Dinge, die Sie tun sollten

21 Entfernen Sie Zeit- und Ortsangaben von Ihren Fotos

Die meisten Kamerahandys haben heute Ort bzw. GPS-Koordinaten und Datum in den Metadaten hinter dem Bild gespeichert. Sie können diese nicht mit bloßem Auge sehen, aber in der handelsüblichen Fotobearbeitungssoftware aufrufen. Diese Metadaten werden auch an Dienste übermittelt, bei denen Sie Ihre Bilder hochladen. Sie können diese Daten eines Bildes mit einem sogenannten EXIF-Viewer wie regex.info/exif.cgi überprüfen. Wenn Sie die EXIF-Daten haben, können Sie die Koordinaten auf einer Webseite wie Google Maps eingeben und sehen, wo das Bild aufgenommen wurde. Überprüfen Sie Ihr Fotoprogramm, ob es die Option bietet, die Ortsdaten aus einer Bilddatei zu entfernen. Wenn nicht, gibt es spezielle Software bei earlyinnovations.com, um die GPS-Koordinaten zu bearbeiten und zu entfernen. Mit einer Websuche nach »EXIF-Editor« können Sie andere Software finden. Mobileactive.org hat ein brauchbares Video, das erklärt, wie es geht: http://www.mobileactive.org/howtos/safer-photos-how-remove-location-information-mobile-images.

22 Verschlüsseln Sie Ihre E-Mails und Korrespondenz bei Facebook

Es ist einfacher, als Sie glauben, Ihre Korrespondenz per E-Mail und Facebook zu verschlüsseln. Eine praktische Option ist encipher.it, auf dessen Seite Sie als Erstes ein Lesezeichen installieren. Wenn Sie Chrome oder Firefox verwenden, können Sie den Link einfach auf Ihre Lesezeichenleiste ziehen. In Explorer können Sie es mit der rechten Maustaste anklicken und zu den Favoriten hinzufügen. Wenn Sie auf Google Mail oder Facebook oder anderen Kommunikationsportalen angemeldet sind, tippen Sie einfach Ihre Nachricht wie normal ein. Bevor Sie sie senden, klicken Sie das Lesezeichen an. Eine encipher.it-Box öffnet sich, die Sie auffordert, einen Schlüssel oder ein Passwort festzulegen. Die Person, die Ihre Nachricht erhält, muss das encipher.it-Lesezeichen installiert haben und Ihr Passwort kennen, damit sie Ihre Nachricht entschlüsseln und sehen kann.

Eine weitere empfehlenswerte Verschlüsselungssoftware für Mac ist unter https://www.gpgtools.org und für Windows unter http://www.gpg4win.org zu finden.

Google bietet ebenfalls an, Ihre Mail auf encrypted.google.com zu verschlüsseln. Im Chrome-Browser erscheint die Adresse oder das URL-Fenster grün, was bedeutet, dass Ihre E-Mail und Ihre Anlagen verschlüsselt sind. Guten Gewissens können wir das nicht empfehlen, da Google Ihre Korrespondenz für Werbezwecke scannt.

23 Surfen Sie mit Verschlüsselung

Warum sollten Sie Ihren Telekomanbieter und viele andere Dienste mitlesen lassen? HTTPS Everywhere ist eine kostenlose Browser-Erweiterung für Firefox und Chrome der amerikanischen Datenschutzinitiative EFF, die Dritte daran hindert, die Kommunikation zwischen Ihrem Browser und vielen, aber nicht allen Webservern einzusehen. Das bedeutet, dass keine Dritten Ihre Kommentare auf einer Webseite, Ihre Einkäufe oder das, was Sie lesen, hören, suchen oder beobachten, mitverfolgen können. HTTPS kann jedoch nicht verbergen, auf welche Seiten Sie zugreifen, wie viel Zeit Sie dort verbringen und wie groß die Dateien sind, die Sie herunterladen.

24 Verschlüsseln Sie Ihre Chats

Es gibt viele Programme, um seine Chats zu verschlüsseln, anstatt undichte Lösungen wie Facebook Chat zu benutzen, die das Unternehmen selbst überwacht. Eines der einfachsten Programme ist crypto.cat. Sie wählen einen beliebigen Benutzernamen und einen Namen für den Chatroom, damit Ihr Gesprächspartner ihn finden kann. Der Dienst funktioniert auch auf iPhone, Android und Blackberry.

Mumble ist eine plattformübergreifende App, um Telefonate über das Internet zu verschlüsseln. Dabei können mehrere Benutzer den gleichen Server verwenden.

25 Verschlüsseln Sie Ihre Beiträge auf sozialen Netzwerken

Sich seinen Freunden und Bekannten auf sozialen Netzwerken mitzuteilen ist für viele Menschen unverzichtbar, und diesen Spaß wollen

wir Ihnen nicht verderben. Aber man kann den Firmen, die alles mitlesen und speichern, zumindest das Leben schwerer machen. Scramlbs.
com ist eine Möglichkeit, seine Beiträge zu verschlüsseln, so dass In-
teressenten Ihre Erlaubnis benötigen, um sie zu lesen. Ebenso können
Sie Ihre Beiträge nachträglich sperren oder unleserlich machen. Das
funktioniert allerdings nur, weil Scrambls der zentrale Knotenpunkt
für Ver- und Entschlüsselung ist.

Ein weiteres Projekt mit derselben Zielsetzung ist Priv.ly. Bis zum
Herbst 2012 befand sich der Dienst noch in der Entwicklung. Priv.ly
will jedem Nutzer die Möglichkeit geben, nach Herzenslust zu teilen,
zu mailen, zu tweeten und zu chatten, ohne der ursprünglichen Webseite wie Facebook, Google Mail oder Twitter Zugriff auf den Inhalt zu
geben. Sie können den Zugang jedermann und auf jeder Seite gewähren oder entziehen.

26   Mobile Sicherheit für Fortgeschrittene

Löschen Sie die Daten auf Ihrem Gerät nach mehreren fehlgeschlagenen Anmeldeversuchen. Bei einigen Telefonen können Sie einstellen,
dass alle Daten nach einigen fehlgeschlagenen Passwortversuchen gelöscht werden. Aber Vorsicht, diese Funktion löscht alles, auch wenn
Sie sich nur gerade nicht an Ihr Passwort erinnern, und es gibt Werkzeuge, welche die Polizei und Hacker einsetzen, um die Passwortsperre
zu knacken.

Verschlüsseln Sie Ihr Smartphone-Browsing. Wenn Sie in ein Land
reisen, von dem Sie glauben, es sei nicht sicher, dort ein öffentliches
WLAN zu benutzen, oder wenn Sie einfach nur anonym sein wollen,
sollten Sie Ihr Browsing auf dem Handy verschlüsseln. Eine Option
ist ein VPN-Dienst wie PandaPowVPN. Er ist einfach zu handhaben,
und Sie können ihn eine Woche lang gratis testen, bevor Sie bezahlen
müssen. Sie können auch HotspotShield für Ihr iPhone nutzen. Das
Programm, von dem eine Android-Version geplant ist, kostet ebenfalls
die erste Woche nichts, erntet aber gemischte Kritiken bei Nutzern.

Entfernen Sie die GPS-Ortung: Wenn Sie nicht verfolgt werden
wollen, schalten Sie den GPS-Chip in Ihrem tragbaren Gerät in den
Einstellungen unter »Ortungsdiensten« aus. Noch besser, Sie schalten
bei Bedarf Ihr Telefon komplett aus oder wickeln es in Alufolie, um das
Signal lahmzulegen.

Werkzeuge: Tipps und Tricks

Wer die Ortung ausschaltet, beraubt sich allerdings der meisten modernen Funktionen eines Smartphones. Solange das Handy an ist, kann man Sie immer anhand der Funkmasten ausfindig machen, die Ihr Telefon regelmäßig anspricht. Sie sollten einen Mobilfunkanbieter wählen, dessen Datenschutz und -speicherung Sie vertrauen. Datenschützer arbeiten bereits an Diensten, die Handynutzern anzeigen, wer ihre Daten absaugt. Es lohnt sich zum Beispiel, mobilescope.com im Auge zu behalten.

27 Verwahren Sie Ihre Daten und Back-ups auf einem sicheren Server

Was in der Cloud oder in einem sozialen Netzwerk gespeichert wird, endet im Zweifelsfall auf einem Server in den USA, wo Berichten zufolge der Geheimdienst NSA bei allem mitliest und -hört. Um Ihre vertraulichen Daten außer Reichweite von US-Unternehmen und Regierungsbehörden zu halten, sollten Sie in Betracht ziehen, Ihre Daten in einem Drittland mit strengeren Datenschutzgesetzen zu speichern, etwa 1984 Hosting in Island.

28 Kontrollieren Sie all Ihre Daten an einem Ort

Datenbroker oder Datenbörsen für Verbraucher werden einer der großen Trends der nahen Zukunft sein. Personal.com ist einer von mehreren neuen Diensten, die auf dem Prinzip *privacy by design* aufgebaut sind. Dabei handelt es sich um ein persönliches Datenschließfach, in das Sie beliebig viele kleine »Module« mit Ihren privaten Daten legen können. Jedes Schließfach und jedes Modul ist mit einem Passwort gesichert. Der Anbieter hat weder Zugriff auf die verschlüsselten Inhalte des Containers noch auf die Passwörter. Er kann diese daher auch nicht den Behörden übergeben. Der Hintergedanke: Anstatt seine Daten zu verschenken, sollte der Verbraucher die Kontrolle haben, wer seine Daten einsehen kann. Ein Modul kann alle möglichen Daten enthalten, etwa das Vielfliegerkonto oder Angaben über Ihre Kinder. Die Zugriffsrechte legen Sie fest, etwa für das Kindermädchen, die Schule oder ein Unternehmen. Sie können auf Ihre Container vom Computer, Tablet und Smartphone zugreifen. Personal.com ist nicht der einzige Datenmakler mit einer Marktplatz-Komponente, bei der Unternehmen dafür bezahlen werden, Zugriff auf Ihre Daten zu erhalten.

29 Hochgradig gesicherte Kommunikation

Die beiden Dienste Silent Circle und MyWickr erlauben es, einen Teil oder Ihre gesamte mobile Kommunikation zu verschlüsseln. Silent Circle ist der jüngste Streich von Phil Zimmerman, der das berühmte Verschlüsselungsprogramm PGP entwickelte. Silent Circle bietet für 20 Dollar im Monat die hochgradig verschlüsselte Übermittlung von Text-, Bild-, Audio- und Videonachrichten auf iOS-Geräten (Versionen für Android und Mac-Rechner sind geplant). Mit MyWickr können Sie ebenfalls sicher kommunizieren und vor allem Nachrichten verfassen, die sich nach der Lektüre oder an einem bestimmten Datum selbst zerstören.

Für den Austausch von Kontaktformularen für Rückfragen und weitere Informationen sollten Sie das in Deutschland ansässige Open-Source-Projekt PrivacyBox verwenden.

30 Löschen Sie Ihr Facebook-Profil

Bevor Sie Ihr Profil löschen, können Sie vieles von dem, was Sie auf Ihrem Facebook-Konto haben, herunterladen, indem Sie auf »Allgemeine Kontoeinstellungen« gehen und »Lade eine Kopie deiner Facebook-Daten herunter« anklicken. Sie erhalten eine E-Mail, sobald Sie Ihre Daten als komprimierte ZIP-Datei herunterladen können.

Um all Ihre Facebook-Fotoalben leicht herunterzuladen, probieren Sie Fotobounce aus – ein kostenloser Dienst, der Ihnen auch das Teilen von auf Ihrem Rechner gespeicherten Bildern ermöglicht.

Um Ihr Konto zu löschen, folgen Sie diesem Link: https://www.facebook.com/help/delete_account. Beachten Sie, dass Ihr Konto reaktiviert wird, wenn Sie sich innerhalb von drei Wochen wieder anmelden. Also widerstehen Sie der Versuchung, den diversen Lock-Mails von Facebook nachzugeben, die Sie nach der Schließung Ihres Kontos erhalten werden.

Als EU-Bürger haben Sie das Recht, von Facebook eine Kopie der meisten, aber leider nicht aller Daten zu verlangen, die das Unternehmen über Sie gesammelt hat. Die Firma ist gesetzlich verpflichtet, auf Ihre Anfrage innerhalb von 40 Tagen zu antworten. Detaillierte Anleitungen zum Antrag auf Dateneinsicht, zu der wir Ihnen nur raten können, finden Sie auf der Seite »Europe versus Facebook«:

http://www.europe-v-facebook.org/DE/Daten_verlangen_/daten_ verlangen_.html.

Verteidigungsstufe IV: Der Rest

31 Verschlüsseln Sie Ihren Cloud-Speicher

Boxcryptor.com und Cloudfogger.com sind zwei von mehreren Werkzeugen, die Sie zur Sicherung Ihrer Daten in einem Cloud-Speicher und für Sharing-Dienste wie Google Drive, Skydrive oder Dropbox verwenden sollten.

Mit der Software von Truecrypt.org können Sie in der Cloud ein verstecktes Laufwerk anlegen und haben so eine zweite Verteidigungsebene: Geben Sie das erste Passwort preis, wenn Sie dazu gezwungen werden – in der Gewissheit, dass es einen zweiten Datensatz gibt, der vor unbefugten Blicken verborgen ist.

32 Verwenden Sie Einwegtelefonnummern

Früher konnte man ein Münztelefon benutzen, wenn man anonym telefonieren wollte. Heute können Sie – zumindest in den USA – eine App namens Burner für iPhones und Android-Geräte verwenden. Sie geben Burner Ihre echte Telefonnummer – keinen Namen, keine E-Mail-Adresse – und das Programm generiert eine Einweg-Nummer, die man unbesorgt an Fremde weitergeben kann. Solche Einweg-Nummern können allerdings sehr wohl von Strafverfolgungsbehörden zurückverfolgt werden.

33 Verwenden Sie Fingerabdruckauthentifizierung und Passwörter vom USB-Stick

Machen Sie Datendieben das Leben schwer, indem Sie Ihren Rechner oder Ihre externe Festplatte mit Ihrem Fingerabdruck sichern. Lacie bietet eine tragbare Festplatte namens Rugged Safe an, die die Fingerabdrücke von bis zu zehn Nutzern für die biometrische Authentifizierung speichert. Wenn Sie in einem Land unterwegs sind, in dem Sie Spionage und Hacking vermuten, geben Sie keine Passwörter ein, da sie mit Keylogging-Software erfasst werden können. Bewahren Sie Ihre Kennwörter stattdessen auf einem verschlüsselten USB-Stick auf, den Sie immer mit sich führen. Kopieren und fügen Sie diese Passwörter auf dem Rechner ein, wenn Sie sich anmelden wollen.

34 Überprüfen Sie Ihren Browser-Fingerabdruck

Datenhäscher und Tracking-Firmen kommen auch ohne Cookies aus, denn sie können die Charakteristika Ihres Browsers erfassen und in Verbindung mit Ihrem Computer, dem Betriebssystem, der Bildschirmauflösung und den installierten Erweiterungen in vielen Fällen individuelle Nutzer identifizieren.

Als Erstes können Sie Ihre IP-Adresse und Ihren Standort mit diesem Werkzeug überprüfen: http://whatismyipaddress.com.

Ihren Browser-Fingerabdruck können Sie hier testen: https://panopticlick.eff.org.

35 So begehen Sie Selbstmord auf Twitter

Wenn Sie Ihr Twitter-Konto säubern wollen, ohne den Account zu schließen, nutzen Sie http://twitwipe.com, das alle Einträge mit einem Schlag entfernt, aber Konto und Follower unangetastet lässt. Beachten Sie jedoch, dass dies keinen Ihrer Tweets aus Webseiten, Suchmaschinen und Datenbanken löscht, auf denen sie bereits archiviert sind. Die Wahrscheinlichkeit ist groß, dass Reste erhalten bleiben und wieder auftauchen werden, da Twitter immer mehr Firmen den Zugang zu seinem Archiv verkauft. Löschen Sie Ihr Konto direkt bei Twitter unter »Einstellungen« und »Konto deaktivieren«. Nachrichten werden nach 30 Tagen gelöscht, aber nur dann, wenn Sie sich nicht wieder einloggen.

36 Säubern Sie Ihr YouTube-Konto

In einem ersten Schritt gehen Sie auf YouTube und löschen Ihren Anzeigenverlauf: Melden Sie sich an und klicken Sie auf Ihren Benutzernamen, der sich in der oberen rechten Ecke der Seite befindet. Wählen Sie »Video-Manager« aus der Auswahlliste und klicken Sie auf den Tab »Verlauf« und wählen Sie »Alle löschen« plus »Anzeigenverlauf anhalten«.

Werkzeuge: Tipps und Tricks

Wenn Sie alle von Ihnen hochgeladenen Videos im Originalformat exportieren wollen, gehen Sie zu google.de/takeout und klicken Sie bei den dort aufgeführten Diensten auf das YouTube-Logo. Sie können auch eine Abkürzung nehmen: https://www.google.de/takeout/# custom:youtube. Klicken Sie auf »Archivieren« und wählen Sie die Option, eine E-Mail zu erhalten, wenn die Dateien fertig komprimiert sind.

Wenn Sie gegen Ihren Wunsch in einem Video auftreten, schlägt YouTube vor, die ursprüngliche Quelle zu kontaktieren, um es entfernen zu lassen. Sie können alternativ auch eine Datenschutzbeschwerde bei YouTube einreichen: http://support.google.com/youtube/bin/ request.py?hl=de&contact_type=privacy.

37 Das ist nicht cool – Medienkompetenz für Ihre Kinder

Sichern Sie Ihre privaten Programme und Dokumente auf einem iPad mit der App My Folder. Ihre Kinder und andere Unbefugte bekommen nur dann Zugriff, wenn sie das Passwort kennen.

Die Datenschutzbeauftragten der Länder, des Bundes und viele andere Behörden und Initiativen bieten zahlreiches kostenloses Material, um Ihre Kinder auf die Online-Welt vorzubereiten. Ein guter Start ist die Broschüre »Meine Daten kriegt ihr nicht!« des Hamburgischen Beauftragten für Datenschutz und Informationsfreiheit. Sie finden das PDF zum Herunterladen unter: http://www.datenschutz-hamburg.de/ news/detail/article/meine-daten-kriegt-ihr-nicht-1.html. Empfehlenswert ist auch das Medienkompetenz-Netzwerk NRW, online unter http://www.mekonet.de. Eine weitere hervorragende Quelle ist der Newsletter der EU-Initiative für mehr Sicherheit im Netz unter www. klicksafe.de. Schließlich hat das Bundesministerium für Jugend und Familie die Initiative I-KiZ, kurz für »Zentrum für Kinderschutz im Internet«, gestartet: http://dialog-internet.de/web//initiativen_ internet-kinderschutz-zentrum.

38 Sollte man Passwörter wiederverwenden?

Gehören Sie zu denjenigen, die dasselbe Passwort auf verschiedenen Webseiten wiederverwenden? Firefox bietet eine Erweiterung, die Ihre im Browser gespeicherten Passwörter scannt und Ihnen auf einen

Blick zeigt, welche Sie am meisten verwenden und wo: https://addons.mozilla.org/de/firefox/addon/password-reuse-visualizer/.

Wenn Sie einfache Passwörter leid sind, können Sie mit einem Programm wie 1Password eine beliebige Anzahl von zufällig generierten, schwer zu knackenden Passwörtern erstellen und sie mit einem Master-Kennwort sicher speichern (siehe »Verwenden und merken Sie sich sichere Passwörter«).

39 Gönnen Sie sich eine Pause von der digitalen Welt

Wenn Sie sich konzentrieren müssen, ohne von E-Mails, Facebook, Twitter oder dem Internet im Allgemeinen abgelenkt zu werden, können Sie das kostenpflichtige Programm MacFreedom ausprobieren. Es zieht für Sie den Stecker und hält Sie vom Netz fern, solange Sie wollen. Um wieder online zu gehen, starten Sie einfach Ihren Computer neu.

Rescue Time ist ein weiteres kostenpflichtiges Programm, das Ihr Online-Verhalten überwacht und die Ergebnisse auf dem Rechner, nicht im Netz speichert. So können Sie auf einen Blick sehen, wofür Sie Ihre Zeit ver(sch)wenden, und hoffentlich produktiver arbeiten.

40 Bereiten Sie Ihr digitales Erbe vor

Bei einem Dienst wie SecureSafe aus der Schweiz können Sie eine Bestandsliste aller Konten und Passwörter für Ihre Erben einrichten und verwalten. Sie können einen Testamentsvollstrecker festlegen, der Ihre Anfrage akzeptieren muss, während Sie noch am Leben sind. Sobald Sie sterben, erhält er oder sie die Autorisierung, auf alle oder ausgewählte Teile Ihrer Dateien und Kontoinformationen zu zugreifen.

Wollen Sie endlich handeln?

Genug der Tipps und Tricks. Vielleicht wollen Sie sich nun für die Sache der digitalen Selbstverteidigung und den Datenschutz engagieren? Dazu empfehlen wir Ihnen u. a. Europe versus Facebook: http://www.europe-v-facebook.org/DE/de.html, die britische Organisation Privacy International: https://www.privacyinternational.org, und den Europäischen Datenschutzverband: http://www.europeanprivacyasso-ciation.eu.

Literatur

Bücher

Aboujaoude, Elias: *Virtually You. The Dangerous Powers of the E-Personality*. New York: W. W. Norton & Company 2011.

Andrews, Lori: *I Know Who You Are and I Saw What You Did: Social Networks and the Death of Privacy*. New York: Free Press 2012.

Banks, Richard: *The Future of Looking Back*. Cambridge (UK): Microsoft Press 2011.

Battelle, John: *Die Suche. Geschäftsleben und Kultur im Banne von Google & Co*. Aus dem Englischen von Egbert Neumüller, Kulmbach: Börsenmedien 2006.

Bloching, Björn; Luck, Lars; Ramge, Thomas: *Data Unser. Wie Kundendaten die Wirtschaft revolutionieren*. München: Redline 2012.

Claypoole, Terence; Payton, Theresa: *Protecting Your Internet Identity. Are You Naked Online?* Lanham: Rowman & Littlefield Publishers 2012.

Craig, Terence; Ludloff, Mary: *Privacy and Big Data*. Sebastopol: O'Reilly Media 2011.

Fertik, Michael; Thompson, David: *Wild West 2.0: How to Protect and Restore Your Reputation on the Untamed Social Frontier*. New York: AMACOM 2010.

Gates, Kelly: *Our Biometric Future. Facial Recognition Technology and the Culture of Surveillance*. New York: NYU Press 2011.

Jarvis, Jeff: *Mehr Transparenz wagen! Wie Facebook, Twitter & Co die Welt erneuern*. Aus dem Englischen von Lutz Wolff, Köln: Bastei Lübbe 2012.

Keen, Andrew: *Digital Vertigo. How Today's Online Social Revolution Is Dividing, Diminishing, and Disorienting Us*. New York: St. Martin's Press 2012.

Keizer, Garret: *Privacy*. New York: Picador 2012.

Kelly, Kevin: *What Technology Wants*. New York: Viking 2010.

Kirkpatrick, David: *The Facebook Effect. The Inside Story of the Company That Is Connecting the World*. New York: Simon & Schuster 2010.

Lanier, Jaron: *Gadget. Warum die Zukunft uns noch braucht*. Aus dem Englischen von Michael Bischoff, Frankfurt am Main: Suhrkamp 2010.

Martini, Mario: Der digitale Nachlass und die Herausforderung postmortalen Persönlichkeitsschutzes im Internet. Juristen-Zeitung 2012, Heft 23, S. 1037 ff.

Mayer-Schönberger, Viktor: *Delete: Die Tugend des Vergessens in digitalen Zeiten*. Berlin: Berlin University Press 2010.

Morozov, Evgeny: *The Net Delusion. The Dark Side of Internet Freedom*. New York: PublicAffairs 2011.

Nissenbaum, Helen: *Privacy in Context: Technology, Policy, and the Integrity of Social Life*. Palo Alto: Stanford Law Books 2009.

Pariser, Eli: *Filter Bubble: Wie wir im Internet entmündigt werden*. Aus dem Englischen von Ursula Held, München: Hanser 2012.

Rheingold, Howard: *Net Smart: How to Thrive Online*. Cambridge (MA): The MIT Press 2012.

Romano, John; Carroll, Evan: *Your Digital Afterlife: When Facebook, Flickr and Twitter Are Your Estate, What's Your Legacy?* Berkeley: New Riders Press 2010.

Schneier, Bruce: *Liars and Outliers. Enabling the Trust that Society Needs to Thrive*. Hoboken: Wiley 2012.

Steyer, James: *Talking Back to Facebook: A Common Sense Guide To Raising Kids in the Digital Age*. New York: Scribner 2012.

Stryker, Cole: *Hacking the Future. Privacy, Identity and Anonymity on the Web*. New York: Overlook 2012.

Turkle, Sherry: *Alone Together: Why We Expect More from Technology and Less from Each Other*. New York: Basic Books 2011.

Turow, Joseph: *The Daily You: How the New Advertising Industry Is Defining Your Identity and Your Worth*. New Haven: Yale University Press 2012.

Weinberger, David: *Too Big to Know. Rethinking Knowledge Now That the Facts Aren't the Facts, Experts Are Everywhere, and the Smartest Person in the Room Is the Room*. New York: Basic Books, 2012.

Literatur

Brandeis, Louis; Warren, Samuel: The Right to Privacy. Harvard Law Review. Vol. IV, December 15, 1890, No. 5. http://faculty.uml.edu/sgallagher/Brandeisprivacy.htm

ENISA: Study on monetising privacy. An economic model for pricing personal information, Februar 2012. http://www.enisa.europa.eu/activities/identity-and-trust/library/deliverables/monetising-privacy

European Commission: Proposal to new EU Data Protection Rules and Eurobarometer Survey about privacy in EU member countries: http://ec.europa.eu/justice/newsroom/data-protection/news/120125_en.htm

EU Project PrimeLife. http://primelife.ercim.eu/

Forrester Research: Personal Identity Management: Preparing For A World Of Consumer-Managed Data, September 2011. http://www.forrester.com/Personal+Identity+Management/fulltext/-/E-RES60322?objectid=RES60322

Hamburgischer Beauftragter für Datenschutz und Informationsfreiheit: Broschüre »Meine Daten kriegt ihr nicht!«. Februar 2011. http://www.datenschutz-hamburg.de/news/detail/article/meine-daten-kriegt-ihr-nicht-1.html

Hoofnagle, Chris, Urban, Jennifer; Li, Su: Privacy and Modern Advertising: Most US Internet Users Want ›Do Not Track‹ to Stop Collection of Data about their Online Activities. Berkeley Consumer Privacy Survey, BCT Research Paper Series, Oktober 2012. http://papers.ssrn.com/sol3/papers.cfm?abstract_id=2152135

Hoofnagle, Chris et al.: Behavioral Advertising: The Offer You Cannot Refuse. (6) Harvard Law & Policy Review, 273 (2012). http://papers.ssrn.com/sol3/papers.cfm?abstract_id=2137601

Liberty Global Policy Series & Boston Consulting Group: The Value of our Digital Identity, November 2012. http://www.lgi.com/PDF/public-policy/The-Value-of-Our-Digital-Identity.pdf

Raynes-Goldie, K.: Privacy in the Age of Facebook: Discourse, Architecture, Consequences. PhD. Curtin University, Perth/Australien, 2012. http://www.k4t3.org/wp-content/uploads/2012/09/privacy_in_the_age_of_facebook_raynes-goldie.pdf

The World Economic Forum: Personal Data: The Emergence of a

New Asset Class. January 2011. http://www.weforum.org/reports/personal-data-emergence-new-asset-class

Urban, Jennifer M.; Hoofnagle, Chris; Li, Su: Mobile Phones and Privacy. Berkeley Consumer Privacy Survey, BCLT Research Paper Series, Juli 2012. http://papers.ssrn.com/sol3/papers.cfm?abstract_id=2103405

Wall Street Journal: What They Know: The Business of Tracking You on the Internet. http://europe.wsj.com/public/page/what-they-know-digital-privacy.html

Wang, Yang et al.: Carnegie Mellon University: »I regretted the Minute I Pressed Share«. A Qualitative Study of Regrets at Facebook, 2011. http://cups.cs.cmu.edu/blog/?p=312 und http://cups.cs.cmu.edu/soups/2011/proceedings/a10_Wang.pdf

Dank

Dieses Buch wäre ohne die tatkräftige Unterstützung vieler Gesprächs-partner, Bekannter und Familienmitglieder nicht möglich gewesen.

Wir möchten uns auf diesem Wege bei allen für ihre Auskunfts-bereitschaft, Geduld und konstruktive Kritik bedanken, um »Mich kriegt ihr nicht!« zu realisieren.

Anmerkungen

1 Warum unser digitales Ich bedroht ist

1   Allgemeine Erklärung der Menschenrechte der Vereinten Nationen, Artikel 12. http://www.un.org/depts/german/grunddok/ar217a3.html
2   Huffington Post, 11. Juli 2012: Social Media Is Causing Anxiety, Study Finds. http://www. huffingtonpost.com/2012/07/10/social-media-anxiety_n_1662224.html und: Anxiety UK, 9. Juli 2012: Anxiety UK study finds technology can increase anxiety. http://www.anxietyuk. org.uk/2012/07/for-some-with-anxiety-technology-can-increase-anxiety/
3   http://www.weforum.org/reports/personal-data-emergence-new-asset-class
4   New York Times, 22. Juli 2012: Consumer Data, but Not for Consumers. https://www. nytimes.com/2012/07/22/business/acxiom-consumer-data-often-unavailable-to-consumers. html?pagewanted=all
5   Facebook Effect, zitiert in: Kirkpatrick 2010. Venture Beat, 13. Mai 2010: Why Mark Zuckerberg needs to come clean about his views on privacy. http://venturebeat.com/2010/05/13/ zuckerberg-privacy/
6   Wired, 26. Januar 1999: Sun on Privacy: ›Get Over It‹. http://www.wired.com/politics/law/ news/1999/01/17538
7   http://europa.eu/rapid/press-release_IP-11-742_en.htm http://europa.eu/rapid/press-release_IP-11-742_en.htm
8   http://pewinternet.org/Reports/2012/Search-Engine-Use-2012/Summary-of-findings. aspx
9   http://www.marketingcharts.com/direct/9-in-10-americans-concerned-about-online-privacy-21156/
10 AP, 16. Mai 2012: Lack of trust in Facebook may hold back ad sales. http://technology. inquirer.net/11105/lack-of-trust-in-facebook-may-hold-back-ad-sales
11 Consumer Reports, Juni 2012: Facebook & your privacy – Who sees the data you share on the biggest social network? http://www.consumerreports.org/cro/magazine/2012/06/facebook-your-privacy/index.htm#editor
12 Giga Om, 16. Juli 2012: Survey: Percentage of users saying they opt out of targeted ads has nearly doubled. http://gigaom.com/2012/07/16/percentage-of-users-saying-they-opt-out-of-targeted-ads-has-nearly-doubled-survey/
13 Giga Om, 16. Juli 2012: Survey: Percentage of users saying they opt out of targeted ads has nearly doubled. http://gigaom.com/2012/07/16/percentage-of-users-saying-they-opt-out-of-targeted-ads-has-nearly-doubled-survey/
14 Digital Trends, 27. Januar 2012: Poll: Over 50 percent of users are worried about Facebook Timeline. http://www.digitaltrends.com/social-media/poll-over-50-percent-of-users-are-worried-about-facebook-timeline/
15 BEUC: A Comprehensive Approach on Personal Data Protection in the European Union, January 2011. http://ec.europa.eu/justice/news/consulting_public/0006/contributions/ organisations/beuc_en.pdf
16 I/S: A Journal of Law and Policy for the Information Society 2008 Privacy Year in Review

Issue. The Cost of Reading Privacy Policies. http://lorrie.cranor.org/pubs/readingPolicyCost-authorDraft.pdf

17 Futurezone.at, 3. August 2012: »Facebooks Geschäftsmodell ist illegal«. http://futurezone.at/netzpolitik/10387-facebooks-geschaeftsmodell-ist-illegal.php?
18 Threatpost, 13. Dezember 2011: Twenty Something Asks Facebook For His File And Gets It – All 1,200 Pages. https://threatpost.com/en_us/blogs/twenty-something-asks-facebook-his-file-and-gets-it-all-1200-pages-121311
19 http://dataprotection.ie/viewdoc.asp?DocID=1233&m=f
20 http://www.ted.com/talks/hasan_elahi.html
21 http://www.schneier.com/blog/archives/2011/10/facebook_patent.html
22 http://www.ftc.gov/opa/2012/08/google.shtm
23 http://europa.eu/rapid/press-release_IP-12-46_de.htm

2 Sie sind das Produkt

1 http://www.metafilter.com/user/15556
2 Zenith Optimedia Blog, 5. Dezember 2011: Quadrennial events to help ad market grow in 2012 despite economic troubles. http://zenithoptimedia.blogspot.com/2011/12/quadrennial-events-to-help-ad-market.html
3 TNW, 9. April 2012: At a market cap of ~$ 950 million, the New York Times is ›worth‹ less than Instagram. http://thenextweb.com/insider/2012/04/09/at-a-market-cap-of-950-million-the-new-york-times-is-worth-less-than-instagram/
4 Paid Content.org, 16. März 2012: Lawsuit Says Hacked Address Book Contacts Worth 60 Cents To $ 3 Each. http://paidcontent.org/article/419-lawsuit-says-hacked-address-book-contacts-worth-60-cents-to-3-each/
5 Financial Times, 2. Februar 2012: Facebook reveals what makes its network tick. http://www.ft.com/cms/s/2/b080ad3a-4d16-11e1-bdd1-00144feabdc0.html#ixzz1lFAbN44V
6 Backupify Blog, 5. April 2012: What Social Data Is Worth (And Why You Should Back It Up). http://blog.backupify.com/2012/04/05/what-is-social-data-worth/
7 New York Times Bits Blog, 5. Februar 2012: Disruptions: Facebook Users Ask, ›Where's Our Cut?‹ http://bits.blogs.nytimes.com/2012/02/05/disruptions-facebook-users-ask-wheres-our-cut/
8 Study on monetising privacy. An economic model for pricing personal information, ENISA, Februar 2012. http://www.enisa.europa.eu/activities/identity-and-trust/library/deliverables/monetising-privacy
9 A. Narayanan und V. Shmatikov: De-anonymizing Social Networks. http://randomwalker.info/social-networks/index.html
10 ENISA 2012
11 The Effect of Online Privacy Information on Purchasing Behavior: An Experimental Study. http://isr.journal.informs.org/content/22/2/254.abstract
12 Forbes, 20. Juni 2012: Apple Patents Technique That Uses Cloned ›Doppelgangers‹ To Protect Your Privacy. http://www.forbes.com/sites/andygreenberg/2012/06/20/apple-patents-technique-that-uses-cloned-doppelgangers-to-protect-your-privacy/
13 http://blog.personal.com/2012/03/

3 Am Arbeitsplatz: Mein Lebenslauf gehört mir

1 Wie alle Fälle im Rest dieses Buches haben wir den Klarnamen der Betroffenen durch einen fiktiven Vornamen ersetzt, um ihre Privatsphäre zu schützen.
2 Interview mit den Autoren, Mai 2012
3 Online Reputation in a Connected World, Januar 2010. http://www.microsoft.com/security/resources/research.aspx#reputation

4 The Local: Swedish recruiters check jobseekers on the net. 13. Februar 2012. http://www.thelocal.se/39 080/20 120 213/

5 Znet: Jeder zweite Personaler informiert sich online über Bewerber, 18. Oktober 2011. http://www.zdnet.de/41 557 322/bitkom-jeder-zweite-personaler-informiert-sich-online-ueber-bewerber/

6 http://www.microsoft.com/security/resources/research.aspx#reputation

7 Statistisches Bundesamt, Pressemitteilung Nr. 172 vom 16. Mai 2012: 53 % der Internetnutzer sind in sozialen Netzwerken aktiv. https://www.destatis.de/DE/PresseService/Presse/Pressemitteilungen/2012/05/PD12_172_63 931.html

8 Discovery News, 9. Mai 2011: Facebook can serve as personality test. http://news.discovery.com/tech/facebook-personality-test-employers-110509.html

9 NIU, Pressemeldung 20. Februar 2012: Facebook beats personality tests for predicting job success, NIU management professor finds. http://www.niutoday.info/2012/02/20/facebook-beats-personality-tests-for-predicting-job-success-niu-management-professor-finds/

10 http://web.jobvite.com/2012-social-recruiting-survey.html

11 http://www.theverge.com/2012/2/28/2830741/datasift-twitter-historical-tweets

12 BBC News, 28. Februar 2012: Twitter partners with Datasift to unlock tweet archive. http://www.bbc.co.uk/news/technology-17 178 022

13 San Jose Mercury News: Those Facebook posts could cost you a job. http://www.siliconvalley.com/news/ci_19754451

4 Unterwegs: Mein Handy gehört mir

1 Highlight-Webseite: http://highlig.ht/about.html

2 New Scientist, 25. Januar 2012: What your online friends reveal about where you are. http://www.newscientist.com/article/mg21 328 495 500-what-your-online-friends-reveal-about-where-you-are.html?full=true&print=true

3 New York Times Bits Blog, 12. Februar 2012. http://bits.blogs.nytimes.com/2012/02/12/disruptions-so-many-apologies-so-much-data-mining/

4 Read Write Web, 20. Juli 2012: Apple Won't Let You See What iPhone Apps Do With Your Data. http://www.readwriteweb.com/mobile/2012/07/apple-wont-let-you-see-what-iphone-apps-do-with-your-data.php

5 http://www.statesman.com/news/business/lawsuit-mobile-apps-accessing-users-address-books/nRmCT/

6 http://news.cnet.com/8301-1009_3-57 385 429-83/facebook-denies-accessing-users-text-messages/#ixzz1oAv2EJr7

7 http://pewinternet.org/Media-Mentions/2012/Consumers-Say-No-to-Mobile-Apps-That-Grab-Too-Much-Data.aspx

8 http://www.aclu.org/free-speech-technology-and-liberty/abidor-v-napolitano

5 Kommunikation: Mein Name gehört mir

1 http://www.google.com/explanation.html

2 Horvát, E.-Á., Hanselmann, M. Hamprecht, F. A., Zweig, K. A. (2012): One Plus One Makes Three (for Social Networks). PLOS ONE 7(4): e34 740. http://www.plosone.org/article/info%3Adoi%2F10 1371%2Fjournal.pone.0 034 740#pone.0 034 740-Jernigan1

3 The Atlantic.com, 28. März 2012: The Unsocial Network: Privacy Is Staging a Comeback on Facebook. http://www.theatlantic.com/technology/archive/2012/03/the-unsocial-network-privacy-is-staging-a-comeback-on-facebook/255169

4 Pew Internet: Privacy management on social media sites, Februar 2012. http://pewinternet.org/Reports/2012/Privacy-management-on-social-media.aspx

5 Spokeos Webseite: http://www.spokeo.com

6 Konsum: Mein Cookie gehört mir

1 Hoofnagle, Chris Jay; Urban, Jennifer M. and Li, Su: Mobile Payments: Consumer Benefits & New Privacy Concerns (April 2012). http://ssrn.com/abstract=2 045 580
2 Brian Kennish, Vortrag auf DEFCON, 19. August 2011: Tracking the Trackers: How Our Browsing History Is Leaking into the Cloud. http://www.youtube.com/watch?v=BK_E3Bjpe0E
3 Wall Street Journal digits Blog, 18. Juni 2012: Real-Time Auctions Drive Rise in Online Tracking. http://blogs.wsj.com/digits/2012/06/18/real-time-auctions-drive-rise-in-onli ne-tracking/
4 Why Johnny Can't Browse in Peace: On the Uniqueness of Web Browsing Patterns. INRIA 2012. http://petsymposium.org/2012/papers/hotpets12–4-johnny.pdf
5 Hoofnagle, Chris Jay; Soltani, Ashkan; Good, Nathan; Wambach, Dietrich James and Ayenson, Mika: Behavioral Advertising: The Offer You Cannot Refuse (August 28, 2012). 6 Harvard Law & Policy Review 273 (2012); UC Berkeley Public Law Research Paper No. 2 137 601. Available at SSRN: http://ssrn.com/abstract=2 137 601
6 Reuters, 28. Juni 2012: Online Behavioral Tracking Pervasive, Keynote's In-Depth Analysis Reveals. http://www.reuters.com/article/2012/06/28/idUS114 142+28-Jun-2012+BW 20 120 628
7 New York Times, 16. September 2012: When the Privacy Button Is Already Pressed. http://www.nytimes.com/2012/09/16/technology/in-microsofts-new-browser-the-privacy-light-is-already-on.html
8 ProPublica, 11. Juni 2012: How Microsoft and Yahoo Are Selling Politicians Access to You. http://www.propublica.org/article/how-microsoft-and-yahoo-are-selling-politicians-access-to-you
9 Buch und Webseite zum Buch: http://charlesduhigg.com/the-power-of-habit/
10 New York Times, 16. Februar 2012: How companies Learn Your Secrets. https://www.nytimes.com/2012/02/19/magazine/shopping-habits.html
11 U. S. News, 11. Februar 2008: How Sadness Can Turn You Into a Shopaholic. http://money.usnews.com/money/personal-finance/articles/2008/02/11/how-sadness-can-turn-you-into-a-shopaholic und: http://www.alphagalileo.org/ViewItem.aspx?ItemId=57 865& CultureCode=en

7 Unterhaltung: Das ist meine Party

1 New York Times, 11. Dezember 2011: Put It on My Marquee: I Just Watched ›Creepshow 2‹. http://www.nytimes.com/2011/12/11/business/bill-would-let-video-consumers-disclose-all-their-choices.html?_r=1
2 Politico, 21. Juli 2012: Facebook lobbying sets record in Q2. http://www.politico.com/news/stories/0712/78 804.html
3 Carnegie Mellon University: »I regretted the Minute I Pressed Share.« A Qualitative Study of Regrets at Facebook, 2011. http://cups.cs.cmu.edu/blog/?p=312
4 IT World, 5. Februar 2012: Facebook's ›man in the middle‹ attack on our data. http://www.itworld.com/it-managementstrategy/247 344/facebooks-man-middle-attack-our-data
5 Interview mit den Autoren, denen der Name des jungen Mannes bekannt ist, Januar 2012 .
6 Interview mit den Autoren, Mai 2012
7 Die Welt, 15. Juni 2012: »Donaukurier« kappt aus Protest Verbindung zu Facebook. http://www.welt.de/newsticker/news3/article106 603 871/Donaukurier-kappt-aus-Protest-Verbindung-zu-Facebook.html
8 Technology Review, 29. Juli 2011: Nie mehr anonym. http://www.heise.de/tr/artikel/Nie-mehr-anonym-1 286 559.html
9 San Francisco Chronicle, 20. Juni 2012: Facial recognition software's privacy concerns. http://www.sfgate.com/business/article/Facial-recognition-software-s-privacy-concerns-3 645 779.php

10 Huffington Post, 1. Juni 2011: Facial Recognition: The One Technology Google Is Holding Back. http://www.huffingtonpost.com/2011/06/01/facial-recognition-google_n_869583.html

11 A. Acquisti; R. Gross; F. Stutzman, 4. August 2011: Faces of Facebook: Privacy in the Age of Augmented Reality. http://www.heinz.cmu.edu/~acquisti/face-recognition-study-FAQ/

12 Interview mit den Autoren, November 2011

13 A. Narayanan und Vitaly Shamtikov, 5. Februar 2008: Robust de-Anonymiyation of Large Datasets (How to Break Anonymity of the Netflix Prize Dataset). http://arxiv.org/PS_cache/cs/pdf/0610/0610105v2.pdf

14 Network World, 16. Mai 2012: Microsoft Kinect ads will watch you while you watch them. http://www.networkworld.com/community/node/80565

15 Kaliya Hamlin. http://www.identitywoman.net/identity-in-the-contexts-participatory-totalitarianism

16 New Yorker, 5. März 2012: How to Get Privacy Right. http://www.newyorker.com/online/blogs/culture/2012/03/how-to-get-privacy-right.html

8 Leben: Das ist mein Körper

1 Thenextweb.com, 17. September 2011: The Future of Fitness and Health. http://thenextweb.com/insider/2011/09/17/the-future-of-fitness-and-health/

2 New York Times, 1. April 2012: As Smartphones Become Health Aids, Ads May Follow. http://www.nytimes.com/2012/04/02/technology/as-smartphones-become-health-aids-ads-may-follow.html

3 http://medicinex.stanford.edu/portfolio/hugo-campos/

4 New York Times, 2. März 2012: Big Data's Grass-Roots Revolution. http://bits.blogs.nytimes.com/2012/03/02/big-datas-grassroots-revolution/

5 Japan Times, 2. November 2012: Yahoo Japan to sell genetic test kit to general public. http://www.japantimes.co.jp/text/nn20121102a2.html

6 Salon.com, 1. April 2012: Facebook: The next tool in fighting STDs. http://www.salon.com/2012/04/01/facebook_the_next_tool_in_fighting_stds/singleton/

7 Christakis, N. A.; Fowler, J. H. (2010): Social Network Sensors for Early Detection of Contagious Outbreaks. PLOS ONE 5(9): e12948. doi:10.1371/journal.pone.0012948

8 The Economist.com, 8. Februar 2012: Social Networking. The proposer's opening remarks. http://www.economist.com/debate/days/view/806

9 Von der Piste in die Kiste: Es ist mein Liebesleben

1 http://www.facebook.com/notes/facebook-data-team/the-right-time-for-love-tracking-the-seasonality-of-relationship-formation/10150643989093859

2 The Atlantic, 14. März 2012: I Didn't Tell Facebook I'm Engaged, So Why Is It Asking About My Fiancé? http://www.theatlantic.com/technology/archive/2012/03/i-didnt-tell-facebook-im-engaged-so-why-is-it-asking-about-my-fianc/254479/

3 LA Times, 8. Mai 2012: Facebook, Twitter, other social media are brain candy, study says. http://articles.latimes.com/2012/may/08/business/la-fi-tn-self-disclosure-study-20120508

4 Interview mit den Autoren, März 2012

5 Forensic Focus, 16. April 2012: 689 Published Cases Involving Social Media Evidence (with full case listing). http://articles.forensicfocus.com/2012/04/16/689-published-cases-involving-social-media-evidence-with-full-case-listing/

6 Smartmoney.com, 21. Mai 2012: Does Facebook Wreck Marriages? http://blogs.smartmoney.com/advice/2012/05/21/does-facebook-wreck-marriages/

7 CIS, 11. Oktober 2011: tracking the trackers: where everybody knows your username. http://cyberlaw.stanford.edu/node/6740

8   BostInno, 13. Juni 2012: Privacy on OkCupid: The Unromantic Truth. http://bostinno.com/
    channels/privacy-on-okcupid-the-unromantic-truth/
9   BBC, 11. Juni 2010: ›Shady‹ porn site practices put visitors at risk. http://www.bbc.co.uk/
    news/10289009
10 New York Review of Books, 25. November 2010: Generation Why? http://www.nybooks.
    com/articles/archives/2010/nov/25/generation-why/

10 Erziehung: Es ist meine Zukunft

1   Danah Boyd: The Power of Fear in Network Publics, März 2012. http://www.danah.org/
    papers/talks/2012/SXSW2012.html
2   Diana Awards, 11. November 2011: Diana Award research shows Cyber-bullying is on the
    increase. http://diana-award.org.uk/news-events/new-research-shows-cyber-bullying-is-on-
    the-increase-38-of-young-people-affected
3   Universität Bielefeld, IKG, Juli 2012: Cyberbullying bei Schülerinnen und Schülern.
    http://www.uni-bielefeld.de/cyberbullying/downloads/Ergebnisbericht-Cyberbullying.pdf
4   Ebd.
5   San Francisco Chronicle, 15. Juni 2012: Can social networks keep kids safe? http://www.
    sfgate.com/cgi-bin/article.cgi?f=/c/a/2012/06/14/BU971P1AB9.DTL&ao=all
6   Klicksafe.de, 10. Juli 2012: Neue Befunde einer europäischen Studie zum Schutz von Kindern
    vor Internet-Risiken: Online-Meldesysteme von Kindern kaum genutzt. http://www.
    klicksafe.de/service/aktuelles/news/detail/neue-befunde-einer-europaeischen-studie-zum-
    schutz-von-kindern-vor-internet-risiken-online-meldesys/
7   http://www.minormonitor.com/infographic/kids-on-facebook/
8   http://www.consumerreports.org/cro/magazine/2012/06/facebook-your-privacy/index.htm
9   AVG Pressemitteilung, 6. Oktober 2010: Digital Birth: Welcome to the Online World. http://
    www.businesswire.com/news/home/201 010 060 06 722/en/Digital-Birth-Online-World
10 Common Sense Media, 26. Juni 2012: Social Media, Social Life: How Teens View Their
    Digital Lives. http://www.commonsensemedia.org/research/social-media-social-life/key-
    finding-4%3A-teens-wish-they-could-disconnect-more-often
11 Washington Post, 3. Oktober 2012: Bieber, Rihanna fan sites agree to $ 1 million FTC
    settlement for collecting information about children. http://www.washingtonpost.com/blogs/
    post-tech/post/justin-bieber-rihanna-fan-sites-hit-by-ftc-with-1-million-fine-for-collecting-
    information-about-children/2012/10/03/ee43a94e-0cdb-11e2-a310-2363842b7057_blog.
    html
12 The Failure of Online Social Network Privacy Settings, 10. April 2011. http://shaundakin.
    posterous.com/new-study-the-failure-of-online-social-networ
13 Spiegel Online, 7. Februar 2012: 10 000 Euro für ein Facebook-Profil. http://www.spiegel.de/
    netzwelt/netzpolitik/0,1518,813571,00.html
14 Cnet, 10. März 2012: 12-year-old sues school district over Facebook profile search.
    http://news.cnet.com/8301- 17852_3-57394877-71/12-year-old-sues-school-district-over-
    facebook-profile-search/?tag=mncol;posts
15 Spiegel Online, 21. Juni 2012: Schulleiterin tappt in Facebook-Falle. http://www.spiegel.de/
    netzwelt/netzpolitik/grundschule-schliesst-facebook-gegner-von-unterricht-aus-a-840150.
    html
16 New York Times, 13. November 2011: When Sites Drag the Unwitting Across the Web.
    http://www.nytimes.com/2011/11/14/technology/klouts-automatically-created-profiles-
    included-minors.html
17 MSNBC.com, 9. November 2011: Feds: Social network for kids violated privacy law.
    http://www.msnbc.msn.com/id/45 226 916/ns/technology_and_science-tech_and_gadgets/#.
    TvsRERyOSGd
18 Syddansk Universitet, April 2012: Naive forældre på Facebook. http://www.sdu.dk/nyheder/
    nyviden/alle_artikler/2012/april/naive_+foraeldre_+paa_facebook

19   MIT Technology Review, 13. Juni 2012: What Facebook Knows. http://www.technologyreview. com/featuredstory/428150/what-facebook-knows/

20   Caspar 2012, Interview mit den Autoren

21   Pressemitteilung vom 27. Juni 2012: Schweizer Datenschützer informieren sich über Schülerworkshops. http://www.datenschutz.rlp.de/de/presseartikel.php?pm=pm2012062701. Pressemitteilung vom 24. April 2012: Workshops »Datenschutz und Datenverantwortung« werden ausgeweitet. Angebot auch für jugendliche Straftäter – Mehr Schülerinnen und Schüler profitieren. http://www.datenschutz.rlp.de/de/presseartikel.php?pm=pm2012042402

22   Interview mit den Autoren, April 2012

11   Inkognito: Es ist meine Meinung

1   Freedom House: Freedome in the World 2012. http://www.freedomhouse.org/sites/default/files/FIW%202012%20Booklet_0.pdf, S. 3 f.

2   The Telegraph, 3. Oktober 2012: Hi-tech CCTV can recognise faces from half a mile away. http://www.telegraph.co.uk/news/uknews/law-and-order/9583251/Hi-tech-CCTV-can-recognise-faces-from-half-a-mile-away.html

3   Public Intelligence, 1. Februar 2012: FBI »Communities Against Terrorism« Suspicious Activity Reporting Flyers. http://publicintelligence.net/fbi-suspicious-activity-reporting-flyers/

4   Wall Street Journal, 13. Oktober 2012: New Tracking Frontier: Your License Plates. http://online.wsj.com/article/SB10000872396390443995604578004723603576296.html

5   New York Times, 10. Februar 2012: Traveling Light in a Time of Digital Thievery. http://www.nytimes.com/2012/02/11/technology/electronic-security-a-worry-in-an-age-of-digital-espionage.html

6   LA Times, 18. September 2011: McManus: Technology that protects protesters. http://articles.latimes.com/2011/sep/18/opinion/la-oe-mcmanus-tech-20110918

7   The Guardian, 11. November 2011: How the US Justice Department legally hacked my Twitter account. http://www.guardian.co.uk/commentisfree/cifamerica/2011/nov/11/us-justice-department-legally-hacked-twitter

8   https://www.eff.org/pages/when-government-comes-knocking-who-has-your-back

9   Ars Technica, 3. April 2012: Apple holds the master decryption key when it comes to iCloud security, privacy. http://arstechnica.com/apple/2012/04/apple-holds-the-master-key-when-it-comes-to-icloud-security-privacy/

10   BNetzA, 13. September 2012: Leitfaden zum Speichern von Verkehrsdaten. http://www.bfdi.bund.de/SharedDocs/Publikationen/Arbeitshilfen/LeitfadenZumSpeichernVonVerkehrsdaten.html?nn=409168 und wired.com, 28. September 2011: Which Telecoms Store Your Data the Longest? Secret Memo Tells All. http://www.wired.com/threatlevel/2011/09/cellular-customer-data/

11   http://www.google.com/transparencyreport/removals/

12   Salon.com, 8. April 2012: U.S. filmmaker repeatedly detained at border. http://www.salon.com/2012/04/08/u_s_filmmaker_repeatedly_detained_at_border/

13   www.aclu.org/bordersearches

14   Interview mit den Autoren, 2012

15   CNN.com, 2. August 2012: 83 million Facebook accounts are fakes and dupes. http://edition.cnn.com/2012/08/02/tech/social-media/facebook-fake-accounts/index.html

16   Interview mit den Autoren, April 2012

17   Morosow 2011

18   Wired.com, 27. Dezember 2012: Occupy Geeks Are Building a Facebook for the 99%. http://www.wired.com/threatlevel/2011/12/occupy-facebook/all/1

12 Sterben: Es ist mein Vermächtnis

1 http://web.archive.org/web/201009090 35 606/ und http://blog.entrustet.com/2010/09/03/how-we-calculated-that-three-facebook-users-die-every-minute/

2 Red Write Web, 6. März 2012: »I Wanna Live Forever« or How We Die on Social Networks. http://www.readwriteweb.com/archives/i_wanna_live_forever_or_how_we_die_on_social_netwo.php

3 1000memories Blog, 14. Dezember 2011: The Internet is Becoming Our Memory. http://blog.1000memories.com/116-the-internet-is-becoming-our-memory

4 http://www.justinellsworth.net/email/yahoofight.htm

5 Banks 2011.

6 Vortrag Richard Banks auf SXSW, Austin 2012.

7 Rackspace Survey Reveals That Britons May Stash £ 2.3BN Worth Of Assets In The Cloud, 12. Oktober 2011: Britons put passwords in their will. http://www.rackspace.co.uk/media-centre/news/article/article/rackspace-survey-reveals-that-britons-may-stash-pound23bn-worth-of-assets-in-the-cloud/

8 http://www.jedbrubaker.com/death-and-the-social-network-the-persistence-of-digital-identity/

9 penmachine.com, 4. Mai 2011: The last post. http://www.penmachine.com/2011/05/the-last-post

10 Airdrie Miller in einer Podiumsdiskussion auf SXSW in Austin, März 2012

11 Viviane Reding, 5. Januar 2012: The EU Data Protection Reform 2012: Making Europe the Standard Setter for Modern Data Protection Rules in the Digital Age. http://europa.eu/rapid/pressReleasesAction.do?reference=SPEECH/12/26&format=PDF und http://epic.org/privacy/intl/eu_data_protection_directive.html.

12 Mashable.com, 5. Oktober 2012: The Most Important Facebook Number: 140.3 Billion. http://mashable.com/2012/10/05/the-most-important-facebook-number-140-billion/

13 Interview mit den Autoren, November 2011